Michael Verhoeven/Mario Krebs

Die Weiße Rose

Der Widerstand
Münchner Studenten gegen Hitler

Informationen zum Film

Mit einem Geleitwort
von Helmut Gollwitzer

Fischer
Taschenbuch
Verlag

Fischer Cinema
Lektorat: Ingeborg Mues

Fotos:
Inge Aicher-Scholl, S. 24
Birgit Huber-Weiß, S. 28 rechts, 46
Anneliese Knoop-Graf, S. 26 rechts, 99
Dr. Traute Page, S. 63
Dr. Michael Propst, S. 28 links, 117
Dr. Erich Schmorell, S. 26 links, 61
Jürgen Wittgenstein (Copyright: Inge Aicher-Scholl), S. 133
Alle übrigen Fotos: Sentanafilm

23.–24. Tausend: Mai 1988

Originalausgabe
Veröffentlicht im Fischer Taschenbuch Verlag GmbH,
Frankfurt am Main, Oktober 1982

© Fischer Taschenbuch Verlag GmbH, Frankfurt am Main 1982
Umschlagentwurf: Jan Buchholz / Reni Hinsch
Foto: Sentanafilm
Gesamtherstellung: Clausen & Bosse, Leck
Printed in Germany
ISBN 3-596-23678-9

Inhalt

Helmut Gollwitzer

Geleitwort

Am 9. Juni 1944 trägt Theodor Haecker in seine »Tage- und Nachtbücher« ein: »Freitag. Vormittag gegen 10 Uhr. Im Keller. Sprengbombe. Zerstörung des Hauses und meiner Wohnung. Beispiellose Verwüstung. Manche gute Menschen, Helfer, Tröster durch ihr Sein und ihr Tun! Scholl!« Im Augenblicke des Verlustes dessen, woran sein Herz hing, seiner Bücher, seiner Manuskripte und Kunstwerke, denkt er an die Geschwister Scholl und ihre Freunde, und sie sind ihm »Helfer, Tröster durch ihr Sein und Tun« – sie, die vor über einem Jahr Hingerichteten.

Sie und all die anderen, die in jenen Blutjahren ihr Leben im aktiven Widerstand einsetzten und opferten, wollten mehr. Sie wollten die Mörder stürzen und dem Morden ein Ende machen. Das war ihnen nicht beschieden. Zu wenige waren sie, zu unüberwindlich war diese Mischung von Verängstigung und Verblendung, diese Unterwerfungsbereitschaft der Mehrzahl der Deutschen, noch im Siegesrausch feig und erst recht in der sich ankündigenden Niederlage. »Es gehört mehr Mut dazu, eine abweichende Meinung offen auszusprechen, als aufrecht durchs Maschinengewehrfeuer zu stürmen«, hörte ich Theodor Haecker vor dem Kriege einmal in einem Vortrag sagen, und die Kriegsjahre haben mir das fast täglich bestätigt. Die sich auf Befehl dem Tode in seinen grausamsten Formen täglich aussetzten, waren zu feige, etwas gegen den Befehl zu tun, auch nur den wahren Charakter des Befehlssystems genauer ins Auge zu fassen und ihm abzusagen, zuerst in den Gedanken und dann in der Tat. Immer wieder klagen diese jungen Leute der »Weißen Rose« über ihre Isolation, und wie eine Erlösung ist es jedesmal, inmitten der feig-gläubigen Masse Denkende und also Gleich-Denkende zu treffen.

Aber sie waren zu wenige, darum konnte es nicht gelingen, und recht behielten die Argumente derer, die sie warnten, weil der Nazismus nicht, wie es freilich eine wahre, großartige und folgenreiche Revolution des deutschen Volkswesens gewesen wäre, von innen stürzbar sei, sondern nur von außen, wie es dann auch geschehen ist. Haben die, die recht behielten, auch recht gehabt? War das Opfer nutzlos?

Hätten sie besser das Unternehmen unterlassen oder rechtzeitig aufgegeben? Im nachhinein ist es leicht, ihnen dankbar zu sein, daß sie nicht aufgaben und dann mit so tapferem Zeugnis sterben. Was aber hätten wir damals ihnen geraten? In den Diskussionen über das Widerstandsrecht nach 1945 haben konservative Theologen und Juristen die These vertreten, Verschwörung zum Sturz eines Unrechtsregimes sei nur dann sittlich gerechtfertigt, wenn man umfassend informiert sei, wenn man sicherstellen könne, daß es danach besser werde, und wenn man zu 51 % mit Erfolg rechnen könne. Das war zur moralischen Freisprechung auf die Attentäter vom 20. Juli 1944 gemünzt, verurteilte aber zugleich die vielen namenlosen kleinen Leute, die wegen solcher Widerstandshandlungen wie die der »Weißen Rose« unter Hitlers Henkerbeil geschleppt wurden, der Anmaßung, der sinnlosen und selbstzerstörerischen Auflehnung oder gar des blinden Fanatismus. Nichts davon gilt, und das ist einer der Gründe, weshalb man für den Film, zu dem dieses Buch gehört, dankbar sein muß. Diese hingerichteten Einzelkämpfer, Bürgerliche, Kommunisten und hier diese Studenten, wollten freilich mehr, als sie vermochten, und ihre Mittel standen in einem deprimierenden Mißverhältnis zu ihrem Ziele, dem Sturze Hitlers und der Seinen. Das wußten sie aber selbst, sie waren alles andere als blind. Der Befehl des Gewissens war stärker. Wenigstens nicht nichts zu tun, wenigstens einen eigenen Beitrag zu leisten zur Befreiung des blinden, feigen, verführten, gezwungenen und geliebten Volkes und zum Ende des Mordens, in der Hoffnung, das könne sich summieren, immer mehr andere aufrütteln und so die Befreiung von innen bewirken, diesem Befehl des Gewissens, dieser »Pflicht zum Widerstand« konnten sie sich nicht mehr entziehen. Es ging ihnen, sagt später einer ihrer Mitverschwörer, beim Risiko ihres Lebens »nicht nur darum, nur Zeugnis abzulegen« (S. 147) – und nun ist ihnen doch nicht mehr beschieden gewesen.
Eben das aber macht ihr Handeln zu einer Herausforderung an uns. Es wurde zum Zeugnis, und wir, die Überlebenden und die Nachlebenden, sind dessen Adressaten. Zur Verstärkung der Herausforderung soll der Film dienen, ein Spielfilm, ein Veranschaulichungsmittel also, dessen Stärke ist, uns in das damalige Geschehen, soweit das möglich ist, hineinzuziehen, und dessen Schwäche ist, daß es den Abstand der Zeit nur scheinbar und deshalb auch immer mit Nicht-Übereinstimmungen, die den, der einiges davon miterlebt hat, zu Zwischenrufen reizen, überbrücken kann. Wie unmöglich ist es z. B., den heute Lebenden zu vermitteln, welcher außerordentlichen sittlichen und intellektuellen (beides gehörte und gehört zusammen!) Anstrengungen es bedurfte, sich als junger Mensch aus selbstverständlich na-

tionaldenkender Familie zu dem Satz durchzuringen: »Der Krieg muß verloren werden«? Wie kann verständlich gemacht werden, wieviel verschüttete Widerstandsgewalt in der zunächst nur in verbürgerlichter Gestalt übernommenen christlichen Tradition entdeckt und als unentbehrlicher Trost fürs Handeln – und nicht fürs untätige Abwarten! – wirksam wurde? Aber dennoch ist es gut, daß der Versuch dieses Films gemacht wurde, damit das Zeugnis uns erreicht.

Wozu es uns herausfordert, ist rasch erkannt, sobald erkannt ist, daß nichts vom Damaligen vergangen ist. Hitler – und alles, was dieser Name umfaßt – war nicht, wie wir hofften, eine einmalige, schreckliche Verirrung, mit seinem Sturze überstanden; er war nur ein Anfang. Die Barbarisierung der Menschheit ging weiter. »Hitler in uns« ist nicht vergangen und nicht »Hitler um uns«. In den staatlichen Foltersystemen und Konzentrationslagern, in den Massenschlächtereien, in der »Abschreckung durch das Gleichgewicht des Schreckens« lebt Hitlers Geist weiter. Man kann nicht den Widerstand gegen Hitler ehren und eine Politik, die Geist von seinem Geiste ist, bejahen.

Das Zeugnis der »Weißen Rose« ist klar:

1. Jeder muß mit dem falschen, menschenmörderischen Geiste brechen und darum schon mit allen Vorstellungen und Überlieferungen, die diesen Geist damals zum Siege kommen ließen.

2. Die Pflicht zum Widerstand ist nicht von der Aussicht auf Erfolg abhängig.

3. Es ist nicht wahr, daß man nichts tun konnte und daß man nichts tun kann. Jeder konnte damals etwas tun. Jeder kann heute etwas tun: für das Leben, gegen den Tod.

»Die Weiße Rose« – Ein Film von Michael Verhoeven

Inhaltsangabe

München 1942:
Hans (24) und Sophie Scholl (21) studieren in München. Eines Tages gibt es in der Universität eine Sensation: Flugblätter gegen Hitler sind aufgetaucht. Kaum einer wagt es, die Flugblätter genauer zu lesen oder mitzunehmen. Die Angst, denunziert zu werden, ist größer als die Freude über dieses kleine Zeichen des Widerstands.
Sophie ist begeistert. Sie nimmt das Flugblatt mit nach Hause.
Durch Zufall entdeckt Sophie, daß ihr Bruder Hans und seine Freunde Alex, Willi und Christoph die Verfasser des Flugblattes sind. Sie gerät in große Angst: Da der Vater wegen einer politischen Äußerung in Haft ist, die Familie also vermutlich von der Geheimen Staatspolizei überwacht wird, ist die illegale Arbeit ihres Bruders doppelt gefährlich. Sie versucht, ihn von seiner Untergrundtätigkeit abzubringen.
Hans bleibt hart: Der Widerstand ist notwendig.
Nach Tagen der Angst und Unruhe entschließt sich Sophie, mitzumachen. Hans ist dagegen: »Das ist viel zu gefährlich!« Aber Sophies Entschluß steht fest.
In verschiedenen Städten tauchen die Flugblätter der »Weißen Rose« auf. Die Geheime Staatspolizei tappt im dunkeln, sie vermutet hinter der »Weißen Rose« eine große Organisation.
In Wirklichkeit besteht sie aus fünf jungen Leuten.
Trotz der verschärften Kontrollen in den Zügen bringt Sophie Hunderte von Flugblättern nach Ulm. Bei den Männern in der Gruppe sind diese Zugfahrten in andere Städte noch riskanter: Als Soldaten dürfen sie sich eigentlich nur 50 Kilometer vom Standort entfernen. Willi entgeht mit knapper Not einer Streife.
Plötzlich tauchen in der Münchner Innenstadt politische Parolen an den Fassaden auf. Überall in der Stadt werden Wachen postiert, die den »Schmierern« auflauern. Auf den Kopf der »Verbrecher« wird eine Fangprämie ausgesetzt.

Ihre Arbeit wird immer konkreter: Verbindungen zu anderen Gruppen, sogar zu Widerstandskreisen in der Spitze der Wehrmacht werden hergestellt.
Aber die Schlinge der Geheimen Staatspolizei zieht sich immer enger ...

Drehbuchauszug

Atelier Eickemeyer **Innen/Tag**

Die Verdunkelung ist heruntergelassen.
Hans, Willi, Alex, Christoph.

CHRISTOPH *(liest aus einem Manuskript)* »Wie kann man gegen den gegenwärtigen Staat am wirksamsten ankämpfen ... wie ihm die empfindlichsten Schläge beibringen?«

Christoph sieht die anderen vorwurfsvoll an, liest weiter:

»Sabotage in rüstungs- und kriegswichtigen Betrieben ... Sabotage in allen Versammlungen, Kundgebungen ...«

Blick auf Hans.

Hast du dir eigentlich überlegt, was das bedeutet – Sabotage?

HANS   Sonst hätt' ich's ja nicht geschrieben.

CHRISTOPH   Hans, das sind doch nicht nur Gleisanlagen oder was weiß ich ... Eisenbahnwaggons oder Munitionslager. Das trifft auch Menschen. Das kann ich jedenfalls nicht unterstützen. Versteht ihr, das ist Gewalt.

HANS   Jeden Tag werden Tausende ermordet, überall ... was ist denn mit d i e s e r Gewalt?

Er nimmt Christoph das Manuskript aus der Hand.

Solange du nichts unternimmst, damit das wirklich aufhört ... solange hast du diese Menschen auch auf dem Gewissen.

Stille.

CHRISTOPH   Das sind nicht unsere Mittel.

Wulf Kessler als Hans Scholl

HANS   Glaubst du, wir können uns das aussuchen?

CHRISTOPH   Die Nazis wirklich beseitigen – das kann nur die Wehrmacht.

ALEX   Sollen wir vielleicht darauf warten? Glaubst du, so was kommt
von allein?

CHRISTOPH   Unser Ziel ist geistiger Widerstand!

HANS   Aber dabei kann's doch nicht stehenbleiben. Es müssen andere Gruppen entstehen, immer mehr ... ein ganzes Netz.

Wir sind gerade dabei, Kontakte zu anderen Städten aufzunehmen.

CHRISTOPH   Seid ihr auf einmal übergeschnappt? Wie stellt ihr euch das vor?

Willi springt auf, spuckt sein Papierkügelchen aus.

WILLI   Mir reicht das jetzt! Wozu machen wir eigentlich die Flugblätter? Damit die Leute sich genüßlich zurücklehnen und ihr Gewissen beruhigen? Jetzt muß doch was g e t a n werden!

Werner Stocker als Christoph Probst

Wohnung Hans und Sophie

Innen/Nacht

Hans, Sophie.

SOPHIE Was glaubst du, was die gesucht haben in seinem Büro? Die interessieren sich doch nicht für Steuerakten ... Warum haben sie ihn verhaftet? Nur wegen seiner Äußerung?

(Anmerkung: Der Vater hatte gesagt: »Hitler ist eine Gottesgeißel« und war deswegen von seiner Sekretärin denunziert worden.)

Hans! ... Ich will, daß du mit mir sprichst.

HANS So eine Durchsuchung, das ist Routine. Was willst du eigentlich?

SOPHIE Unsere Familie ist für die Gestapo kein unbeschriebenes Blatt. Begreifst du das nicht? ... Hast du vergessen, wie schnell sie damals deine Jugendgruppe aufgerollt haben?

HANS Das war anders. Wir waren ständig auf Fahrt, das war viel riskanter.

SOPHIE Aber jetzt, wo sie den Vater haben, müssen wir doppelt vorsichtig sein! Und da stellst du Flugblätter her ...

Lena Stolze als Sophie Scholl

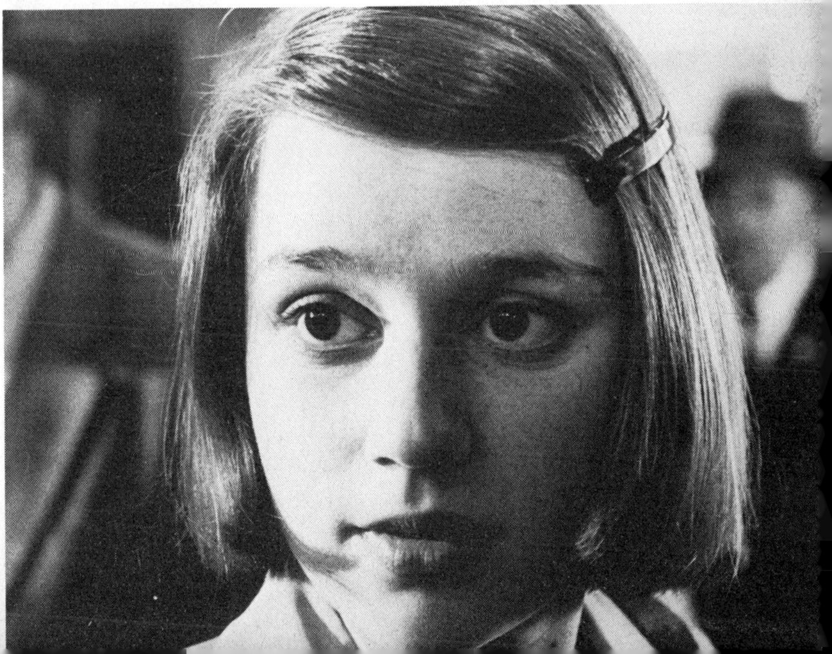

HANS Verstehst du: wenn jemand unsere Flugblätter liest, vielleicht redet der endlich offen mit anderen darüber ...

SOPHIE Die Menschen sind doch inzwischen viel zu abgestumpft.

HANS Es gibt Tausende, die nicht mehr einverstanden sind. Und keiner weiß vom andern.

SOPHIE Hans, ich hab's doch selbst gesehen. Die meisten haben doch Angst, die Flugblätter überhaupt mitzunehmen oder zu lesen.

HANS Ach hör auf. Außerdem ist das meine Sache ... Einer muß doch mal den ersten Schritt machen. Wie sollen die Leute Mut finden? Wie sollen sie sich wehren? Immer haben sie das Gefühl, alleine dazustehen. Schau, an der Front, jeden Moment kann's mich da erwischen ... Aber hier weiß ich wenigstens, wofür ...

Ulrich Tukur als Willi Graf

Sophie, Fritz, ihr »Verlobter«.

FRITZ   Warum muß dein Vater auch so was sagen?

SOPHIE   Das war richtig.

FRITZ   Aber unvorsichtig. Verstehst du das nicht?

SOPHIE   Er hat es ja nicht aus dem Fenster gerufen.

FRITZ   Du siehst ja ... trotzdem hat ihn einer denunziert.

SOPHIE   Soll ich das, was ich denke, immer nur runterschlucken?

FRITZ   Hat doch keinen Sinn, sich mit den Nazis anzulegen ... Wir können nur überwintern. Was ist los mit dir, Sophie?

Oliver Siebert als Alexander Schmorell

SOPHIE   »Überwintern«. Du bist doch auf den Führer vereidigt. Wie willst du dich da raushalten? Du schießt auf Leute.

FRITZ   Ich habe bis jetzt das Glück gehabt, nicht auf jemanden schießen zu müssen. Das weißt du genau.

SOPHIE   Aber du bildest andere aus, die es tun müssen.

FRITZ   Es ist Krieg. Begreifst du das nicht?

SOPHIE   Ja. Es ist Krieg. Und auf welcher Seite stehst du?

FRITZ *(väterlich)*   Du kannst da nicht mitreden. Du warst nie in der Situation.

Wohnzimmer Huber   **Innen / Tag**

Professor Huber, Hans, Alex.

HANS   Herr Professor, wir haben Sie aus einem ganz bestimmten Grund besucht.

Er gibt ihm ein Flugblatt.

Wir haben das da in der Uni gefunden und ...

Huber blättert es auf, sieht die beiden erstaunt an.

HUBER   Was hab' ich damit zu tun?

HANS   Wir haben darüber diskutiert, Herr Professor, und wir wollten mit jemand, der ... wir wollten mit Ihnen darüber sprechen.

Huber schließt die Tür. Er holt ein Flugblatt aus seiner Tasche.

HUBER   Das hab' ich heute zugeschickt bekommen ... Was halten Sie davon?

HANS   Es könnte den Leuten Mut machen.

HUBER   Das könnte sein. Das stimmt.

HANS   Ich hab' mir ... Wir haben uns gedacht, man müßte diese Leute unterstützen ...

HUBER   Sie meinen, die Flugblätter weiterverbreiten?

ALEX   Zum Beispiel.

HUBER   Das sollte man vielleicht tun. Aber sehen Sie mal, wie be-

18

Martin Benrath als Professor Kurt Huber

grenzt die Verbreitung ist. Und dann das Risiko. Wenn man das mit dem vergleicht, was dabei herauskommt ...

HANS Herr Professor ...

HUBER Wen wollen Sie denn erreichen? Die Millionen, die dem Weltkriegsgefreiten noch immer an den Lippen hängen?

HANS Herr Professor Huber, Sie können doch nicht ...

HUBER Ich seh's doch an meinen Kollegen. Jeder versucht noch, was Gutes daran zu finden. Aus purem Opportunismus. Und die anderen haben sich eingesponnen in ihre Arbeit und wollen von nichts wissen.

HANS Das ist ja erst ein Anfang.

HUBER Was soll sich denn durch solche gutgemeinten Appelle ändern, frage ich Sie.

Er steckt das Flugblatt ein.
Hans und Alex sehen sich enttäuscht an.

Wohnung Hans und Sophie   **Innen/Tag**

Der Raum ist ungeheizt. Alle sitzen in Mänteln. Die sogenannte »Harnack-Konferenz«. Hans, Alex, Willi, Sophie, Prof. Huber, Falk Harnack.

HARNACK   Die Schwierigkeit ist ja, daß selbst unter den Generalen, die eindeutig gegen Hitler stehen, viele etwas ganz anderes interessiert. Die Herren wollen nämlich immer noch siegen. Ist der Frontverlauf günstig, dann wird eben weitergekämpft. Inzwischen muß ja auch der letzte zugeben, daß militärisch nichts mehr zu machen ist. Selbst die Abwehr. Außerdem, mit der Invasion rechnen selbst die Nazis.

HUBER   Und Sie können wirklich mit Bestimmtheit sagen, daß ein Putsch . . .

HARNACK   Der Putsch ist geplant, das ist sicher. Aber wann die Generale endlich handeln, das . . . Es gibt ein Angebot aus der Sowjetunion für sofortigen Waffenstillstand. Zwei Bedingungen: Die Deutschen müssen die Naziführung aus eigener Kraft beseitigen und Einstellung der Kampfhandlungen.

HANS   Ich glaube, wir müssen unsere Arbeit ändern, das ist jetzt der Zeitpunkt.

HUBER   Aber Hans, wie Sie sich das vorstellen . . .

HANS   Die Zeit drängt.

HARNACK   Baut eure Verbindungen weiter aus. Das ist im Moment das Wichtigste. Und vor allem: Kontakte zu anderen Widerstandskreisen. Auch zu den Kirchen. Zu alten Sozialdemokraten. Kommunisten. Ich meine, auch zur »Bekennenden Kirche«. Dabei könnte ich euch helfen.

HUBER   Wie soll so eine Zusammenarbeit aussehen. Ich finde, jede Gruppe ist für sich selbst verantwortlich.

HARNACK   Das schon. Aber eine Verbindung unter den Gruppen – streng abgesichert – ist notwendig, damit im entscheidenden Moment wirklich alle Kräfte an einem Strang ziehen.

HUBER   Eine Zusammenarbeit mit den Kommunisten?

ALEX   Es ist doch jetzt völlig gleichgültig, aus welchem Lager einer stammt. Der Krieg muß beendet werden.

20

SOPHIE   Alle, die gegen die Nazis sind, müssen jetzt zusammenarbeiten.

Huber springt erregt auf.

HUBER   Nein!

Er geht ans Fenster.

Ich lehne jede Zusammenarbeit mit Bolschewisten ab. Da kommen wir ja vom Regen in die Traufe!

Stille.

Gestapobüro   **Innen / Nacht**

Sophie. Zwei Gestapobeamte, eine Sekretärin.

GESTAPOMANN C   Drei Bögen 8-Pfennig-Briefmarken und hundertachtundsechzig 5-Pfennig-Marken.

GESTAPOMANN B   Über 200 Briefumschläge ...

SOPHIE   Immer, wenn ich welche gebraucht habe, gab's grad' keine im Geschäft. Da hab' ich mir welche zurückgelegt.

GESTAPOMANN B   So viele Umschläge?

GESTAPOMANN C   An wen schreiben Sie denn so eifrig?

SOPHIE   An meine Eltern, meine Schwestern, meinen Bruder Werner ...

GESTAPOMANN C   Wo sind denn Ihre Schwestern?

SOPHIE   In Ulm.

GESTAPOMANN C   Und Ihr Bruder?

SOPHIE   An der Ostfront.

GESTAPOMANN C   Ziemlich große Verwandtschaft. Da schicken Sie also lauter Drucksachen ...

GESTAPOMANN B   Hetzschriften gegen den Führer verteilen, während unsere Soldaten im Entscheidungskampf stehen? ...

GESTAPOMANN C   Ihr Bruder Werner ist doch an der Front. Was würde der dazu sagen?

SOPHIE   Ich hab' keine Flugblätter verteilt.

21

GESTAPOMANN B   Zufällig sind es genauso viele Flugblätter, wie in Ihren Koffer reinpassen.

SOPHIE   Es gibt ja wohl noch mehr Koffer in der Größe.

GESTAPOMANN B   Hören Sie auf! Ihr Bruder hat gestanden.

GESTAPOMANN C   Wußten Sie davon?

SOPHIE   Wovon?

GESTAPOMANN B   Wir haben die Druckmaschine gefunden.

Sophie lächelt ungläubig.

GESTAPOMANN B   Sie sind noch jung. Wenn Sie die Handlungen Ihres Bruders nicht billigen, aber nicht wußten, an wen Sie sich wenden sollten ...

Schweigen.

Sie halten zu Ihrer Familie ... aber es gibt Grenzen.

SOPHIE *(ruhig)*   Sie können doch bei uns nicht etwas finden, was wir gar nicht haben.

Mario Krebs

Die Geschichte der »Weißen Rose«

1. Ausgangspunkte

Pazifismus

Hans Scholl wird am 22. September 1918 in Ingersheim geboren. Der Vater, Robert Scholl, ist Bürgermeister des kleinen schwäbischen Ortes. Es sind die letzten Wochen eines Krieges, dessen Ende durch den Aufstand der Wilhelmshavener Matrosen erzwungen wird. Arbeiter- und Soldatenräte treten zusammen. Der Kaiser dankt ab. Die Republik wird ausgerufen. Robert Scholl hat die Kriegsbegeisterung, die sogar die oppositionelle Sozialdemokratie ergriff, nie geteilt. Als Pazifist entzog er sich dem »Dienst mit der Waffe« und wurde in eine Sanitätskompanie gesteckt. So steht er dem, was sich nun – in seinen Augen viel zu spät – vollzieht, positiv gegenüber. Und so wird er seine Kinder im Geist der neuen Verhältnisse erziehen. Liberal und mit sozialhumanistischen Zielen. Seine Frau, Magdalene, geb. Müller, entstammt einer religiösen Familie. Vor der Ehe war sie als Diakonissenschwester tätig. Ihr protestantischer Glaube prägt die Kinder, indem sie ihnen Raum läßt, sich selbst zu finden. Hans Scholl wächst mit vier Geschwistern auf: Inge (geb. 1917), Elisabeth (geb. 1920), Werner (geb. 1922) und Sophie (geb. 1921). Trotz der republikanischen Haltung der Eltern werden Hans und seine Geschwister wenige Jahre später der Hitlerjugend beitreten.

Natur und Heimat

Sophie Scholl kommt am 9. Mai 1921 zur Welt. Der Vater ist inzwischen Bürgermeister in Forchtenberg. Mit seinen Maßnahmen – Ausbau der Kanalisation, Straßenbau, Eisenbahnanschluß – und seiner Gesinnung hat er sich unter seinen konservativen Mitbürgern bereits etliche Feinde geschaffen. Die Familie lebt in einer großzügigen Wohnung. Sophie hat die gleichen Kinderbücher wie andere in ihrem Alter: Grimms und Hauffs Märchen, den Struwwelpeter, das Ludwig-

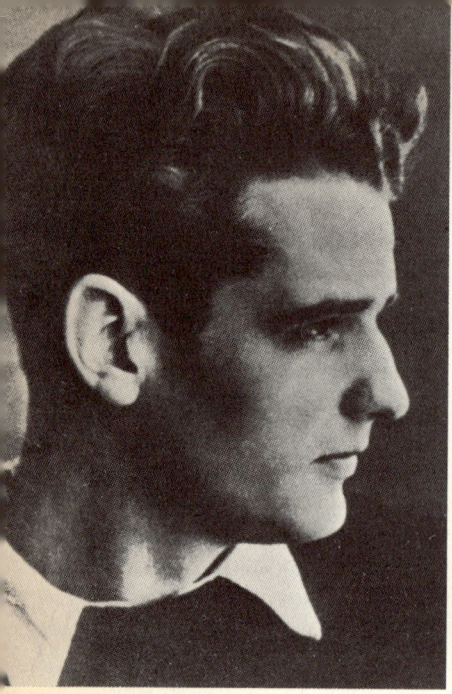

Hans Scholl   Sophie Scholl

Richter-Buch. Die obligate Beschäftigung mit Puppenstube und -kü-
che weicht bald den Abenteuern in den umliegenden Tälern. Schnit-
zeljagden, Kletterpartien, Schwimmen, Theaterspielen. Wie ihre Geschwister liebt sie die Buchen- und Tannenwälder, die Weinberge, die
klaren Flüsse der Umgebung. Heimatliebe. Als sie zwölf Jahre alt
wird, ist die Liebe zu Heimat, Volk und Vaterland der ideologische
Mantel, mit dem sich die neuen Machthaber kleiden. Über das Jahr
1933 schreibt später Inge Scholl: »Wir hörten viel vom Vaterland reden, von Kameradschaft, Volksgemeinschaft und Heimatliebe. Das
imponierte uns … denn unsere Heimat liebten wir sehr … Wir hatten
den Geruch von Moos, von feuchter Erde und duftenden Äpfeln im
Sinn, wenn wir an unsere Heimat dachten. Und jeder Fußbreit war
uns dort vertraut und lieb. Das Vaterland, was war es anderes als die
größere Heimat all derer, die die gleiche Sprache sprachen und zum
selben Volke gehörten … Und Hitler, so hörten wir überall, Hitler
wolle diesem Vaterland zu Größe, Glück und Wohlstand verhelfen; er
wolle sorgen, daß jeder Arbeit und Brot habe, nicht ruhen und rasten
wolle er, bis jeder einzelne Deutsche ein unabhängiger, freier und

glücklicher Mensch in seinem Vaterland sei. Wir fanden das gut, und was immer wir dazu beitragen konnten, wollten wir tun.«[1]*

Die Eltern versuchen vergeblich, ihre Kinder vom Eintritt in die Hitlerjugend abzuhalten.

Der politische Umschwung, der Hitlers Machtübernahme in Berlin vorbereitet, hat Jahre zuvor bereits die Provinz erreicht. Liberale Freigeister wie Robert Scholl haben keinen Platz mehr in dieser Landschaft. Er wird 1930 von seinem Amt als Bürgermeister abgewählt. Die Familie zieht über Ludwigsburg nach Ulm. Dort läßt sich Robert Scholl als Steuer- und Wirtschaftsberater nieder. Sophie kommt an die Mädchen-Oberrealschule.

Zwischen den Fronten

Alexander Schmorell wird am 16. September 1917 in Orenburg am Ural geboren. Die Mutter, Tochter eines russischen Geistlichen, stirbt zwei Jahre später an Typhus. Der Vater, Sohn eines deutschen Pelzhändlers, der sich in Rußland niederließ, ist Arzt. 1921 siedelt die Familie nach München über. Der Vater hat inzwischen erneut geheiratet. Alexander Schmorell wächst zweisprachig auf. Das russische Kindermädchen nennt ihn »Schurik«, die ersten Märchen, die er von ihr erzählt bekommt, sind die seines Geburtslandes, der Glaube, in dem er erzogen wird, ist der seines russisch-orthodoxen Großvaters. Die russische Literatur des 19. Jahrhunderts, die Musik seiner großen Romantiker werden ihm später ebenso geläufig sein wie die Literatur und Musik der deutschen Klassik. Die Atmosphäre im Hause Schmorell ist bürgerlich-konservativ. Und so wird Alex Mitglied in der »Scharnhorst-Jugend«, die dem deutlich antirepublikanisch gesinnten Frontkämpferbund »Stahlhelm« nahesteht. Doch obwohl konservativ gesinnt, hegt die Familie Schmorell keine Sympathie für die Nazis. Darin ist sie großen Teilen des Bürgertums ähnlich. Man sieht in Hitler den Emporkömmling, der marktschreierisch den Pöbel mobilisiert. Die Mitgliedschaft bei »Scharnhorst« wird jedoch nur eine Episode bleiben. Zu sehr ist Alex geprägt von der Toleranz, die zu Hause herrscht und ihm die Möglichkeit läßt, sich frei zu entfalten. Das Erlebnis, in zwei Kulturen aufzuwachsen, läßt ihn immun werden gegen Nationalismus und das Wahngefühl völkischer Überlegenheit. Bei der Einberufung zur Wehrmacht verweigert Alex den Eid auf Hitler. Vor dem Volksgerichtshof 1943 bekennt er, daß er nicht bereit ist, die Waffe auf jemanden anzulegen, sei er Russe oder Deutscher.

* Die Anmerkungen befinden sich auf den Seiten 182 bis 187.

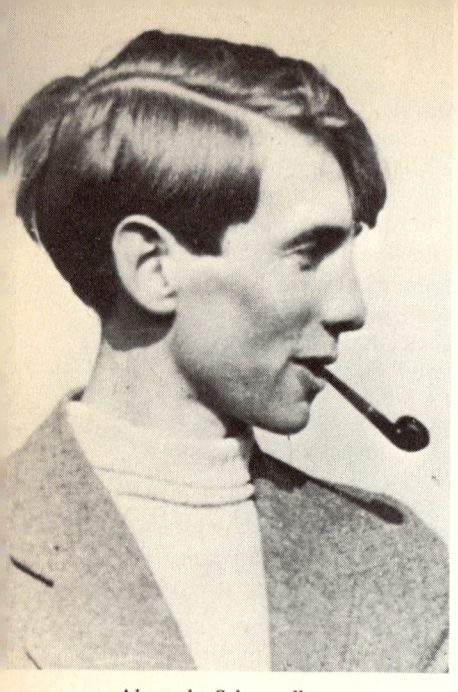

Alexander Schmorell   Willi Graf

Gegen den Strom

Willi Graf ist am 2. Januar 1918 in der Nähe von Euskirchen im Rheinland geboren. Die Familie zieht kurz danach um, und so wächst er in
Saarbrücken auf. Der Vater ist Weingroßhändler, Willi schildert ihn
später als korrekt, ehrlich und streng. »Von Sorge und Not um das
körperliche Wohlergehen bekam ich nichts zu spüren, denn unsere
Familie lebte in einigermaßen guten, wenn auch sparsamen Verhältnissen.«[2]
Der Vater und insbesondere die Mutter sind tief im Katholizismus
verwurzelt. Die Religiosität ist fernab von jeder Frömmelei oder Bi-
gotterie. Die Mutter kümmert sich um Familien, die in wirtschaftliche
und soziale Not geraten sind. Von der Mutter lernt Willi, daß sich
christlicher Glaube im Dienst am Nächsten manifestiert. Zur Richtschnur wird ihm ein Abschnitt aus dem Brief des Jakobus: »Seid Gefolgschaft in der Tat, nicht nur im Hören des Wortes.« Erst etliche
Jahre später erkennt er die politischen Konsequenzen dieses Wortes
in ihrer ganzen Tragweite.
Willi Graf wird Mitglied in der katholischen Jugendgruppe »Neu-

26

Deutschland«. Sie steht der bündischen Jugend nahe und ist der Tradition der Wandervogel-Bewegung der Jahrhundertwende verpflichtet. Ein antibürgerliches, gegen Spießertum und Enge gerichtetes Element ist unverkennbar. Ihr Mittelpunkt sind Wanderfahrten, Geländespiele, gemeinsames Singen, die Erörterung von Glaubensfragen. Die Jungen fühlen sich als eine verschworene Gruppe.

Während Willi heranwächst, ist das Saarland Symbol nationalistischer Emotionen. Abgetrennt von Deutschland, unter Völkerbunds- und französischer Kontrolle, fallen die »Heim-ins-Reich-Rufe« der Nazis hier auf besonders fruchtbaren Boden. Mit seiner Gruppe macht Willi Besuche bei gleichgesinnten Jugendgruppen im Deutschen Reich. Er erlebt, mit welcher Brutalität und Härte die Nazis die Gleichschaltung aller Jugendverbände betreiben. Auch vor den kirchlichen Verbänden wird nicht haltgemacht. Willi ist von diesen Erlebnissen tief betroffen. Erste Zweifel gegenüber der Begeisterung der Erwachsenen über die neuen Machthaber in Deutschland befallen ihn.

Religiöse Toleranz

Christoph Probst wird am 6. November 1919 in Murnau/Oberbayern geboren. Der Vater, Hermann Probst, entstammt einer wohlhabenden Kaufmannsfamilie. So kann er es sich leisten, seine persönliche Passion zum Lebensmittelpunkt zu machen: Nach einem naturwissenschaftlichen Studium gilt sein Interesse den Religionswissenschaften und der Kunstgeschichte. Zusätzlich abgesichert durch die finanziellen Mittel seiner zweiten Frau, Elise Rosenthal, zieht er sich als Privatgelehrter zurück. Er beschäftigt sich mit der Religionsgeschichte Indiens, lernt Sanskrit, liest die altindische Literatur und ihre religiösen Schriften, treibt vergleichende Studien. Seine Begeisterung für die Kunst ist nicht nur Begeisterung für die Historie. Paul Klee und Emil Nolde gehören zu seinen Freunden. Ihre Bilder, darunter Porträts von Christoph und seiner älteren Schwester Angelika, hängen im Elternhaus Probst. Kunst, Literatur und Philosophie bestimmen das Leben zu Hause.

Der Vater überläßt es den Kindern, einen religiösen Standpunkt zu finden. Sie im frühesten Alter bereits taufen zu lassen, widerstrebt seiner Vorstellung von religiöser Toleranz. Der Nationalsozialismus steht im krassen Widerspruch zu der Welt, in der Christoph aufwächst. Die Freunde des Vaters müssen emigrieren wie Klee oder erhalten Malverbot wie Nolde. Ihre Kunst wird als entartet diffamiert. Die Stiefmutter, Elise Rosenthal, aus jüdischer Familie stammend, wird zum Menschen zweiter Klasse erklärt.

Christoph Probst

Professor Kurt Huber

Musik und Humanismus

Als Christoph Probst geboren wird, steht Kurt Huber kurz vor seiner Habilitierung an der Münchner Universität. Zwischen ihm und seinen späteren Mitstreitern in der »Weißen Rose« liegt eine ganze Generation.

Kurt Huber wird am 24. Oktober 1893 im schweizerischen Chur geboren. Vier Jahre später kehrt die Familie nach Deutschland zurück. Huber wächst in Stuttgart auf. Das Elternhaus ist gutbürgerlich. Eine an den humanistischen Idealen orientierte Bildung und die Pflege der Musik stehen im Mittelpunkt. Der Vater, aus einer Pädagogenfamilie stammend, ist Lehrer. Von der Mutter wird Kurt Huber bereits im frühen Alter am Klavier unterrichtet. Vom Vater erfährt er Harmonielehre und Kontrapunkt. Seine musikalische Begabung wird umfassend gefördert. Die häusliche Atmosphäre färbt auch anderweitig schnell ab. Schon sehr früh ist er, wie seine Frau später schildert, in Bücher vergraben. Er beginnt zu komponieren. Während des Ersten Weltkrieges studiert er in München Musikwissenschaft, Philosophie und Psychologie. Seine Dissertationsschrift 1917 schreibt er bei den

Musikwissenschaftlern. In der Habilitationsschrift 1920 befaßt er sich mit Problemen der Ästhetik und Philosophie. Als Mitarbeiter am Psychologischen Seminar ist er in diesen Jahren zugleich mit experimenteller Psychologie, insbesondere mit Ton- und Musikpsychologie beschäftigt. Hinzu kommen Untersuchungen im Bereich der Volksliedkunde. Die Studenten der »Weißen Rose« werden ihn später in seinen Vorlesungen als Interpreten der Philosophie von Leibniz, Kant, Hegel und des deutschen Idealismus kennenlernen. In der Fachwelt des In- und Auslands gilt er als Kapazität der Volksliedforschung. Gleichzeitig führen seine Ausarbeitungen zur experimentellen Ton- und Musikpsychologie und zur Musikästhetik in wissenschaftliches Neuland. Hubers Arbeitsbereiche sind außergewöhnlich weit gesteckt, seine Kenntnisse fast universell. Er reagiert skeptisch, als sich 1933 der Nationalsozialismus an den Universitäten breitmacht. Nichts ist Kurt Huber so sehr zuwider wie die wissenschaftliche Dürftigkeit, mit der die Blut-und-Boden-Ideologen und Rassefanatiker die deutsche und europäische Geistes- und Kulturgeschichte umzuschreiben versuchen. An diesem Punkt gerät seine wissenschaftliche Redlichkeit durchaus in Widerspruch zu seiner politischen Haltung. Den National-Konservativen verpflichtet, antikommunistisch ausgerichtet, müßte er eigentlich, wie viele seiner Gesinnungsfreunde, die »große nationale Revolution«, die sich mit Hitlers Machtergreifung vollzieht, begrüßen. Doch mit Leuten, die im Mai 1933 die Universitätsbibliothek plündern, um Bücher, die ihnen nicht genehm sind, zu verbrennen, kann er keine Gemeinsamkeiten finden.

Jedem das Seine?

1924 stellen die Nazis 32 Abgeordnete im Reichstag, ein halbes Jahr später fallen sie auf 14 zurück und erreichen 1928 mit 12 Abgeordneten den Tiefstand. Als die Weltwirtschaftskrise sich ausbreitet, gelingt ihnen das Unmögliche. 1930 erringen sie 107 Mandate und werden zweitstärkste Partei im Reichstag. Im Sommer 1932 schließlich stellen sie mit 230 Abgeordneten die größte Fraktion, jedoch nicht die Mehrheit. In vier Jahren von einer Splittergruppe zur stärksten Partei – wie ist das möglich?

Das 25-Punkte-Programm der NSDAP ist ein »Meisterstück« politischer Demagogie. Es verspricht dem Arbeiter Maßnahmen gegen »Kriegsgewinnler und Bodenspekulanten«, lockt sie mit der »Verstaatlichung der Betriebe« und einer »Gewinnbeteiligung« an ihren Firmen. Dem Mittelstand verspricht Hitler Maßnahmen gegen das, was man heute »Multis« nennt. Den Beamten begeistert er mit dem Hinweis, die staatliche Autorität wieder zu festigen. Denen, die seine Partei mit großzügigen Spenden am Leben halten, wie z. B. dem Stahlindustriellen Thyssen, verspricht er, mit dem Einfluß von Gewerkschaften, Sozialdemokraten und Kommunisten in den Betrieben ein für allemal Schluß zu machen. Das Führer- und Gefolgschaftsprinzip soll auch in den Fabriken gelten. Äußerungen dieser Art behält sich

Hitler allerdings vorerst nur für Gespräche in den Direktionszimmern vor. Sie stehen zu deutlich im Widerspruch zu den sozialrevolutionären Phrasen von der »Brechung der Zinsknechtschaft« und dem Ruf nach Enteignung. Allen zusammen verheißt er »nationale Größe« und die Aufkündigung der Versailler Verträge, d. h. die Einstellung sämtlicher Reparationszahlungen an das Ausland. Ideologisch steht Hitlers Hauptfeind links: die »jüdisch-bolschewistische Verschwörung«, die Freidenker, Liberalen und Marxisten. In den Ohren des deutschen Spießbürgers, der Recht und Ordnung und das Althergebrachte liebt und traditionell antisemitisch denkt, klingt dies wie die erfrischende Marschmusik gesunder Zeiten. Wer nicht mehr durchblickt im politischen und wirtschaftlichen Chaos seiner Zeit, wem der »Parteienhader«, der Interessenkampf der jeweiligen Lobby zuwider ist, wer, von Arbeitslosigkeit oder sozialem Abstieg bedroht, keine Hoffnungen mehr sieht, erhält endlich eine Richtschnur, an die er sich halten kann. Es geht um Volk, Vaterland und Familie, gegen Ausländer, Juden und gegen alles, was man für links hält. Diese vermeintliche Sinngebung findet Ergänzung in Kameraderie und im Zusammenhalt, den viele seit den Kriegstagen vermissen. Die SA, paramilitärische Truppe der NSDAP, aus den Freikorps hervorgegangen, findet regen Zulauf. Für manchen fällt darüber hinaus nicht nur eine warme Suppe, sondern sogar ein Posten ab.

Wollte Hitler seine politischen Versprechen einlösen, wäre er eigentlich zur Handlungsunfähigkeit verdammt. Man kann nicht dem einen Verstaatlichung der Betriebe versprechen, während man den anderen mit radikaler Lohnsenkung und der Zerschlagung der Gewerkschaften lockt. Man kann nicht die Macht der Großunternehmen stärken und gleichzeitig den kleinen Mittelstandsbetrieben ein gutes Überleben garantieren. Wie soll dem kleinen Bauern durch Landreform und Schutzzölle zu mehr Wohlstand verholfen werden, wenn zugleich der Großgrundbesitz unangetastet bleibt?

Wie hohl Hitlers Versprechen sind, scheint schließlich etlichen seiner Anhänger im November 1932 aufgegangen zu sein. Die NSDAP erlebt eine große Wahlniederlage, sie verliert 34 Reichstagsabgeordnete, und dieser Trend setzt sich in den Kommunalwahlen in Thüringen weiter fort. Die Kassen der Partei sind leer, der Erhalt der SA kostet allein wöchentlich 2,5 Millionen RM. Anhänger und Mitglieder sind politisch demoralisiert. Noch vor einem halben Jahr sah sich die Partei auf dem unaufhaltsamen Weg zur Macht. Jetzt droht sie in Flügelkämpfen auseinanderzufallen. Zeitungskommentatoren sprechen bereits vom nahen Ende des Nationalsozialismus.

Hilfe aus der richtigen Ecke

In diesem Moment erhält Hitler unvermutet Unterstützung aus der richtigen Ecke. Der amtierende Kanzler, General von Schleicher, steht einmal mehr ohne parlamentarischen Rückhalt da. Einige erlauchte Herren ersuchen deshalb den greisen Reichspräsidenten Hindenburg in einem Brief, den Führer der NSDAP, Adolf Hitler, zum Kanzler zu ernennen. Unterschrieben oder befürwortet wird der Brief vom Bankier Kurt Freiherr von Schröder, vom Industriellen Fritz Thyssen, vom Generaldirektor der Vereinigten Stahlwerke, Dr. Albert Vögler, von Kommerzienrat Dr. Paul Reusch (Gutehoffnungshütte), Dr. Fritz Springorum (Hoesch-Konzern) und von August Rosterg (Kali-Syndikat), um nur einige zu nennen. Im Namen zahlreicher Großgrundbesitzer unterschreibt außerdem Eberhard Graf von Kalckreuth. Die graue Eminenz im Hintergrund ist Dr. Hjalmar Schacht, bis vor kurzem Chef der Reichsbank, Unterhändler bei den zahlreichen Verhandlungen über die Reparationszahlungen und Vertrauensmann verschiedener amerikanischer Großbanken, mit deren Krediten der Wiederaufbau nach dem Krieg finanziert worden ist.

Das politische Kalkül, das hinter diesem Brief steckt, ist einfach: Hitler verfügt über eine breite und vor allem aktive Anhängerschaft, die als einzige in der Lage erscheint, den erstarkenden Kommunisten und radikalen Teilen in der SPD und den Gewerkschaften Paroli zu bieten. Hitler lehnt die Republik grundsätzlich ab, parlamentarische Mehrheiten sind ihm egal. Die bisherigen Reichskanzler Brüning, Papen und Schleicher denken zwar genauso, haben aber stets ohne jeden organisierten Rückhalt in der Bevölkerung agiert. Bindet man Hitler zusammen mit Mitgliedern der Deutschnationalen Volkspartei und parteilosen Experten in eine Regierung, kann man sich seinen Massenanhang zunutze machen. Mit den Auswüchsen dieser Bewegung hofft man dann schon fertig zu werden. Hindenburg zögert. Zum Jahresbeginn 1933 erreichen die Nazis bei den Landtagswahlen im Kleinstaat Lippe-Detmold einen sensationellen Wahlerfolg. Der Abwärtstrend der NSDAP scheint beendet. Die Vertreter von Schwerindustrie, Banken und Großgrundbesitz werden erneut bei Hindenburg vorstellig. Schließlich einigt man sich auf ein Kabinett, in dem alle wichtigen Kräfte der Rechten vertreten sind. Und so ernennt Hindenburg am 30. Januar 1933 Adolf Hitler zum Kanzler. Er beruft damit einen Mann, der es sich zum Ziel gesetzt hat, die Republik, an deren Spitze er jetzt steht, zu beseitigen, und der – wie die letzten Reichstagswahlen zeigen – von der Mehrheit der Deutschen abgelehnt wird.

Der Terror beginnt

Hitlers erste Amtshandlung ist denn auch konsequent. Er löst das Parlament auf. Zwar schreibt er gleichzeitig für den 5. März Neuwahlen aus. Aber alle seine Aktivitäten sind in den kommenden Wochen darauf gerichtet, die Republik endgültig zu zerschlagen. In den Tagen nach der Machtergreifung finden in fast allen großen Städten Massenkundgebungen gegen Hitler statt. Daraufhin wird ein Demonstrationsverbot erlassen. Am 4. Februar schränkt eine Verordnung, »zum Schutze des deutschen Volkes«, die Versammlungs-, Rede- und Pressefreiheit drastisch ein. Verbote und Beschlagnahmeaktionen behindern das Erscheinen all jener Zeitungen, die gegen den schleichenden Staatsstreich Hitlers ihre Stimme erheben. SA und SS sprengen Zusammenkünfte der Gewerkschaften und Parteiversammlungen der Linken. Gewerkschaftmitglieder, Anhänger von KPD und SPD werden von der SA verschleppt oder auf offener Straße zusammengeschossen. Zugleich beginnt die Hatz auf alle republikanisch gesinnten Intellektuellen. Die Emigration beginnt. Unzählige Musiker, Maler, Bildhauer, Schriftsteller und Wissenschaftler verlassen das Land.

Um den Terror von SA und SS zu rechtfertigen und den Maßnahmen von Polizei und Staatsanwaltschaft eine juristische Grundlage zu geben, behauptet man, es gelte einen Putsch der Linken abzuwehren. Während man selbst dabei ist, auf dem Wege eines kalten Staatsstreichs die Republik zu liquidieren, unterstellt man denen, die zu ihrer Verteidigung aufrufen, verfassungsfeindliches Verhalten. Doch die Linke ist, seit Jahren zerstritten, überhaupt nicht in der Lage, Gegenmaßnahmen zu ergreifen. Der SPD-Parteivorstand lehnt die Vorschläge der KPD – Generalstreik und bewaffneter Widerstand – grundsätzlich ab. Er rät, strikt auf dem Boden der Verfassung zu bleiben. Schließlich sei Hitler im Rahmen der Gesetze zum Kanzler ernannt worden. Deshalb müsse man sich auf die anstehenden Wahlen konzentrieren. Hitler werde abtreten, wenn die Wahlen gegen ihn ausfallen. Das stellt sich bald als Illusion heraus.

Hitler denkt nicht daran, das Volk entscheiden zu lassen. Wahlversammlungen werden gesprengt, Zeitungen und Plakate beschlagnahmt und verboten. Als schließlich am 27. Februar der Reichstag in Flammen aufgeht, ist das für Hitler der Vorwand, zum großen Schlag auszuholen. Er erklärt die Kommunisten zum Brandstifter. Der später inszenierte Schauprozeß zeigt: Wer die Macht hat, braucht keine Beweise. Die KPD, bei den letzten Reichstagswahlen drittstärkste Partei, wird verboten. In einer Verordnung »zum Schutze von Volk und Staat« wird der Ausnahmezustand erklärt. Die Grundrechte (Versammlungs-, Presse- und Redefreiheit sowie das Post- und Fernmeldegeheimnis) werden aufgehoben. Verdächtige Personen können in »Schutzhaft« genommen werden. Überall im Land werden Mitglieder und Anhänger der KPD, oder was man dafür hält, inhaftiert, ihre Verlage und Parteibüros besetzt. Die Stimmung am Vorabend der Wahlen ist so, wie sie Hitler haben möchte. Doch die Wahlen gehen anders aus, als von ihm erhofft. Zwar gelingt es Hitler, 288 Mandate zu erringen. Doch SPD, KPD, Zentrum und Bayerische Volkspartei halten ihren bisherigen Stimmenanteil. Auch die Deutschnationalen. Hitlers Wahlkampagne, die mit einer 3-Millionen-Mark-Spende der Krupp AG, des IG-Farben-Konzerns, der Vereinigten Stahlwerke u. a. finanziert wurde und die sich sämtlicher staatlicher Propagandamittel, einschließlich des Rundfunks bedienen kann, hat das Ziel absolute Mehrheit nicht erreicht. Per Dekret erklärt Hitler die Mandate der KPD für ungültig und erläßt Haftbefehle gegen ihre Abgeordneten. Nun ist ihm die Mehrheit sicher.

Ermächtigung

Am 24. März bringt Hitler im Reichstag das »Gesetz zur Behebung der Not in Volk und Staat« ein. Es ermächtigt Hitler auf unbestimmte Zeit, ohne den Reichstag Gesetze zu erlassen. Das Parlament entmachtet sich selbst. Das katholische Zentrum, die Bayerische Volkspartei, die Deutschnationalen und natürlich die NSDAP stimmen für das Gesetz. Nur die SPD-Fraktion votiert dagegen. Die Diktatur ist damit auf (fast) legalem Weg per Gesetz errichtet.

Nun geht es Schlag auf Schlag. Zur »Wiederherstellung des Berufsbeamtentums« werden »politisch unzuverlässige« und »nicht-arische« Beamte aus dem Staatsdienst entlassen. Die Gewerkschaften werden verboten. Am 22. Juni erläßt Hitler ein Verbot der SPD. Die übrigen Parteien lösen sich selbst auf.

Tausende von Gegnern des neuen Regimes werden in die von der SS errichteten Konzentrationslager geschafft. Viele dieser Lager befinden sich in unmittelbarer Nähe zu großen Städten: Dachau bei München, Sachsenhausen bei Berlin, Neuengamme bei Hamburg, Buchenwald bei Weimar. Zu den politischen Gefangenen kommen bald die aus rassischen Gründen Verfolgten, nach Kriegsbeginn Deportierte aus den besetzten Gebieten sowie Kriegsgefangene. Ein Teil der KZ wird in Zusammenarbeit mit großen Firmen errichtet. Neben dem KZ Ravensbrück (nördlich von Berlin) erbaut Siemens seine Fertigungshallen. Der IG-Farben-Konzern (nach 1945 wieder aufgeteilt u. a. in die Firmen Bayer, Höchst, BASF) holt seine Arbeitskräfte aus dem Lager Auschwitz (Polen).

Aufrüstung

Fünf Tage nach seiner Ernennung zum Reichskanzler erläutert Hitler vor den Befehlshabern der Wehrmacht seine Pläne. Deutschland muß seine alte politische Macht wiedergewinnen. Das bedeutet, wie ein Teilnehmer der Gesprächsrunde notiert: »Straffste autoritäre Staatsführung. Beseitigung des Krebsschadens der Demokratie.« »Wer sich nicht bekehren läßt, muß gebeugt werden. Ausrottung des Marxismus mit Stumpf und Stiel. Todesstrafe für Landes- und Volksverrat. Völlige Umkehrung der gegenwärtigen innenpolitischen Zustände in Deutschland.«

Außenpolitisch geht es Hitler darum, die Niederlage von 1918 wieder rückgängig zu machen. Die Bestimmungen des Friedensvertrages von Versailles sind für ihn null und nichtig. Keine Reparationszahlungen mehr. Keine Anerkennung der in dem Vertrag festgelegten Grenzen. Deutschland muß seine Gleichberechtigung unter den anderen Völkern erzwingen. »Aufbau der Wehrmacht wichtigste Voraussetzung zur Erreichung des Ziels ... Allgemeine Wehrpflicht muß wiederkommen. Zuvor aber muß Staatsführung dafür sorgen, daß die Wehrpflichtigen vor Eintritt nicht schon durch Pazifismus, Marxismus, Bolschewismus vergiftet werden.« Das bedeutet: »Einstellung der Jugend und des ganzen Volkes auf den Gedanken, daß nur der Kampf uns retten kann und diesem Gedanken gegenüber alles zurückzutreten hat. Ertüchtigung der Jugend und Stärkung des Wehrwillens mit allen Mitteln.«

Einmal erstarkt, müsse Deutschlands Ziel in der »Erkämpfung neuer Exportmöglichkeiten« liegen und in der »Eroberung neuen Lebensraumes im Osten und dessen rücksichtslose Germanisierung«. Damit ist nicht nur die Vertreibung der dort ansässigen Menschen, sondern zugleich ihre Ausrottung angestrebt.

2. 1933–1936: Erste Erfahrungen

Begeisterung

Als Fünfzehnjähriger tritt Hans Scholl 1933 in die Hitlerjugend ein. Der Vater ist niedergeschlagen und zugleich aufgebracht. Immer wieder kommt es zum Streit zwischen beiden. Der Vater versucht klarzumachen, daß die Nazis mit der Not der Arbeitslosen, mit der Liebe vieler Menschen zu ihrer Heimat und dem Wunsch nach mehr Gemeinschaft Schindluder treiben. Empört weist Hans darauf hin, daß Hitler bisher Wort gehalten hat. Es gibt weniger Arbeitslose, und es geht wirtschaftlich wieder aufwärts. Doch der Vater bleibt dabei: Hinter den großen Worten vom neuerwachten Vaterland, von Kameradschaft und Volksgemeinschaft verberge sich nichts anderes als die Vorbereitung auf einen neuen Krieg. Wer endlich Arbeit gefunden hat, sieht der noch, daß es nur deshalb aufwärtsgeht, weil die Kriegsindustrie angekurbelt wird und neue Kasernen entstehen? Die Wortgefechte zwischen Vater und Sohn werden heftiger. Hans bleibt bei

seinem Entschluß. Es gelingt ihm sogar, seine Geschwister zu überzeugen. Nach und nach treten Inge, Elisabeth, Werner und Sophie
ebenfalls in die Hitlerjugend bzw. in den Bund Deutscher Mädel
(BDM) ein.[1]

Wie viele andere in seinem Alter fühlt sich Hans in diesen Tagen von
einer Woge der Begeisterung mitgerissen. Etwas Neues soll aufgebaut
werden, und Träger dieser Zukunft, gleichsam das Herz der neuen
Bewegung, das ist die Jugend. Das, was er da immer wieder in den
Reden seiner HJ-Führer vernimmt, läßt ihn, wie viele andere auch, an
die zahlreichen Streitgespräche zu Hause denken. Hängen nicht die
Alten an all dem Plunder von gestern und sind unfähig, die Zeichen
der Zeit zu verstehen? Und nicht nur in Hans' HJ-Gruppe fällt das
Wort vom Spießer, der nur seine Behaglichkeit schätzt. Überall im
Land ist die Jugendpolitik der Nationalsozialisten darauf ausgerichtet, das Aufgeschlossensein der Jugend für Veränderung aufzugreifen
und die Frontstellung auszunutzen, in der sich Jugendliche gegenüber
ihren Eltern befinden. Das bedeutet nicht, daß das allgemein übliche
Führer-Gefolgschafts-Prinzip, in der Jugend nicht gilt. Auch die Hitlerjugend ist streng militärisch organisiert. Alle Führer werden von
oben ernannt, und jeder hat diesen gegenüber unbedingten Gehorsam zu zeigen. Auf diese Weise kann man der Jugend das Gefühl
geben, auserwählt zu sein, ihre Begeisterungsfähigkeit und Energie
mobilisieren und sie zugleich unter Kontrolle halten.

Als Hans in der Ulmer HJ tätig wird, sind ihm diese Zusammenhänge
noch nicht klar. Er findet Spaß an den gemeinsamen Wanderfahrten
und am Sport. An den Gruppenabenden werden Geschichten erzählt,
Lieder erklingen, man schnitzt und baut. Schnell werden sein Durch-
setzungswille und sein Interesse, anderen zu helfen und sie anzulei-
ten, erkannt. Hans macht »Karriere«. Er steigt bald auf und wird
Fähnleinführer beim Jungvolk, d. h., er ist Führer mehrerer Gruppen
von zehn- bis vierzehnjährigen Jungen. Hans ist sehr beliebt und immer im Mittelpunkt, gibt in Aussehen und Auftreten, wie ein Schul-
kamerad später schildert, das Idealbild eines HJ-Führers ab.

Jugend im Widerstand

Willi Graf macht zu diesem Zeitpunkt völlig andere Erfahrungen als
Hans. Er ist in Saarbrücken Mitglied des katholischen Oberschüler-
bundes »Neudeutschland«. Im Verlaufe des Jahres 1933 werden im
Deutschen Reich bis auf die Hitlerjugend alle Jugendgruppen verboten oder lösen sich selbst auf. Die Gruppen der Linken wie der KJVD,
die SAJ, SJV u. a. trifft es als erste. Es folgen die bündischen Grup-

pen, all jene, die keiner Partei zuzurechnen sind, sich allein dem Geist der Wandervogelbewegung verpflichtet fühlen und deren Spektrum von konservativ bis libertär-sozialistisch reicht. Zum Jahresende wird die Evangelische Jugend der HJ eingegliedert. Etliche Gruppen lösen sich aber nur zum Schein auf und gehen wie die Gruppen der Linken und der Bündischen Jugend in den Untergrund. Auch die Katholische Jugend ist sofort Überfällen und Verhaftungen ausgesetzt. In einem Konkordat zwischen dem Vatikan und Hitlers Regierung wird den Jugendgruppen eine auf den religiösen Bereich beschränkte Tätigkeit zugestanden. Alles, was über den Gottesdienst, gemeinsames Singen oder Bibelkreise hinausgeht, ist verboten. Weder sind ihnen gemeinsame Wanderfahrten erlaubt noch Sportveranstaltungen oder Zusammenkünfte, in denen etwa die Lieder der Jugendbewegung gesungen oder ihre Geschichten erzählt werden. Auch für die katholischen Jugendgruppen gilt ein Uniformverbot. Sie unterlaufen das Verbot, indem sie einheitliche helle oder bunte Hemden tragen. Die Fahrten werden illegal durchgeführt. In unzugänglichen Gegenden und Wäldern finden Zeltlager statt, und die Zusammenkünfte in den Pfarrhäusern haben nicht immer nur religiösen Charakter. Die ständigen Kontrollen und Verhaftungen, das Verbot von Zeitungen und die allgemeine antichristliche Propaganda der Nazis bestärken die Jugendgruppen in ihrem Gefühl, Widerstand leisten zu müssen. Sie arbeiten mit den illegalen bündischen Gruppen zusammen, gewähren diesen Schutz innerhalb des halblegalen Raumes, der der katholischen Jugendarbeit geblieben ist.

Im Saarland, das dem Völkerbund untersteht und nicht zum Deutschen Reich gehört, können die Jugendgruppen offen weiterarbeiten. Auf den Gruppenabenden des »Neudeutschland« erfährt Willi von den Verfolgungen, denen die Freunde im Deutschen Reich ausgesetzt sind. Man liest die »Junge Front« des »Katholischen Jungmännerverbandes«.

Dort schreibt Johannes Maaßen, Hauptschriftleiter der Zeitung: »Auf uns wartet die Stunde der Bewährung. Werdet ihr jungen Katholiken euch nicht verblüffen lassen, auch wenn wir schweigen müssen? Werdet ihr euren Mann stehen, auch wenn die Zeichen auf Sturm stehen? Sind wir bereit, Verbannung und Schweigen auf uns zu nehmen; ist der junge deutsche Katholizismus so weit, daß er sich nicht in Verwirrung bringen läßt? Laßt euch nicht betäuben, wenn Wahrheit, Freiheit und Recht aufs äußerste bedroht sind!« Er schreibt gegen die Irrlehre der Nazis und ihre Anhängerschaft in den Kirchen, die »die christliche Geschichte umfälschen will in einen Mythos von Rausch und Blut und Rassenseele«. Doch geht es nicht nur darum, Übergriffe auf den kirchlichen Bereich abzuwehren. Deutlich nimmt Maaßen auch zur allgemeinen politischen Entwicklung Stellung: »In 14 Jahren, so meint Herr Hitler unbekümmert, haben die ›November-Parteien‹ (gemeint

sind SPD, KPD und das katholische Zentrum – M. K.) eine Armee von Arbeitslosen geschaffen. Hat der gegenwärtige Reichskanzler noch nichts von der Weltwirtschaftskrise gehört? Weiß er nicht, daß in Amerika 45 Millionen unter der Arbeitslosigkeit leiden? ... Wir lassen uns den Marxismus nicht zum Kinderschreck machen. Wir wissen seit Jahren, daß in den Reihen der Marxisten mindestens so gute Deutsche anzutreffen sind, wie anderswo ... Wieder werden wir zu den Novemberverbrechern ›von Kaas (Vorsitzender des Zentrum) bis Thälmann (Vorsitzender der KPD)‹ gezählt. Wieder tobt man gegen uns als den ›Reichsfeind‹ ... Deutsche dürfen uns ungestraft im gleichen deutschen Vaterland mit Steinen bewerfen und auf uns rumtrampeln ... Der Kampf steht erst in seinem Anfang.«
Wegen dieser deutlichen Sprache werden einzelne Ausgaben der »Jungen Front« immer wieder von der Gestapo beschlagnahmt. Dennoch kann sich die Zeitung bis 1936 halten.

Willis Jugendgruppe fährt oft ins Deutsche Reich und besucht Gleichgesinnte. Auf diese Weise will man ein Zeichen setzen. Ein Klassenkamerad erinnert sich: »1934 – In Deutschland regierte Hitler. Die Saar stand noch unter Völkerbundsmandat. Die katholische Jugendarbeit war frei. Unsere Schulklasse machte einen Ausflug nach ›dem Reich‹. Das Ziel war Landau in der Pfalz. Willi und wir anderen vom Fähnlein der Neudeutschen Gruppe in der Klasse trugen Kluft und unser Ritterabzeichen. Wir hatten nicht vor, uns dem im Reich geltenden Verbot zu fügen. Noch waren wir frei. Plötzlich rempelt uns HJ an. Einer greift nach Willis Fahrtenhemd und reißt das Abzeichen PX weg. Da wird das immer frohe und lachende Gesicht Willis drohend: ›Gib das raus ... Gib das raus!‹ Er ballt die Fäuste. Der HJler zögert, schaut Willi an – gibt dann das schwarz-silberne Abzeichen zurück und verschwindet wortlos. ›Diese Bande‹, sagt Willi.«[2] In seinem Notizbuch notiert Willi: »jungenschaft 1934. das heißt: eigene Wege suchen, die euch nicht vorgezeichnet sind. neue formen gestalten, viele warten darauf. das opfer der bünde (der Bündischen Jugend – M. K.) sei nicht umsonst gebracht. es gilt: alle lebendigen jungen im j. m. v. (Katholischer Jungmännerverband – M. K.) zusammenzuführen zu einem trupp im dienst deutscher jugend ... fragt nicht nach vergangener bündischer verschiedenheit. ostern feiern wir zusammen. eure Vorbereitung sei ohne pathetische aufrufe. schließt den ring in südwestdeutschland. sprecht wenig darüber!«[3] Willi streicht in seinem Adreßbuch jene »Kerle aus dem Fähnlein«, die zu den Nazis übergelaufen sind. An den Rand notiert er: »Ist in der HJ.«
Willi und seine Freunde leisten Widerstand, um die eigene Identität zu erhalten. Sie haben kein Interesse am militärischen Drill und martialischen Auftreten der HJ. Sie wollen sich nicht vorschreiben lassen, welche Lieder undeutsch sind, welche Literatur »jüdisch«. Sie wollen singen und lesen, was ihnen gefällt. Ihr Zusammensein soll vom Geist

der Freiheit und Gemeinschaft geprägt sein. Und ihr Glaube verpflichtet sie, keinem anderen Herrn zu dienen als dem, in dessen Nachfolge sie stehen. In Willis Tagebuch findet sich ein Wort von Johannes Maaßen: »Tapferkeit im Handeln, aber nicht weniger im Standhalten ... So müssen wir als Christen es ertragen, Unbilden zu ertragen, Härten, Verfolgung, Druck, Schmerzen ... Notzeiten für den Christen und die Kirche sind immer auch Zeiten des inneren Aufbaues der Herzen und der Festigung des Geistes gewesen.«[4] Die Frage des Widerstandes aus christlichem Glauben wird Willi in den kommenden Jahren ständig beschäftigen. Als er seine ersten Erfahrungen mit den Nazis macht, steht er noch am Anfang. Vieles ist noch spontane Gegenwehr aus jugendlichem Eifer, dennoch mutig und konsequent und von einer Kompromißlosigkeit, die die Mehrzahl der Erwachsenen zu dieser Zeit nicht aufbringt.

1935 stimmt eine große Mehrheit im Saarland für die Angliederung an das faschistische Deutschland. Willi und seine Freunde entscheiden sich auf ihre Art dagegen: »Rückgliederung der Saar 1935: Vorbeimarsch aller Formationen an dem ›Stellvertreter des Führers‹ auf dem Rathausplatz. Die Bünde der Katholischen Jugend versucht man, aus dem Zug auszumanövrieren. Wir zwängen uns irgendwo unterwegs einfach zwischen die braunen Kolonnen. Voraus unser Christusbanner der Neudeutschen Gruppe Saarbrücken. Heß hebt den Arm zur Ehrenbezeigung vor ihnen. Willi bemerkt: ›Hast du gesehen, was der für ein Gesicht gemacht hat? Der hat sich geärgert.‹ Gegen tausend Jungen etwa zählt unser Gymnasium zu Saarbrücken. Fast alle sind in der HJ. Wir nicht. Etwa ein Dutzend Buben, darunter Willi. Am 1. Mai ist Kundgebung auf dem ›Befreiungsfeld‹ (›Dürrfeld‹ nennen wir es – geradeso heißt der ständig betrunkene NS-Bürgermeister von Saarbrücken). Das ganze ›Dürrfeld‹ ist braun von Uniformen, darunter unsere HJ-Schulkameraden. Nun zieht ›das Ludwigs-Gymnasium‹ ein, wir zwölf Nichtorganisierten. Wir sind die Attraktion des Tages, der auffälligste Klub auf dem ganzen Feld. Ein zu unserer Führung abkommandierter Lehrer geht mit dem Spazierstock voraus. Wir, bewußt im zivilen Spaziergängerschritt, mit der alten, mit Goldquasten und Troddeln geschmückten Fahne des Gymnasiums, die einer von uns trägt, hinterher.«[5]

Bohème

Als 1933 die »Scharnhorstjugend« geschlossen in die Hitlerjugend überführt wird, tritt Alexander Schmorell aus seiner Gruppe aus. Sein Freiheitsdrang ist inzwischen zu groß, als daß er sich dem in der

Scharnhorstjugend oder Hitlerjugend üblichen militärischen Drill weiter unterwerfen könnte. Am Realgymnasium lernt er bald einen Gleichgesinnten kennen, Christoph Probst. Zusammen mit dessen Schwester Angelika unternehmen sie Wanderfahrten in die Berge, verbringen die Sommermonate an den Seen, um zu fischen, Flöße zu bauen, zu lesen, zu diskutieren. Angelika Probst beschreibt Alex später als »Vagabundennatur«. »Er liebte es, einsam zu wandern, ziellos umherzustreifen, irgendwo unterzutauchen, Bekanntschaft zu schließen mit seltsamen Geschöpfen dieser Erde. Er hatte Neigung und Blick für Abenteurer, Landstreicher, heruntergekommene Artisten, Zigeuner und Bettler aller Art.« Alexander Schmorell lernt reiten. Vom Haus der Eltern aus unternimmt er Ausflüge ins Isartal. Er spielt gerne Klavier und beginnt zu zeichnen. Sein Interesse an Malereien und Skulpturen wird immer stärker. Nach der Schule sitzt er stundenlang über dem Zeichenblock oder versucht, sich Techniken des Bildhauerns anzueignen. Für ein Leben, wie es Alex führt, gibt es keinen Platz in der Hitlerjugend.

Verfolgung

Die Machtübernahme Hitlers geht an der Familie von Christoph Probst nicht spurlos vorbei. Die Freunde des Vaters werden von den Nazis verfolgt. Christoph erlebt, wie deren Bilder, die das Haus der Eltern schmücken, zur »entarteten Kunst« erklärt werden. Paul Klee muß emigrieren, und der andere Freund der Familie, Emil Nolde, der Angelika und Christoph porträtiert hat, erhält von den Nazis Malverbot. Die Familie rückt enger zusammen. Der Antisemitismus bedroht die Mutter. Mit den Rassegesetzen 1935 wird »Öhmi«, wie Angelika und Christoph ihre Stiefmutter nennen, zum Menschen zweiter Klasse erklärt. Ein Jahr später begeht der Vater Selbstmord. Die religiösen Fragen, die ihn bewegen, die Existenz als Privatgelehrter, mit der er nicht zurechtkommt, die Erfahrungen, wie wenig Geist, Kunst und Wissenschaft unter den neuen Bedingungen gelten – all das hat eine schwere Depression bei ihm ausgelöst.
Christoph ist vom Tod des Vaters tief getroffen. Das letzte Schuljahr verbringt Christoph im Landschulheim (Internat) Schondorf am Ammersee. Die Atmosphäre ist dort antinationalsozialistisch. Er beschäftigt sich mit Literatur und Philosophie. Die Bibliothek des Vaters ist ihm dabei hilfreich. Die Astronomie begeistert ihn. Er verbringt viele Nächte hinter dem Fernrohr. Ein weiteres Hobby ist die Mineralogie.
Nicht nur wegen seines vielseitigen Wissens, sondern vor allem wegen

einer sehr ausgeprägten Urteilskraft, die ihn in die Lage versetzt, wissenschaftliche und philosophische Probleme anschaulich zu erklären, legt Christoph bereits mit 17 Jahren das Abitur ab.

Er verbringt seine Jugend- und Schulzeit abwechselnd beim Vater und bei der (leiblichen) Mutter, die inzwischen neu geheiratet hat. So kommt er immer wieder auf eine neue Schule oder in ein anderes Internat. Christoph ist früh auf sich selbst gestellt. Eine große Selbständigkeit und Reife hat wohl darin ihre Ursache.

Beobachtungen

Als Hans Scholl in die Hitlerjugend eintritt, ist seine Schwester Sophie erst zwölf Jahre alt. Auf dem Lande aufgewachsen, gilt ihre Liebe auch in Ulm noch der Natur. Wann immer es geht, streift sie an den überfluteten Auen der Iller entlang oder durch die Wälder der Umgebung. Sie liest viel und gerne und spielt, wie ihre Schwester Inge vermerkt, »mit beachtlichen Erfolgen« Klavier. Die große Wohnung der Eltern ist ein fröhlicher Treffpunkt für die Kinder der Nachbarschaft. Begeisterung für die Natur, Wanderfahrten, Musizieren und Spielabende – alles das wird, wie ihr Geschwister und Freunde berichten, auch in der HJ und beim BDM betrieben. So findet es Sophie ganz normal, bei den »Jungmädeln« des BDM mitzumachen. Während Hans jedoch mit großem Einsatz und viel Hingabe dabei ist, hält Sophie eine gewisse Distanz. Mit zunehmendem Alter erscheinen ihr die Aktivitäten des BDM zu sehr von einer leeren Betriebsamkeit geprägt. Ihre Schwester Inge schildert sie als einen »nach innen gekehrten Menschen, nachdenklich und manchmal beinahe schüchtern«. »Bei allen möglichen Anlässen sofort losreden und losplatzen, das konnte sie nicht. Sie nahm sich Zeit, etwas zu überdenken.«[6] Und so hat Sophie eine ganz natürliche Abneigung gegen jene schnelle Euphorie und die großen pathetischen Worte, wie sie auch im BDM gepflegt werden. Aufmerksam folgt sie den Streitgesprächen zwischen dem Vater und Hans. Der Loslösungsprozeß vom Elternhaus, der sich bei Hans in einer oft verbissenen Opposition gegen den Vater ausdrückt, liegt noch vor ihr. So bleibt ihr vieles von dem, was der Vater kritisch gegen die Nazis vorbringt, nicht verschlossen. Eigene Erfahrungen treten hinzu. Sie registriert die Absurdität der nationalsozialistischen Rassetheorie. Eine Klassenkameradin, mit blonden Haaren und blauen Augen dem germanischen Rasseideal entsprechend, darf nicht Mitglied des BDM werden, während Sophie, äußerlich kaum mit den Attributen der »arischen Rasse« ausgestattet, dennoch dort Aufnahme findet. Die Klassenkameradin entstammt einer jüdischen Familie. Als der Druck auf jüdische Mitschüler zunimmt, stellt sich Sophie auf deren Seite. Bewußt hält sie ihre Freundschaft zu Anneliese Wallersteiner, Tochter einer angesehenen Ulmer Familie, aufrecht. Sie bekommt den Unmut und Haß fanatischer Lehrer und gedankenloser Schüler zu spüren. Inge Scholl berichtet von einem weiteren Erlebnis. Auf einem Ausflug während des »Staatsjugendtages« treffen die beiden Schwestern auf ein Zelt mit Jungen, die keine HJ-Uniform tragen. Neugierig geworden, versuchen sie diese in ein Gespräch über den Nationalsozialismus zu verwickeln. Einer der Jungen steht schweigend dabei und ist zu keiner Äußerung zu bewegen. »Da ahnten wir«, wie Inge Scholl später schreibt, »er war Jude und mußte schweigen, um sich und die anderen nicht in Gefahr zu bringen. Auch wir beide hatten nichts mehr zu sagen und verabschiedeten uns schweigend. Wir fanden Leute sympathisch, die wir von Staats wegen ablehnen sollten. Und je mehr wir sie abzulehnen versuchten, desto stärker zogen sie uns an.« Ein Teil der Klienten und Geschäftsfreunde des Vaters ist jüdischer Abstammung und wird immer stärker verfolgt. Auch diese Erfahrungen prägen sich den Kindern ein.

Aufgewachsen in einem Elternhaus, in dem die Ideen von Freiheit, Gerechtigkeit und Toleranz den Mittelpunkt bilden, entstehen in Sophie immer mehr Zweifel an den Zielen und der Politik der Nationalsozialisten. In diesem Moment vollzieht der ältere Bruder eine plötzliche Kehrtwendung.

Die Wende

Hans Scholl ist zur Teilnahme am Reichsparteitag 1936 in Nürnberg ausersehen. Er darf die Fahne seines Stammes tragen. Ein Stamm der HJ umfaßt 400 bis 500 Jugendliche. Die jährlich stattfindenden Reichsparteitage sind Höhepunkte propagandistischer Machtentfaltung. Vor den monumentalen Tribünen des Zeppelinfeldes ziehen Tausende ausgewählte SA- und HJ-Formationen an »ihrem Führer« vorbei. Sogar Reichswehrverbände sind anwesend. Fahnenappelle, Gelöbnisse, Neuaufnahmen in die Partei und eine programmatische Ansprache Hitlers stehen im Mittelpunkt. Dem einzelnen Teilnehmer wird das Gefühl vermittelt, auserwählt zu sein, denn Hitler spricht ihn stellvertretend für die gesamte Volksgemeinschaft an. Dem Volk, das das Spektakel in kunstvoll inszenierten Wochenschaubeiträgen miterleben darf, wird ein Gefühl von machtvoller Größe und Geschlossenheit vermittelt. Zweifel sollen unterdrückt, Kritik als kleinlich und verräterisch ausgegrenzt werden. Dem Ausland demonstriert man einen unbeugsamen Willen und eine politische Führung, die über einen großen Rückhalt in der Bevölkerung verfügt.

Voller Erwartungen fährt Hans nach Nürnberg. Auch er empfindet es als eine große Ehre, zu den wenigen zu gehören, die die Hitlerjugend auf dem Parteitag vertreten dürfen. Doch was er dort erlebt, hat wenig gemein mit fröhlichen Gruppenabenden oder Zeltlagerromantik, wie er sie von Ulm her kennt. Der Tag vergeht mit Fahnenappellen, Aufmärschen, pausenlosem »Sieg-Heil«-Gebrüll, Exerzierübungen und erneuten Aufmärschen. Alles dreht sich um den großen Auftritt auf dem Parteitagsgelände. Hans erlebt, wie Zehntausende durch Disziplin und Drill für ihre Statistenrolle in einem gigantischen Schauspiel der Selbstdarstellung vorbereitet werden. Zu Gesprächen oder einem Erfahrungsaustausch ist keine Zeit. Und ergibt sich doch einmal eine Möglichkeit, so tönen ihm nur leere Phrasen entgegen. Da zu diesem Parteitag außerdem besonders viele der »alten Kämpfer« herbeigeschafft worden sind, begegnet ihm in den unzähligen Braunhemden, die die Stadt bevölkern, der fanatische Bodensatz der SA. Rassistische Witze werden erzählt und vaterländische Lieder gegrölt.

Hans ist von der Dumpfheit, die ihn umgibt, angewidert. Als er schließlich die Fahne der Ulmer Hitlerjugend auf das Parteitagsgelände trägt, ist nichts mehr von der freudigen Erwartung übrig, die ihn nach Nürnberg begleitet hat. Unter heiserem Beifallsgebrüll grüßt Hitler die jugendlichen Fahnenträger »als die Standartenträger einer neuen Geschichte ... als die Hoffnung der Gegenwart und die Garanten unserer Zukunft«.

Nach Ulm zurückgekehrt, nabelt Hans sich Schritt für Schritt von der Hitlerjugend ab. Er erinnert sich früherer Erlebnisse: Zu seinen Lieblingsbüchern gehört Stefan Zweigs »Sternstunden der Menschheit«. Begeistert liest er den Jungen seiner Gruppe daraus vor. Doch ein höherer HJ-Führer stellt ihn dabei zur Rede. Zweigs Bücher gelten als »undeutsches Gedankengut« und sind verboten. Ebenso viele andere Bücher, die er aus seinem Elternhaus kennt, von Remarque, Thomas und Heinrich Mann. Hans kann das nicht verstehen. Wird in diesen Büchern doch viel erzählt von dem Land, das er als seine Heimat begreift und für das die Hitlerjungen geschworen haben einzustehen. Seine Jungengruppe singt gerne. Zu den einheimischen Volksliedern kommen etliche aus Frankreich und England. Mancher kann ein Lied aus Skandinavien beisteuern oder sogar in russischer Sprache. Wieder gibt es Ärger mit anderen HJ-Führern. Nur deutsches Liedgut soll gesungen werden. Auch das widerstrebt Hans. Er setzt sich darüber hinweg. Als Fähnleinführer kann er es sich leisten, in seinen Gruppen das zu machen, was er möchte. Nach seinen Erfahrungen auf dem Nürnberger Parteitag erscheinen ihm diese Vorfälle nun nicht mehr als Ergebnisse kleinkarierten Denkens. Er beginnt, die Kritik des Vaters am Nationalsozialismus zu begreifen. Als Hans der Hitlerjugend beitrat, war diese noch recht offen gehalten. Dahinter stand die Absicht, alle Jugendlichen aus den inzwischen verbotenen Gruppen zu integrieren. Doch von Jahr zu Jahr wird die politische Schulung verstärkt. Drill und Aufmärsche treten in den Mittelpunkt. Als sich die HJ auf diese Weise militarisiert, erkennt Hans, daß die Verantwortung, die man ihm als Fähnleinführer zubilligt, nur Schein ist. Die Vorstellung, Teil einer Kette von Befehlsempfängern zu sein, widerstrebt ihm. Mit einem Eklat verabschiedet er sich von der Hitlerjugend: Seine Jungengruppe hat mit Begeisterung eine Fahne genäht, die mit eigenen Symbolen und einem besonderen Wappentier versehen ist. Bei einem Appell fällt sie einem höheren HJ-Führer besonders auf. Da für alle nur eine Fahne gilt, die offizielle der HJ, verlangt er, daß man ihm dieses »Phantasietuch« aushändigt. Der Fahnenträger weigert sich, ist sie ihm doch Symbol seiner Gruppe. Der HJ-Führer will sie ihm entreißen. Es kommt zum Handgemenge. Hans versetzt dem HJ-Führer eine Ohrfeige.

Die Veränderung, die Hans durchmacht, bleibt seinen Geschwistern nicht verborgen. Nach anfänglichem Zögern vermittelt er ihnen seine Erfahrungen.

3. 1936–1939: Verweigerung

Kriegsvorbereitungen

Im Oktober 1933 erklärt Hitler den Austritt aus dem Völkerbund. Gleichzeitig weigert er sich, weiterhin an der Abrüstungskonferenz in Genf teilzunehmen. Mit einem breit angelegten Wirtschafts- und Militärprogramm beginnt er eine ungeheure Aufrüstung der Reichswehr, die zum Teil unter äußerster Geheimhaltung vollzogen wird. 1935 wird die allgemeine Wehrpflicht eingeführt. Die Stärke des Heeres hat sich vervierfacht. In einem neuen Flottenvertrag stimmt Großbritannien einer weiteren Vergrößerung der deutschen Kriegsmarine, die durch den Versailler Friedensvertrag begrenzt worden war, zu. 1935 wird das Saargebiet nach einer für Hitler erfolgreichen Abstimmung eingegliedert, ohne eine Entscheidung des zuständigen Völkerbundes abzuwarten. 1936 marschiert die Reichswehr in das bis zu diesem Zeitpunkt entmilitarisierte Rheinland ein. Die Tilgungszahlungen für ausländische Kredite an das Deutsche Reich (Young- und Dawesplan) wurden bereits 1934 eingestellt. Schritt für Schritt ist es den Nationalsozialisten gelungen, wichtige Teile des Versailler Friedensvertrages zu revidieren, ohne dabei auf nennenswerten Widerstand zu stoßen. Mit der Veranstaltung der Olympischen Spiele 1936 in Berlin erzielen sie im Ausland große Anerkennung. Die internationale

Presse billigt Hitler erstaunliche wirtschaftliche Leistungen zu, glaubt, eine Zufriedenheit breiter Volksschichten mit dem neuen Regime zu bemerken, und lobt die Perfektion, mit der die Spiele ablaufen. Bestätigt durch die auf Zugeständnisse und Kompromisse bedachte Politik Englands und Frankreichs vollzieht Hitler langsam, aber stetig einen Kurswechsel. Stand bisher die »Friedensliebe« im Vordergrund seiner öffentlichen Erklärungen, so gilt es nun, den Ton zu ändern, um weiteren territorialen Ansprüchen den notwendigen Druck zu verleihen. In einer geheimen Rede vor Vertretern der deutschen Presse am 10. November 1938 spricht Hitler darüber sehr offen. Er erklärt, daß ihn die Umstände bisher gezwungen haben, vom Frieden zu reden, um dem deutschen Volk »Stück für Stück die Freiheit zu erringen und ihm die Rüstung zu geben, die immer wieder für den nächsten Schritt als Voraussetzung notwendig war«. Er weist darauf hin, daß eine solche Friedenspropaganda auch ihre bedenklichen Seiten hat, da das Volk »mit einem Geist erfüllt wird, der auf die Dauer als Defaitismus« enden kann. Nunmehr sei es notwendig, »das deutsche Volk psychologisch allmählich umzustellen und ihm langsam klar zu machen, daß es Dinge gibt, die, wenn sie nicht mit friedlichen Mitteln durchgesetzt werden können, mit Mitteln der Gewalt durchgesetzt werden müssen«. Daraus folgt für ihn, daß »dem deutschen Volk bestimmte außenpolitische Vorgänge so zu beleuchten seien, daß die innere Stimme des Volkes selbst langsam nach der Gewalt zu schreien beginnt«. Presse, Rundfunk und Film müssen die Vorgänge so beleuchten, »daß im Gehirn der breiten Masse des Volkes ganz automatisch allmählich die Überzeugung ausgelöst wird, wenn man dies eben nicht im guten abstellen kann, dann muß man es mit Gewalt abstellen; so kann es aber auf keinen Fall weitergehen«.

In einer ebenfalls geheimgehaltenen Rede vor Führern der Reichswehr hat Hitler bereits ein Jahr zuvor dargelegt, daß die Lösung der sogenannten »deutschen Frage« nur über den Weg der Gewalt gehen wird. Denn die »Sicherung und die Erhaltung der Volksmasse und deren Vermehrung« können nur durch eine »Gewinnung größeren Lebensraumes« erfolgen. Das neue Territorium, das hinzugewonnen werden muß, sieht Hitler in Osteuropa. In Polen, der Ukraine, Weißrußland und nicht zuletzt jenen Gebieten, in denen eine starke deutsche Minderheit wohnt (Sudeten, Memelland). Die Eingliederung Österreichs ist dabei Voraussetzung, um einen starken Wirtschaftsraum als Ausgangspunkt zu besitzen. »Für Deutschland lautet die Frage, wo größter Gewinn unter geringstem Einsatz zu erreichen sei.« Als Zeitpunkt für den Beginn militärischer Aktionen gegen die betreffenden Länder im Osten erscheint Hitler das Jahr 1943 als späteste Möglichkeit. »Die Aufrüstung der Armee, Kriegsmarine, Luftwaffe sowie die Bildung des Offizierskorps seien annähernd beendet, die materielle Ausstattung und Bewaffnung seien modern. Bei weiterem Zuwarten läge die Gefahr ihrer Veraltung vor.« Bei günstiger internationaler Lage könne natürlich auch früher losgeschlagen werden.

Folgerichtig schaltet die gesamte NS-Propaganda seit 1936/37 von Friedensliebe auf Konfrontation um. Nach der geheimen Rede vor der deutschen Presse wird dabei das Tempo verschärft. In den Zeitungen und Wochenschauen häufen sich die Berichte über die Reichswehr, ihre Manöver und Leistungsfähigkeit. In den Schulen und in der HJ rücken Wehrbereitschaft und die Tugenden des Soldatentums immer deutlicher in den Mittelpunkt. Mit Patenschaften, Truppenbesuchen und Ausstellungen versucht die Wehrmacht, jugendliche Begeisterungsfähigkeit für Technik und Waffen für sich nutzbar zu machen. Die Bevölkerung wird mit den Problemen des Luftschutzes vertraut gemacht. Übungen finden statt. Besitzer von Privatwagen, Fuhrunternehmer und Bauern sind verpflichtet, im Fall einer Mobilmachung ihre Transportmittel zur Verfügung zu stellen. Das Volk wird langsam auf Krieg eingestimmt. 1936 beginnt ein verstärkter Propagandafeldzug gegen den »Bolschewismus als Hauptfeind Deutschlands«. In Berichten wird die Sowjetunion als Land des Elends und Hungers und der brutalen Unterdrückung dargestellt. Die Situation in den Grenzgebieten der Tschechoslowakei, Polens und Litauens (Sudeten, Warthegau, Ostpommern, Memelland) wird stets so dargestellt, als ob die dort lebende deutsche Minderheit ständigen Verfolgungen ausgesetzt sei, und obwohl diese Gebiete seit Jahrhunderten zweisprachig waren, werden sie als »urdeutsches Land« beansprucht. Die These vom »Volk ohne Raum«, das nur durch Expansion weiterexistieren könnte, wird zum Angelpunkt der NS-Propaganda. Als der Reichskriegsminister von Blomberg und der Heeres-Oberbefehlshaber von Fritsch zu einem vorsichtigeren Vorgehen raten, um einen Zweifrontenkrieg (z. B. ein Eingreifen Englands) zu vermeiden, werden sie Anfang 1938 von Hitler entlassen. Er organisiert die Wehrmachtsführung um und ernennt sich selbst zum Oberbefehlshaber.

Der innere Feind

Zugleich verschärft sich die Repression nach innen. Eine Verhaftungswelle überzieht das Land. Illegal existierende bündische oder konfessionelle Jugendgruppen sollen zerschlagen werden. Die Gestapo geht gegen die Opposition in der Evangelischen Kirche vor. Pfarrer Martin Niemöller, einer der führenden Vertreter der »Bekennenden Kirche«, wird zu einer Gefängnisstrafe verurteilt und anschließend ins KZ Sachsenhausen verschleppt.
Aggression nach außen verlangt Geschlossenheit nach innen. Diese Geschlossenheit soll jedoch nicht nur durch Unterdrückung jedes Widerstandes erzielt werden. Mit den Nürnberger Rassegesetzen von 1935, die u. a. Eheschließungen zwischen »Ariern« und Juden verbieten, wird ein Teil des Volkes zum Feind erklärt. Der weit verbreitete Antisemitismus eint die schweigende Mehrheit. Sie wird auf Vergeltung und Rache eingestellt. 1938 beginnt mit den Pogromen der sogenannten »Reichskristallnacht« der offene Krieg. Der »Feind« wird Schritt für Schritt aus seinem »Lebensraum« vertrieben: Den jüdischen Ärzten und Rechtsanwälten wird die Zulassung entzogen. Vermögen über 5000 RM muß gemeldet werden. Gewerbebetriebe sind zu kennzeichnen. Reisepässe werden mit einem J versehen. Wohnbeschränkungen treten in Kraft. Verbot zum Besuch von Kinos und Badeanstalten. Ausschluß aus Schulen, Hochschulen, Museen und Bibliotheken. 17000 jüdische Bürger mit ausländischem Paß werden zur polnischen Grenze transportiert und ausgewiesen. Die schweigende Mehrheit lernt, wie mit »Feinden des Volkes« umzugehen ist. Ein Jahr später wird der innere Krieg nach außen gewendet. Mit dem Überfall auf Polen beginnt Hitler, seine Pläne von der »Eroberung neuen Lebensraumes« in die Tat umzusetzen.

Die neue Entwicklung greift in das Leben eines jeden ein. Professor Huber bekommt unmittelbar zu spüren, wie die Nazis jeden Bereich, auch den der Wissenschaft, für ihre Ziele dienstbar machen. Zu Reichsarbeitsdienst und Wehrdienst eingezogen, erleben Christoph und Alex, Hans und Willi die zunehmende Militarisierung des öffentlichen Lebens. Als Soldaten der Wehrmacht werden sie schließlich gezwungen, Hitlers Eroberungspolitik aktiv zu unterstützen. Sophie,

Hans und Willi werden von der Verhaftungswelle, die das Land überzieht, erfaßt.

Beeinträchtigungen

Seit 1926 ist Kurt Huber außerordentlicher Professor für Philosophie an der Universität in München, jedoch ohne dafür ein Gehalt zu beziehen. Durch mager besoldete Lehraufträge kann er sich ein bescheidenes Einkommen sichern, das aber in keiner Relation steht zur Breite seiner wissenschaftlichen Tätigkeit und Qualifikation. Er lehrt experimentelle und angewandte Psychologie, Ton- und Musikpsychologie sowie psychologische Volksliedkunde. In Philosophie hält er Vorlesungen zur Methodenlehre. Die Unterbewertung, die er erleben muß, treibt ihn an. Durch intensive Forschung im Bereich der Volksliedkunde gilt er bald als der beste Kenner des europäischen Volksliedes. Auf Fahrten in den Balkan, nach Südfrankreich und Spanien sammelt er durch Transkription oder direkten Tonmitschnitt auf Wachsplatten wichtiges Liedmaterial. Systematisch beginnt er, sämtliche Volkslieder in Altbayern aufzunehmen. Da diese nur mündlich von Generation zu Generation weitergegeben werden, bewahrt er sie vor dem Vergessen. Nach Hitlers Machtergreifung muß Kurt Huber erleben, wie viele seiner Kollegen aus reinem Opportunismus der NSDAP beitreten. Er weigert sich, diesen Schritt mitzumachen, was seine wirtschaftliche Lage nicht verbessert. Da die Nationalsozialisten aber auf Spezialisten angewiesen sind, vor allem in dem von ihnen favorisierten Bereich der Volkstumskunde, wird Huber in Ruhe gelassen. 1936 vertritt er Deutschland auf dem Volksmusikkongreß in Barcelona. 1938 wird er sogar zum Leiter des neugeschaffenen Volksliedarchivs in Berlin berufen. Schnell kommt es dort zu tiefgreifenden Auseinandersetzungen zwischen ihm und seinen Arbeitgebern. Huber lehnt die nationalsozialistische Rasse- und Volkstumsideologie ab. Er weigert sich, Ergebnisse seiner Forschung, die dazu im Widerspruch stehen, zu verändern. Verfälschungen widersprechen seiner wissenschaftlichen Redlichkeit. Er wird aus seiner Tätigkeit entlassen.

Haben die Nazis bislang durch eine gewisse Zurückhaltung versucht, die (oft wohlgesonnenen) bürgerlich-konservativen Kreise an den Universitäten zu gewinnen, so wird nun die endgültige Unterordnung auch dieser Bereiche unter die NS-Ideologie vorangetrieben. In einem geheimen Gutachten würdigt die Münchner Gauleitung der NSDAP zwar Kurt Hubers Verdienste um die Volksliedforschung. Gleichzeitig aber stellt sie fest: »Eine weltanschauliche katholische

Kurt Huber

Bindung hat ihn im Verein mit den überkommenen Vorurteilen der liberalistischen Wissenschaftsauffassung (bisher) daran gehindert, in seinen philosophiegeschichtlichen Vorlesungen auch nur hauchweise etwas von den Fragen zu erfassen, die heute hier im Mittelpunkt zu stehen haben.«[1] Wo es um den »Kampf des Volkes um neuen Lebensraum« geht, um eine gewaltsame Durchsetzung der »Überlegenheit der arischen Rasse gegenüber den minderwertigen Völkern im Osten«, haben Leute wie Huber keinen Platz. Ein NS-Hochschulreferent erklärt ihm: »Wir können nur Professoren gebrauchen, die auch Offiziere sein können.«[2] Kurt Huber ist durch eine Nervenlähmung beim Sprechen und manchmal auch beim Laufen beeinträchtigt. Durch Sprechübungen und eine ungeheure Willenskraft kann er dieses Handikap ausgleichen.

Pflicht

Im Dezember 1936, wenige Monate bevor Willi Graf das Abitur ablegt, wird die Hitlerjugend per Gesetz endgültig zur Staatsjugend erklärt. Sie ist neben der Schule die zweite Erziehungsgewalt im Staate. Erst an dritter Stelle folgt die Familie. Die Mitgliedschaft in HJ und BDM wird zur Pflicht. Bislang galt zwar formell das Prinzip der Freiwilligkeit, doch wer der HJ und dem BDM nicht beitrat, wurde in der Schule benachteiligt, erhielt keine Lehrstelle oder verlor sogar seine Arbeit. So ließen die Handwerkskammern niemanden zur Lehre zu, der nicht in der HJ war. Die DAF (Deutsche Arbeitsfront) verweigerte ihre Zustimmung zur Einstellung, wenn ein Bewerber weder im BDM noch in der HJ war. An Schüler und Lehrlinge wurden Beitrittserklärungen verteilt. Wer einen Beitritt ablehnte, mußte dies schriftlich begründen und dies von den Eltern unterschreiben lassen. Auch an den Oberschulen nimmt im Verlauf des Jahres 1936 der Druck immer mehr zu. Wer nicht mitmarschiert, soll nicht zum Abitur zugelassen werden. Willi Graf weigert sich dennoch, die HJ-Uniform zu tragen. Vielmehr arbeitet er aktiv weiter in den katholischen Jugendgruppen mit. Diese sind praktisch in die Illegalität getrieben, da nach dem Anschluß des Saarlands an das Reich die dortigen Bestimmungen gelten: Das Tragen von Uniformen ist verboten, ebenso ein geschlossenes öffentliches Auftreten, die Verbandszeitungen dürfen nicht öffentlich vertrieben werden. Die Tätigkeit der Gruppen ist auf den religiösen Bereich beschränkt. Sport, Geländespiele, Wanderfahrten sind ihnen verboten. Doch die Gruppen setzen sich darüber hinweg. Illegale Zeltlager finden statt. Die Polizei sperrt Zufahrtsstraßen und führt Kontrollen durch. Auf Umwegen und in kleine Gruppen aufgeteilt, gelangen die Jungen zum geheimen Treffpunkt. Taucht ein HJ-Streifendienst auf, meist unterstützt durch Polizeiverbände, muß das Lager abgebrochen werden, man zieht sich zurück und beginnt an anderer Stelle von neuem. Trotz Uniformverbot sind die Jungen einheitlich gekleidet. Einigen gelingt es in abgelegenen Stellen, Gruppenheime zu erhalten. Die Pfarrer tragen, um nicht erkannt zu werden, auf den Fahrten Wanderkluft und in ihren Rucksäcken das Meßgeschirr mit sich. Die Zeitung »Junge Front« hat 1934 immer noch eine Auflage von 300000 Exemplaren, obwohl sie nicht öffentlich vertrieben wird. Trotz der Beschlagnahme verschiedener Ausgaben bringt sie Berichte und sogar Bilder von verbotenen Jugendlagern. Überall im Land kommt es zu Verhaftungen, zahlreiche Pfarrer werden zu Gefängnisstrafen verurteilt. Oft ist der Anlaß »nur« ein Fußballspiel ihrer Jugendgruppe. Der Oberschülerbund Neudeutschland, dem Willi Graf weiterhin angehört, wählt für 1935 die Jahreslosung: »Christus in Deutschland muß leben, auch wenn wir sterben müssen.«

Opposition

In den ersten Monaten nach der Machtergreifung entspringt der Widerstandsgeist der Jugendlichen noch einem spontanen Selbstbehauptungswillen und vor allem bei den Jüngeren einer Abenteuerlust. Während eines geheimen Treffens verschiedener Jugendgruppen auf der Burg Rothenfels Ostern 1934, an dem auch Willi teilnimmt, wird über das theologische Für und Wider des Tyrannenmordes gesprochen. Doch politische Diskussionen dieser Art bleiben die Ausnahme. Im Vordergrund steht auch für Willi das Problem, die christliche Identität zu erhalten. Dabei spielt Kritik an überkommenen Formen innerhalb der katholischen Kirche eine große Rolle. Das hat in der katholischen Jugendbewegung bereits Tradition.

In den zwanziger Jahren propagierten besonders bündische Gruppen wie »Quickborn« »ein neues Verhältnis zur Natur, zu den Dingen, zu den Menschen, zum Beruf, zur Ehe, zur Familie, zur Kunst« und gerieten damit in Widerspruch zur offiziellen Sexual- und Morallehre der Kirche.
Diese nahm bereits Anstoß daran, daß Jungen und Mädchen gemeinsam Feste feiern, gemeinsam Liebeslieder singen und tanzen; daß Mädchen ohne Hüte zur Sonntagsmesse oder sogar barfuß zur Kommunionsbank kommen. Ein weiterer Punkt, an dem es zu Auseinandersetzungen kam, war die Frage des Gottesdienstes und Verhältnisses Klerus – Gläubige. Der »Quickborn« nahm teil an der »Liturgischen Bewegung«, einer reformkatholischen Strömung, die seit Beginn des Jahrhunderts versuchte, eine neue Form des Gottesdienstes zu erreichen, die unter anderem das gemeinschaftliche Erlebnis stärker betont. Zu den geistigen Führern dieser Bewegung zählt der katholische Theologe und Religionsphilosoph Romano Guardini, der zugleich zu den führenden Mitarbeitern von »Quickborn« gehört und viele der Zusammenkünfte auf der Burg Rothenfels leitet. Das Verhalten des

offiziellen Katholizismus zu den Nationalsozialisten vertieft den Konflikt mit den bündisch-orientierten katholischen Jugendgruppen: So nimmt man Anstoß, daß die Zentrumspartei dem Ermächtigungsgesetz Hitlers zustimmt und der Vatikan mehrere Monate später durch ein Konkordat dem neuen Regime erste internationale Anerkennung verschafft. Als sich die Lage der katholischen Christen durch das Konkordat keinesfalls verbessert und die Verfolgungen zunehmen, ergeht immer noch kein Aufruf zum Widerstand, statt dessen wird Zurückhaltung empfohlen. Das Arrangement der Kirche mit den neuen Machthabern bestätigt diese darin, die Unterdrückung fortzusetzen. Davon ist die Jugendbewegung am stärksten betroffen.

Einsamkeit und Hingabe

Willi Graf lernt Weihnachten 1934 den fünf Jahre älteren Fritz Leist kennen und schließt sich dem von ihm gegründeten »Grauen Orden« an. Der »Graue Orden« trägt die Züge eines Geheimbundes. In der Illegalität von ehemaligen Mitgliedern des »Neudeutschland«, des »Quickborn« und des Jungmännerverbandes gegründet, verfügt er bald über eine Vielzahl von Gruppen in Süd- und Südwestdeutschland. Sein Stil ist geprägt von der bündischen Tradition und Zielen der »Liturgischen Bewegung«. Man geht gemeinsam auf Fahrt, in der Regel als Tramper per Autostopp; als Zelt wird die Kohte benutzt, eine aus Lappland übernommene Form, die zur Errichtung einer Feuerstelle nach oben hin in der Mitte geöffnet ist. Dieses Zelt, von Tusk, dem Führer der Jungenschaft dj. 1.11 eingeführt, wird bald zum Symbol der bündischen Jugend und ebenso schnell von den Nazis verboten. Man ist dem Liedgut der alten und neuen Wandervogelbewegung verpflichtet. Darin geht es um die große Fahrt, um ewige Wälder und Einsamkeit. Begeisterung für die nordischen Länder drückt sich aus, von der Weite Rußlands wird gesungen. Und immer wieder die romantische Verklärung von Natur, von tiefer Kameradschaft und bedingungsloser Hingabe an ein großes Ziel. Tusks »Lieder der Eisbrechermannschaft« haben es den Jungen besonders angetan: eine verwegene, verschworene Gruppe von Männern auf gemeinsamer Fahrt im Kampf gegen das ewige Eis. Am Lagerfeuer erklingen Gitarre und Balalaika. Die Jungen rezitieren Rilke und Hölderlin. Als Teil der »Liturgischen Bewegung« geht es dem »Grauen Orden« gleichzeitig darum, neue Formen des gemeinschaftlichen religiösen Erlebens zu finden. Neuerungen der Liturgie werden ausprobiert. Die Zeltlager gleichen oft theologischen Seminaren. Willi liest mit seinen Freunden die Schriften Guardinis und die Psalmenübersetzungen Martin Bubers. Auf späteren Fahrten und Treffen, an denen er zwischen Abitur und Studienbeginn teilnimmt, wird eine radikal-mönchische Lebensform ausprobiert. Es gelten strenge Riten, Stundengebet und Nachtwachen. Auch dem »Grauen Orden« geht es um ein neues Leben, um ein neues Reich. Doch wie überall in der bündischen Jugend gibt es keine konkreten Vorstellungen darüber, wie dieses »ganz andere« auszusehen hat. Einig ist man sich in der Ablehnung der kleinbürgerlichen Enge und Spießermoral, die man von zu Hause her kennt.

In einem Lager 1935 führen Willi und seine Freunde ein Chor-Spiel auf. Es handelt von einem militärischen Aufstand einer »Jungenarmee« unter Führung eines »Jungengenerals«, um das überkommene Regime zu stürzen. Aufgebaut ist diese »Armee« von einem verkrüppelten Heimkehrer des Ersten Weltkrieges. Der Schlußchor des Stükkes ist typisch für das Lebensgefühl in der bündischen Jugend. Dort heißt es: »wir behauen den stein/stein sind wir selbst/mörtel bindet uns/feste klammer ist um uns gekrallt/läßt uns nicht los/wuchtiger hammer/schlägt uns nur härter/kann uns nur schweißen/macht uns nur groß/keiner bietet uns halt/keiner/der bau wird das reich/und wenn wir auch fallen/einer wird doch/das ziel erreichen/wird mit unseren leichen/versprengte trümmer ballen.«[3] Das »neue reich« symbolisiert sich in einem Turm, ist aber ebenso geistige Größe wie reale neue Gesellschaft nach dem Sturz der alten. Welche politischen Verhältnisse damit angestrebt werden, bleibt im dunkeln. Es könnte das »Dritte Reich« der Nazis sein oder eine sozialistische Gesellschaft. Vielleicht auch das schwärmerische Gebilde einer »Jungenrepublik«. Da über das Ziel einer Veränderung Unklarheit herrscht, werden Mittel und Weg zum Selbstzweck. Die Tugenden von selbstloser Hingabe und Aufopferung werden beschworen. Das Hohelied von Gehorsam und Kameradschaft gesungen. Und immer wieder geht es um die Bewährung im Kampf, das Festbleiben und Nichtwanken. Erst als die Auseinandersetzung mit theologischen Fragen stärker in den Mittelpunkt des »Grauen Ordens« tritt, schält sich eine christliche Zielbestimmung heraus.

Bündische Umtriebe

Bis zu seinem Abitur 1937 nimmt Willi an verschiedenen Fahrten des »Grauen Ordens« teil. Sie führen ihn unter anderem nach Ostpreußen, in die Alpen, in den Schwarzwald und in den Taunus. Es geht nach Montenegro/Jugoslawien (1935) und nach Sardinien (1936). Die Auslandsfahrten sind besonders schwierig und riskant. Per Autostopp geht es zur Grenze, dann teilt sich die Truppe in einzelne oder in Zweiergruppen, um, ohne Verdacht zu erregen, über die Grenze zu kommen. Immer wieder gelingt es den Jungen, Verhaftungen und Verhören zu entgehen. Willi spielt gegenüber den Eltern die Gefährlichkeit dieser Fahrten herunter und gibt näher gelegene Orte als Treffpunkte an, um die Mutter zu beruhigen. Von den Fahrten selbst erzählt er meist überhaupt nichts, um kein Verbot zu riskieren.

Die Lage der katholischen Jugendgruppen verschlechtert sich. Zwar schafft es die »Sturmschar«, Ostern 1935 mit einer Gruppe von 1800 Jungen nach Rom zu fahren. Bei ihrer Rückkehr werden sie jedoch an der Grenze von Zoll, Polizei und Gestapo festgehalten und verhört. Man nimmt ihnen ihre Ausrüstung, ihre Fahrtenhemden, ihre Musikinstrumente, Photoapparate und Ferngläser weg. Selbst Meßbücher, Papstbilder, Rosenkränze und Andenken werden eingezogen oder müssen verzollt werden. 1936 wird die Zeitung »Junge Front« verboten. Im Februar des Jahres verhaftet die Gestapo 50 führende Jugendleiter und Geistliche, darunter den Generalpräses Wolker und den Generalsekretär Dr. Clemens. In einem Hochverratsprozeß im April 1937 vor dem Volksgerichtshof werden hohe Zuchthausstrafen ausgesprochen. Als Papst Pius XI in seiner Enzyklika »Mit brennender Sorge«, die im gleichen Jahr erscheint, endlich deutlich gegen den Nationalsozialismus Stellung nimmt, werden im Herbst 1937 sämtliche katholische Jugendgruppen endgültig verboten und von der Gestapo Zug um Zug aufgelöst. Die Zentrale des Katholischen Jungmännerverbandes wird geschlossen. Viele der Gruppen gehen in den Untergrund. Es kommt sogar zu offenen Formen des Widerstandes: Nach dem Schauprozeß vor dem Volksgerichtshof finden während der Fronleichnamsprozessionen Protestaktionen statt. Am 12. Juli veranstaltet die Katholische Jugend in Augsburg eine Demonstration.

Im Januar 1938 gelingt es der Gestapo, mehrere Gruppen des »Grauen Ordens« aufzudecken. Willi Graf, Fritz Leist und 30 andere werden verhaftet. Willi sitzt drei Wochen in Untersuchungshaft. Zum ersten Mal erlebt er die Verhörmethoden der Gestapo. Im April kommt es zu zwei großen Prozessen gegen den »Grauen Orden«. Die Anklageschrift wirft den Jugendlichen vor, dem »Gedankengut und Brauchtum der Bündischen Jugend« folgend, illegale Fahrten und Lager veranstaltet zu haben. Detailliert wird aufgezählt, welche verbotenen (bündischen) Lieder gesungen wurden und wie oft das verbotene Kohten-Zelt Verwendung fand. Doch der Prozeß wird nicht zu Ende geführt. Aus Anlaß der erfolgreich verlaufenen Annektion Österreichs durch das Deutsche Reich erläßt Hitler ein Amnestiegesetz, unter das auch Verhaftungen und Verurteilungen wegen »bündischer Umtriebe« fallen. Trotz dieser Erfahrungen setzt der »Graue Orden« seine Arbeit fort. Auch während Wehrdienst und Studium versuchen die Mitglieder, untereinander in Kontakt zu bleiben oder kleine Gruppen zu bilden. Die größte dieser Gruppen wird von Fritz Leist an der Universität München aufgebaut. Willi Graf schließt sich dieser später an.
Die Verhaftung trifft Willi mitten im ersten Semester an der Universität Bonn. Obwohl sein Interesse der Philosophie, der Geschichte der

Literatur und vor allem der Theologie gilt, beginnt er mit dem Studium der Medizin. Wie seine Schwester Anneliese später berichtet, erfolgt diese Wahl, weil dieses Fach am wenigsten von der Ideologie des Nationalsozialismus verseucht ist. Neben den obligatorischen Veranstaltungen besucht Willi Vorlesungen in Theologie, Philosophie und Literaturgeschichte. Auch neben dem Studium beschäftigt er sich viel mit Fragen aus diesen Bereichen. Er verbringt die Abende mit Lektüre, hält dabei in Notizen fest, was ihm wichtig erscheint. Schon während der Schulzeit hat er begonnen, Exzerpte aus Büchern anzufertigen, Essays und Gedichte zu sammeln, Beobachtungen festzuhalten sowie Bemerkungen von Freunden. Sooft wie möglich besucht er Konzerte. Willi ist für jede geistige oder musische Anregung dankbar, denn ein halbes Jahr voll Eintönigkeit und Stumpfsinn beim Reichsarbeitsdienst liegt hinter ihm. Einen derartigen Einsatz muß jeder nach Beendigung der Schulzeit absolvieren. Die Männer werden dabei bevorzugt beim Straßenbau eingesetzt, während die Frauen in den Sozialbereich kommen oder zur Landwirtschaft. Nach dem Semester zwischen U-Haft und Prozeß absolviert Willi einen Krankenpflegekurs in Saarbrücken. Der Wehrdienst bleibt ihm vorerst erspart. Er soll erst das Physikum ablegen. Neben dem Studium macht er, wie viele Medizinstudenten, Dienst beim DRK. Im Sommer 1939, wenige Wochen bevor die Wehrmacht in Polen einfällt, wird er schließlich gemustert.

dj. 1.11

Wie in vielen anderen Städten so gibt es auch in Ulm eine illegale bündische Jugendgruppe. Hans schließt sich ihr an. Sie nennt sich dj. 1.11, wobei dj. für »Deutsche Jungenschaft« steht und 1.11 das Datum ihrer Gründung bezeichnet. Am 1. November 1929 wurde sie von Eberhard Köbel, genannt Tusk (»der Deutsche«), zur Erneuerung der Jugendbewegung ins Leben gerufen. Bei der dj. 1.11 findet Hans all das, was er in der Hitlerjugend vermißt oder was dort verboten ist. Während das Leben in der Hitlerjugend bestimmt ist von Aufmärschen, ständigem Exerzieren, paramilitärischen Geländeübungen, geht die dj. 1.11 in kleinen verschworenen Gruppen an Wochenenden und in den Ferien mit dem Kohten-Zelt auf Tramp-Fahrt. Bevorzugt werden Lieder und Instrumente, die bei den Nazis verpönt sind: Melodien der Zigeuner, Lieder aus Skandinavien und Rußland, Balladen der amerikanischen Country-Musik. Gespielt wird auf Gitarren, Banjo und Balalaika. Besteht die einzige geistige Tätigkeit bei der HJ darin, den Schulungsvorträgen der Führer zu folgen und deren ideologische Platitüden wiederzugeben, so beschäftigt sich die dj. 1.11 mit Philosophie, Lyrik und Theaterspielen. Lange Abende werden verbracht bei Gesprächen über Nietzsche, beim Rezitieren der Gedichte Stefan Georges und Rilkes. Man führt Chorspiele auf, verfaßt eigene Stücke, Lieder und Gedichte. Die Bücher verbotener Schriftsteller werden gelesen, Drucke und Kunstpostkarten jener Maler gesammelt, die als »entartet« gelten. Die Gruppen hektographieren ihre Lieder und stellen sie in kleinen Heften zusammen, die grau-rot – die Farben der dj. 1.11 – eingebunden sind. Man benutzt die Kleinschreibung, wie sie von den Künstlern des »Bauhauses« propagiert wird, die inzwischen ebenfalls verboten sind. Florettfechten gehört zum Programm jedes Zeltlagers. Man schwimmt gerne, veranstaltet Bergwanderungen und Skifahrten.

Ideale

Als nach dem Ersten Weltkrieg die Jugendbewegung neu entsteht, bilden sich wieder zwei große Lager. Es gibt Gruppen, die sich dem Pfadfindergedanken verpflichtet fühlen, und solche, denen die Wandervogelbewegung der Vorkriegszeit Vorbild ist. Daneben existieren die konfessionellen Jugendverbände, deren Mitglieder sich jedoch jeweils an einem der beiden großen Lager orientieren. Naturbegeisterung und Zivilisationskritik prägen die Stimmung in der neuen Wandervogelbewegung. Eine tiefe Heimatverbundenheit und Vaterlandsliebe sind selbstverständlich. Im Gegensatz zum Individualismus der Vorkriegszeit tritt nun die Gemeinschaft in den Vordergrund. Jede Gruppe wählt aus ihrer Mitte einen Führer, ist ihm zur Gefolgschaft verpflichtet, während dieser Verantwortung für die Gruppe trägt und sich in dieser Funktion ständig bewähren muß. Man bildet einen »Bund«. In diesen Vorstellungen drücken sich die Erfahrungen des Krieges aus, finden die soldatischen Ideale von Disziplin, Unterordnung und Kameradschaft ihre Überhöhung und Verklärung.
Als Eberhard Köbel 1929 die dj. 1.11 gründet, ist er 22 Jahre alt. Sein Ziel ist es, der Bündischen Bewegung neue Kraft zu geben, sie unter der Führung seiner Gruppe völlig neu auszurichten. Das gelingt ihm zwar nicht, dennoch ist er bis weit in die Zeit der Illegalität hinein mit seinen Vorstellungen innerhalb der Jugendbewegung stilbildend. Er nennt seine Gruppe »autonome« Deutsche Jungenschaft und drückt damit deren Unabhängigkeit gegenüber den Kirchen und Parteien aus. In seinen sieben Losungen, die der dj. 1.11 als Richtschnur gelten, spiegelt sich das Lebensgefühl der Jugendbewegung wider, doch wird es zugleich verändert:
1. Jugend contra Erwachsenenwelt:
»Wir müssen selbst unsern Weg suchen. Lehrer, Eltern, Werkmeister können uns vieles zeigen, aber nicht alles. Wir müssen selbst suchen. Die alten Leute haben unser Land von Mißerfolg zu Mißerfolg geführt. Unsere Aufgabe ist nicht, nachzubeten, was sie vorsprechen, sondern neue, bessere Wege zu suchen. Wir haben ein Recht auf unsere Zukunft.«
2. Kameradschaft:
»Es gibt keine festere und zuverlässigere Kameradschaft als die Jungenschaft auf Fahrt, Lager oder Übung. Wir müssen den Zeitgeist der Eigensucht und der Einzelgänger bekämpfen, den Egoisten in uns selbst niederzwingen.«

3. Gehorsam und Unterordnung:
»Befehlen lernen, Gehorchen lernen ... Unbefolgte Befehle sind der Tod von Gruppe und Bund ... Unsere Befehle haben ihren Sinn. Unsere Führer wissen, was sie tun.«
4. Kampf:
»Um die schlechte alte Zeit zu verjagen, müssen wir kämpfen. Um die neue Welt aufzubauen, müssen wir arbeiten.«
5. Etwas ganz Neues:
»Vorwärts in die Zukunft! Wer gehört zur Vergangenheit und was der Zukunft? Die Weltpfadfinderei mit all ihren Abzeichen ... das Schulsystem ... tausend Meinungen, Illusionen und Gesetze gehören nicht zu uns. Trennen wir uns davon. Die Vergangenen schauen tränenden Auges zurück. Wir rennen unaufhaltsam vorwärts.«
6./7. Hingabe, Aufopferung und Treue:
»Wir stehen aufrecht und kampfbereit. Wir sprechen deutliches Deutsch, wir zeigen uns nie mißmutig ... Selbst wenn wir alles Liebe verlieren, selbst wenn wir gejagt werden wie die Hasen, selbst wenn es für den einen oder anderen ein Opfer ist, wir halten unserer gemeinsamen Sache die Treue. Wir lassen uns nicht abbringen von unserm Weg.«[4]
Vor dem Hintergrund solcher Ideale propagieren die Nationalisten die Aufopferung für das Vaterland, die ehemaligen Offiziere den Geist der Kasernen und Schützengräben und die Faschisten ihr »Führer befiehl – wir folgen«. Die Mehrzahl der Jugendbewegten verbleibt jedoch im Nebel eines rauschhaften Lebensgefühls, das sich gegen eine zweckrationale Gesellschaft richtet. Angeekelt wendet man sich von den politischen Auseinandersetzungen der Zeit ab, da man die dahinterstehenden Antriebskräfte und Interessengegensätze nicht erkennt. Oder, wie es Ernst Bloch ausdrückte: »Edle allgemeine Ziele umschwebten das (jugendliche) Picknick wie die abendlich versammelnde Lampe, Kameradschaft, selbst Mut wurden gepflegt. Auch Liebe zum Vers; nur das Leben selber, das hernach bevorstand, blieb ungereimt.«[5] Erst als die Nationalsozialisten die Macht ergreifen und einen jeden zur Entscheidung zwingen, auf welcher Seite er zukünftig stehen will, da teilen sich auch die letzten Nebelschwaden. Ein Teil wird zum überzeugten Nationalsozialisten, ein anderer glaubt, hinter den Idealen der Wehrmacht Zuflucht zu finden. Beide dienen schließlich, als Hitler den Krieg beginnt, ein und derselben Eroberungspolitik. Abgesehen von jenen bündischen Kräften, die der Linken zuzurechnen sind, gehört Tusk/Eberhard Köbel zu den wenigen, die die »edlen allgemeinen Ziele« derart konkretisieren, daß sie nicht mehr von rechts vereinnahmt werden können. In den sieben Losungen schreibt Tusk:
Die dj. 1.11 steht gegen »die letzten Kriege und Generale«. Sie hat »die Pflicht, für die Freiheit der Unterdrückten zu kämpfen«. Denn: »Die Unterdrückten sollen beim Anblick unserer Kolonnen stark werden, die Herren von gestern ihren Mut verlieren.« In den Reihen der dj. 1.11 gilt die Parole: »Alles für Alle ... Darum streng geteiltes Essen auf Fahrt, gemeinsame Kasse, um den ärmeren Kameraden die Uniform zu kaufen. Alles gemeinsam, alles für die Gruppe. So bauen wir eine Zelle des Kollektivgeistes ...« Trotz Unterordnung kein Kadavergehorsam: »Befehlen lernen, Gehorchen lernen und dabei das Denken nicht verlernen.«[6] Tusk propagiert einen »neuen Aufstand der Jugend«. Darin unterscheidet er sich zwar nicht vom Grundkonsens des bündischen Lagers. Auch seine Forderung nach Errichtung einer »Jungenrepublik« verbleibt in diesem Rahmen. Doch seine Absage an die reaktionären Kräfte des alten Regimes und sein Eintreten für die Unter-

drückten lassen ihn schließlich offen für die Linke Partei ergreifen. 1932 tritt er der KPD bei. Im gleichen Jahr gründet er 16 Jungenwohngemeinschaften in Berlin, in denen kollektives Zusammenleben praktiziert wird. Der Eintritt in die KPD geschieht in der Hoffnung auf eine breite Front gegen die Nationalsozialisten und ist nicht zuletzt durch das Erlebnis einer Rußlandfahrt geprägt. Begeistert berichtet er nach seiner Rückkehr, daß dort der Jugendliche als vollwertiger Mensch akzeptiert wird, er an den Entscheidungen beteiligt ist und Verantwortung übernimmt (über den staatlichen Jugendverband Komsomol). Während in Deutschland keiner die Jugend ernst nimmt, nur in Kriegszeiten, vermerkt Tusk bitter, darf sie mit 18 Jahren bereits Offizier werden und mit 17 im Massengrab liegen.[7]

Doch die wenigsten seiner Anhänger folgen Tusk in seinem Schritt nach links. Sie halten sich weiterhin an das, was er ihnen außerdem noch bietet: an die schwärmerische Begeisterung für den ungebundenen Menschen in der freien Natur, für Lappland, aus dem er das Kohten-Zelt mitbringt als »Schutz gegen den Schmutz der Zivilisation«. Sie begeistern sich an den Liedern aus Skandinavien, die sie durch ihn kennenlernen, an den Balladen und Kampfliedern der Kirgisen und anderer Völker der Sowjetunion und lesen seine Aufsätze über die fernöstlichen Philosophien. Als Tusk 1932 Partei ergreift für die von den Nazis bedrohten Künstler des »Bauhauses« und deren Methode des Kleinschreibens propagiert, erhält die dj. 1.11 eines ihrer Charakteristika, die sie, bis weit in die Zeit der Illegalität hinein, von den anderen Jugendgruppen unterscheiden. Nach der Machtübernahme durch die Nationalsozialisten ruft Tusk dazu auf, in der HJ mitzuarbeiten, um sich in ihr Stützpunkte gegen die Nazis und für die heranwachsende Jugend zu schaffen. Doch das Ausbleiben einer breiten Abwehrfront gegen Hitler hat ihn längst resignieren lassen. Nach Verhaftung durch die Gestapo 1934 und zwei Selbstmordversuchen, die ihn zum Krüppel werden lassen, emigriert er schließlich nach England. Die dj. 1.11 lebt im Untergrund weiter.

Innerlichkeit

Ein junger Wehrpflichtiger, Ernst Reden, ist ebenfalls Mitglied in der Ulmer dj. 1.11. Die Gruppe hilft ihm, den Stumpfsinn der Kaserne zu ertragen. Er freundet sich mit Hans an und verbringt den Großteil der Freizeit im Hause der Familie Scholl. Hans und seine Geschwister sind vom Lebensgefühl dieses jungen Mannes fasziniert: ein wenig Bohème, viel Romantik und Schwärmerei, eine große Begeisterung für Stefan George und die Lyrik Rilkes. Er ist bemüht, diesen nachzueifern, verfaßt eigene Verse, lebt in deren Gedankenwelt. Politische Vorgänge interessieren ihn nicht. Hans lernt durch ihn das Werk des Schriftstellers Ernst Wiechert kennen. Wiechert drückt in seinen Büchern nicht nur das Lebensgefühl der Jugendbewegung, sondern großer Teile des Kleinbürgertums aus. In einer rauschhaften Naturmystik versucht er, den Traum einer Rückkehr zur urwüchsigen Natur festzuhalten.

Die Hauptfiguren seiner Romane verkörpern das Ideal eines schlichten, naturverbundenen Menschen, der, stets angetrieben von der Unruhe seines Gewissens, in selbstlos tätiger Liebe versucht, im engsten Kreise seines Lebenszusammenhanges

Gutes zu tun. Rückzug in eine heile Welt, in die Innerlichkeit und Kultivierung der Seele – darin finden nicht wenige seiner Zeitgenossen Trost und Ablenkung von der grausamen Wirklichkeit, die sie umgibt. Wiechert gehört zu jenen Schriftstellern, die in die »innere Emigration« gehen, deren Bücher unter den Nationalsozialisten weiter erscheinen können und hohe Auflagen haben. Trotz seiner konservativen Grundhaltung ist er scharfer Gegner des Nationalsozialismus. 1935 hält er eine Rede vor Münchner Studenten zum Thema »Der Dichter und die Zeit« und nimmt darin offen gegen Hitler Stellung. Ernst Reden ist bei dieser Vorlesung anwesend und macht sie später Hans Scholl zugänglich. Wiechert wird von der Gestapo verhaftet, kommt aber nach einem kurzen KZ-Aufenthalt wieder frei. Hans liest, besonders während des Wehrdienstes, verschiedene Romane Wiecherts.

Gestapo

1937 verbringt Hans nach dem Abitur ein halbes Jahr beim Reichsarbeitsdienst. Er wird beim Autobahnbau in der Nähe von Göppingen eingesetzt. Im Herbst meldet er sich freiwillig zum Wehrdienst, um die Waffengattung auswählen zu können. Er beginnt, seiner Begeisterung für Pferde folgend, in Bad Cannstatt bei einer Kavallerieeinheit. Zur gleichen Zeit, als die katholischen Jugendgruppen endgültig verboten werden, holt die Gestapo zum großen Schlag gegen die illegale Bündische Jugend aus, dj.-1.11-Gruppen werden aufgedeckt. Hans wird im November 1937 aus der Kaserne heraus verhaftet und sitzt bis zum Ende des Jahres in Untersuchungshaft. Die Gestapo taucht mit Hausdurchsuchungs- und Haftbefehlen auch in Ulm bei der Familie Scholl auf. Inge, Sophie und Werner (Elisabeth ist gerade verreist) werden festgenommen und ins Ulmer Gefängnis gebracht. Der Mutter gelingt es, aus dem unter dem Dach gelegenen Zimmer der Söhne belastendes Material verschwinden zu lassen. Am selben Abend noch wird Sophie entlassen. Inge und Werner werden auf einem offenen Lastwagen zusammen mit anderen Festgenommenen ohne warme Kleider bei Schneegestöber nach Stuttgart überführt. Dort bleiben sie acht Tage inhaftiert. Die Gestapo vernimmt die beiden. Sie wirft Inge vor, von den bündischen Aktivitäten der Brüder gewußt zu haben. Inge stellt sich naiv, man kann ihr nichts nachweisen. Von Werner, der wie Hans der dj.-1.11 angehört, versucht man, Namen zu erpressen. Doch vergeblich, denn Werner schweigt. Das in der Wohnung gefundene Belastungsmaterial ist ungenügend, die Gestapo entläßt die beiden.

Um so intensiver gehen die Verhöre, denen Hans zur gleichen Zeit unterworfen ist, weiter. Man erhofft ebenfalls, Auskünfte über weitere noch existierende dj-1.11-Gruppen zu erhalten. Doch Hans bleibt fest. Die Untersuchungshaft wird verlängert. Da bekommt Hans un-

erwartete Unterstützung von seinem Kompaniechef. Dieser hält große Stücke auf seinen jungen Rekruten. Gleichzeitig ist er erbost über
das Vorgehen der Gestapo. Disziplinarische und strafrechtliche Vorgänge werden intern durch eigene Organe der Wehrmacht geregelt.
Mit der Verhaftung eines Rekruten hat sich die Gestapo auf unzulässi-
ge Weise in Angelegenheiten der Wehrmacht eingemischt. Der
Kompaniechef protestiert energisch. Da die Gestapo es auf keinen
Konflikt ankommen lassen will, wird Hans entlassen. Die Untersuchungshaft und die stundenlangen Verhöre stellen einen tiefen Ein-
schnitt im Leben von Hans dar. In einem Brief schreibt er, in diesen
Tagen mehr zum Mann geworden zu sein, als er vorher geahnt hätte.
Und er nennt zwei Gründe dafür, daß er in den entscheidenden Situationen nicht versagt hat. Den einen sieht er bei seinen Eltern, deren
feste und klare Haltung (gegen den Nationalsozialismus) ihn wider-
standsfähig gemacht hat. Der andere liege in den Erfahrungen, die er
in den illegalen Jugendgruppen sammeln konnte.[8] Während der Untersuchungshaft und im Verlauf des Wehrdienstes reift in Hans die
Erkenntnis, daß es in allen Entscheidungen nur eine Alternative gibt:
für oder gegen Hitler zu sein. Ein dritter Weg ist nicht möglich.

Blinde Begeisterung

Am 13. März 1938 wird Österreich ans Deutsche Reich angegliedert.
Nach dem autoritären Dollfuß-Regime, das 1934 alle Parteien verbie-
tet, nach verschiedenen Putschversuchen der Nationalsozialisten und
wirtschaftlichen Pressionen durch Hitler ist Österreich so weit sturm-
reif geschossen, daß die Regierung aus Angst vor einem (angedroh-
ten) gewaltsamen Einmarsch deutscher Truppen zurücktritt und die
Volksabstimmung über den Anschluß aussetzt. Großer Jubel begleitet die (Sieges-)Parade der Wehrmacht in Wien. Hans' Kompanie ist
in diesen Tagen in Alarmbereitschaft versetzt, nimmt aber dann doch
nicht an der Annektion Österreichs teil. Er verfolgt die Entwicklung
am Radio und beobachtet aufmerksam die Reaktionen seiner Kameraden. Hans ist bestürzt über die Blindheit, die überall herrscht. Viele
von den Kameraden, die bislang dem Nationalsozialismus mit Distanz
gegenüberstehen, werden von der Begeisterung mitgerissen, sprechen auf einmal mit Sympathie von Hitlers »staatsmännischen Fähigkeiten«. Niemand scheint zu sehen, worauf diese Politik hinausläuft.
Hans schreibt: »Ich verstehe die Menschen nicht mehr. Wenn ich
durch den Rundfunk diese namenlose Begeisterung höre, möchte ich
hinausgehen auf eine große, einsame Ebene und dort allein sein.«[9] Er
kann seine Empörung nicht laut äußern. Die Verhaftung durch die

Gestapo ist erst wenige Monate her. Er muß sich, wie er schreibt, jeder Stellungnahme zu den politischen Ereignissen enthalten. Das fällt ihm schwer, macht ihn unruhig und verschärft seine Sensibilität.

In den folgenden Monaten stellt Hitler immer lauter territoriale Forderungen. Er verlangt Grenzkorrekturen gegenüber Polen, den Anschluß des Memellandes und der Sudeten an das Deutsche Reich. Er droht mit dem Einmarsch der Wehrmacht. Die Bevölkerung wird durch gezielte Berichte über angebliche Verfolgungen, denen die deutsche Minderheit in diesen Gebieten ausgesetzt sei, aufgeputscht. Am 29. September 1938 geben die englische und die französische Regierung nach und gestehen Hitler im Münchner Abkommen das Sudetenland zu. Die betroffene Tschechoslowakei wird einfach übergangen. Zwei Tage später marschiert Hitlers Wehrmacht im Sudetenland ein. Viele glauben, die Gefahr eines Krieges sei damit abgewendet. In ihren geheimen Berichten vermerken der Sicherheitsdienst und die Gestapo, daß in weiten Teilen der Bevölkerung eine geringe Kriegsbereitschaft herrscht. Aufgeschreckt von derartigen Meldungen wird in Berlin das Ruder herumgerissen. Goebbels ordnet eine verschärfte Propaganda an. Die Bevölkerung soll psychologisch umgestellt werden. Die Wehrmacht wird in den Mittelpunkt des öffentlichen Interesses gerückt. Eine emotionale Beziehung soll zwischen Armee und Bevölkerung aufgebaut werden. Zeitungen und Wochenschauen berichten über die Leistungen deutscher Militärtechnologie. Die Kasernen öffnen sich für Besucher. Ein Höhepunkt wird der »Tag der Wehrmacht« am 19. März 1939. Die Flak führt Manöver mit Waffen und Scheinwerferbatterien vor, die Luftwaffe simuliert Angriffe. Auf den Exerzierplätzen zeigt die Infanterie das Arsenal ihrer Waffen. Panzerspäh- und Panzerkampfwagen werden vorgeführt. Der Besucher kann in die Munitionsdepots schauen und in die Schießstände. Im propagandistischen Windschatten dieser Heeresschau marschiert die Wehrmacht am 16.3. in Prag ein und annektiert das verbliebene Gebiet der tschechischen Republik. Das gleiche passiert am 29.3. im Memelland. Auch die Propaganda gegenüber Polen wird verschärft. Die territorialen Forderungen werden als historisch berechtigt dargestellt. Auf seiner Reichstagsrede am 30. Januar 1939 verkündet Hitler sein Programm der »Lebensraumgewinnung im Osten«.

Während dieser Monate nimmt Hans' Kompanie immer wieder an Manövern teil. Sie widern ihn an. Angesichts der vielen Aufmärsche und patriotischen Stellungnahmen wird ihm deutlich, wie sehr er doch allen Glauben an Fahnen und patriotische Reden verloren hat, wie ihm diese Begriffe wertlos geworden sind. Erschrocken registriert er, wie die Kameraden von der Kriegsbegeisterung erfaßt werden: »Natürlich unterhalten wir uns dauernd über militärisch-taktische Fragen, wie sich das und jenes im künftigen Kriege entwickeln würde. Und nur ganz wenigen kommt der Gedanke, warum überhaupt Krieg? Die allermeisten würden blind und dumm, mit einer gewissen Neugier oder Abenteuerlust losmarschieren.«[10] Hans sollte leider recht behalten.

Christoph Probst legt im Frühjahr 1937 mit 17 Jahren das Abitur ab. Er kommt zum Reichsarbeitsdienst. Durch seine Internatsaufenthalte ist ihm das Zusammenleben mit vielen Gleichaltrigen nichts Neues. Doch er leidet unter der geistigen Enge, die dort herrscht, unter dem Drill und dem Stumpfsinn der Arbeit. Die Welt der Kunst, Literatur, Musik und Philosophie verleiht Christoph eine innere Kraft, die Öde des Arbeitsdienstes und anschließenden Wehrdienstes zu ertragen. Als sein Halbbruder, Dieter Sasse, einige Jahre später ebenfalls einberufen wird, schreibt er an diesen: »Sicher wirst du manchmal unter der Sturheit und Empfindungslosigkeit der Mehrzahl der Kameraden leiden. Da kann man sich nur zum Trost sagen, daß es eben eine Zeit ist, da man geistig ganz auf sich selbst angewiesen ist, also eine Art geistiger Bewährung. Es ist nämlich ein Trugschluß, sich nur vor Augen zu halten, daß der geistig entwickeltere Mensch durch seine größere Zartheit weniger ertragen könnte. Ich stehe auf dem Standpunkt, daß gerade der geistige Mensch mehr ertragen kann, da er – wenn er physisch behindert ist und leidet – gerade ja das Reich des Geistigen besitzt, in dem er noch voll und ganz leben kann.«[11] Bücher werden Christoph in den wenigen freien Minuten, die er hat, zum ständigen Begleiter. Wenn sich eine Möglichkeit ergibt, geht er ins Konzert. Im Herbst 1937 wird er zur Luftwaffe eingezogen. Während des Wehrdienstes lebt er in ständiger Sorge um »Öhmi«, seine Stiefmutter. Denn der Rassismus der Nationalsozialisten nimmt ständig zu. Die Maßnahmen der Ausgrenzung und Verfolgung jüdischer Bürger verschärfen sich. Es kommt zu Übergriffen: Am 9. Juni 1938 wird die Münchner Synagoge zerstört, am 10. August die Synagoge in Nürnberg. In der Nacht vom 9. auf den 10. November organisiert die SA Pogrome in ganz Deutschland. Synagogen gehen in Flammen auf, Friedhöfe werden zerstört, Läden und Kaufhäuser geplündert, Fabriken und Häuser angezündet. 100 Ermordete, 30000 Verhaftungen. Fassungslos liest Christoph die begeisterten Berichte, die in den Zeitungen über diese »Reichskristallnacht« erscheinen. In den folgenden Monaten werden alle jüdischen Bürger vom öffentlichen Leben ausgeschlossen, verlieren Beruf und Stellung. Die Stunde der Denunzianten beginnt: Ein entscheidender Hinweis und man hat eine größere Wohnung, übernimmt eine gut gehende Arzt- oder Rechtsanwaltspraxis oder rückt sonstwo auf einen begehrten Posten nach. Die endgültige »Arisierung« der deutschen Wirtschaft beginnt. Bei den Zwangsverkäufen jüdischer Gewerbe- und Handelsbetriebe (weit unter Preis natürlich) macht so mancher »Volksgenosse« das Geschäft seines Lebens und steht nach kurzer Zeit als Millionär da. Ein Teil der Bevölkerung ist allerdings über das, was in diesen Monaten geschieht, bestürzt und empört. Doch was sollen sie tun? Das Regime ist fünf Jahre nach der Machtergreifung fest etabliert.

Zivilcourage

Hitler läßt sich, das Münchner Abkommen ist gerade geschlossen, als »Friedenspolitiker« feiern und wird von einer Welle der Sympathie getragen. Dennoch gibt es Menschen, die genügend Zivilcourage besitzen, um den Verfolgten zu helfen. Christophs Familie wohnt in Zell bei Ruhpolding auf dem Hof der Kaltenbachers. Die Bauersleute halten fest zu »Öhmi« Rosenthal, schirmen Christophs Stiefmutter nach außen hin ab. Als sie sich weigert, den Judenstern zu tragen, der im November 1939 eingeführt wird, findet sie Unterstützung durch die Familie Kaltenbacher: Der zuständige NSDAP-Kreisleiter erlegt ihr zwar eine Geldstrafe auf, meldet aber an seine Vorgesetzten, sein Kreis sei »judenfrei«. »Öhmi« Rosenthal bleibt zu Hause, geht nur noch nachts hinaus. Die Bauersleute und Christophs spätere Frau Herta versorgen sie. Als im Krieg für jeden Lebensmittelmarken ausgegeben werden, setzt sich die Familie mit Unterstützung der Kaltenbachers wiederum zur Wehr und erreicht, daß »Öhmi« normale Marken erhält, die nicht den Aufdruck »J« (= jüdisch) tragen.

Zum Sommersemester 1939 beginnt Christoph in München mit dem Studium der Medizin. Er wählt dieses Studium aus dem tiefen Bedürfnis heraus, zu helfen und zu heilen. »Weißt du«, gesteht er einmal seiner Schwester Angelika, »mein furchtbarster Schmerz ist der, daß ich so oft unbezwingliches Mitleid mit den Menschen habe.« Mit großem Eifer besucht er die Vorlesungen, doch sein Leben bleibt reglementiert. Aufgrund der allgemeinen Mobilmachung verbleiben auch jene, die den Wehrdienst bereits abgeleistet haben, in der Wehrmacht. Als Mitglied einer Sanitätseinheit wird er zum Studium beurlaubt.

Am Einmarsch beteiligt

Alexander Schmorell macht sein Abitur im Frühjahr 1937. Die Vorstellung, nun in die Tretmühle von Arbeits- und Wehrdienst zu geraten, erfüllt ihn mit Widerwillen. Um ein kleines Stück seines ungebundenen Lebens und seiner Neigungen in diese Zeit hinüberzuretten, meldet er sich freiwillig zur Kavallerie, um, wie er sagt, wenigstens reiten zu können. Während des Arbeitsdienstes wird Alex im

Alexander Schmorell

Allgäu beim Ausbau der Jochbergstraße eingesetzt. Am 1. November 1937 beginnt Alex mit dem Militärdienst. Die ersten Monate der Grundausbildung sind gerade vorbei, da wird seine Kompanie in Alarmbereitschaft versetzt. Am 12. März 1938 marschieren deutsche Truppen in Österreich ein. Alex' Kompanie ist beteiligt und gelangt bis Linz. Alex erlebt, daß der gewaltsame Anschluß Österreichs unter der Bevölkerung keineswegs nur auf Zustimmung trifft, wie es die offizielle Propaganda behauptet. Ein halbes Jahr später ist Alex' Kompanie beim Einmarsch in das Sudetenland dabei. Nach der Invasion kommt es zu Übergriffen und Racheakten der Sudetendeutschen an der tschechischen Bevölkerung. Menschen werden erschlagen und vertrieben. Begeistert berichten die Zeitungen von der »Wiedervereinigung urdeutschen Landes mit dem Reich«. Angesichts der schroffen Ablehnung, mit der die tschechische Bevölkerung den Soldaten begegnet, wird Alex klar, daß die deutschen Truppen nicht als »Befreier«, sondern als Okkupanten einmarschiert sind. Ein fremdes Land zu besetzen, an der Unterdrückung eines anderen Volkes teilhaben zu müssen – dieses Erlebnis läßt Alex keine Ruhe. Während immer mehr Menschen, die dem Nationalsozialismus bislang distanziert gegenüberstanden, Verständnis und Zustimmung für Hitlers Machtpolitik aufbringen, sieht sich Alex in der Ablehnung des Regimes bestärkt.

Während des Wehrdienstes findet Alex kaum Zeit, seinen künstlerischen Interessen nachzugehen. Zuerst nur als Hobby betrieben, sind ihm Zeichnen, Malen und Bildhauerei inzwischen zum Lebensmittelpunkt geworden. Es kommt zu harten Auseinandersetzungen mit den Eltern, als er beschließt, Kunst zu studieren. Mehr aus Rücksichtnahme auf die Eltern als aus innerer Überzeugung meldet er sich schließlich zum Medizinstudium an. Parallel dazu setzt er seine künstlerische Tätigkeit fort.

Alex hat während des Arbeits- und Wehrdienstes den Kontakt zu Christoph und Angelika Probst aufrechterhalten. Zu gemeinsamen Bergtouren oder Reisen bleibt zwar nicht mehr viel Zeit, auch die Reitausflüge mit Christophs Schwester Angelika vom Haus der Eltern aus sind immer seltener geworden. Angelika Probst hat inzwischen einen jungen Lehrer, Bernhard Knoop, geheiratet, den sie als Erzieher und Freund ihres Bruders im Internat Schondorf kennenlernte. Beide übersiedeln in das in der Nähe von Hannover gelegene Internat Marienau.

Gleichgesinnte

Alex entschließt sich, zum Studienbeginn nach Hamburg zu gehen. Im Sommersemester 1939 fängt er an der Medizinischen Fakultät an. So oft wie möglich besucht er die Freunde in Marienau und unternimmt von dort Reitausflüge. An der Medizinischen Fakultät lernt Alex eine junge Kommilitonin kennen, Traute Lafrenz. Sie ist in

Hamburg aufgewachsen und hat die Lichtwark-Schule besucht, die in den zwanziger Jahren als Reformmodell gegründet wurde. Die Erziehung dort ist vom Gemeinschaftsgedanken geprägt. Es herrscht ein sozialer und liberaler Geist. Viele Lehrer sind politisch links engagiert. Nach der Machtergreifung beginnen die Nazis mit der Säuberung des »roten Mistbeetes von Winterhude«, wie sie die Lichtwark-Schule nennen. Die Lehrer werden versetzt oder entlassen, die Schule schließlich 1937 aufgelöst. Die Lehrerin Erna Stahl, ebenfalls an eine andere Schule versetzt, hält weiterhin Verbindung mit ihren ehemaligen Schülern und richtet in ihrer Wohnung eine Art Gegenunterricht

Traute Lafrenz

sowie Leseabende aus. Traute Lafrenz nimmt an diesen Leseabenden teil. Dort herrscht eine literarisch-philosophische Atmosphäre mit stark religiösen Akzenten und anthroposophischem Hintergrund. So liest man Texte der Bibel, die Gralssage, Dantes »Göttliche Komödie«, Dichtungen der Romantiker oder des Expressionismus. Man befaßt sich zugleich mit den Malern, die inzwischen zur »entarteten Kunst« gerechnet werden (Marc, Kandinsky). Einer der Teilnehmer dieser Zusammenkünfte, Heinz Kucharski, gründet einen Freundeskreis, in dem Werke von Heinrich und Thomas Mann, Tucholsky, Brecht und Andersen-Nexö gelesen werden. Man hört regelmäßig die Nachrichten ausländischer Rundfunksender, vor allem des Moskauer Rundfunks und des »Deutschen Freiheitssenders«, was strikt verboten ist, mit Gefängnisstrafen geahndet wird. An diesen Zusammenkünften nimmt Traute Lafrenz ebenfalls teil. Im Sommersemester 1939 beginnt sie mit dem Studium der Medizin. Einige aus dem Freundeskreis schreiben sich ebenfalls an der Hamburger Universität ein. Heinz Kucharski bei den Ethnologen und Philosophen, Greta Rothe bei den Medizinern. Man trifft sich weiterhin. Da weder Alex noch Traute aus ihrer anti-nationalsozialistischen Haltung ein Hehl machen, freunden sie sich schnell an. Mit dem Kreis um Kucharski kommt Alex allerdings erst drei Jahre später in Kontakt, als Traute von München aus ihre Hamburger Freunde um Unterstützung der »Weißen Rose« bittet.

Gegen die Gleichschaltung des Geistes

Sophie ist 16 Jahre, als sie im November 1937 zusammen mit ihren Geschwistern von der Gestapo verhaftet wird. Zwar wird sie noch am selben Tage wieder entlassen, doch der Schock bleibt, von Männern der gefürchteten Geheimpolizei im Morgengrauen aus der elterlichen Wohnung geholt worden zu sein. Sophies Distanz zum BDM vergrößert sich. Es kommt immer öfter zu Konflikten. Auf einem Gruppenabend, eine höhere BDM-Führerin aus Stuttgart ist anwesend, um mit den Mädchen die Lektüre der kommenden Monate abzusprechen, schlägt Sophie vor, die Gedichte Heinrich Heines zu lesen. Die Führerin und die anwesenden Mädchen sind empört, denn Werke Heines sind verboten, da er Jude ist. Doch Sophie läßt sich nicht einschüchtern. »Wer Heinrich Heine nicht kennt«, bemerkt sie, »kennt die deutsche Literatur nicht.«[12] Mehrfach wird sie in der Schule zum Direktor zitiert und verhört. Man verdächtigt sie der Teilnahme an illegalen Zusammenkünften und erhofft, von ihr Informationen darüber zu erlangen. Auch im Unterricht scheut Sophie nicht davor zurück, Partei für verbotene Schriftsteller zu ergreifen und unkonventionelle Gedanken zu äußern. Durch die Eltern, die Geschwister, durch Freunde der Familie bekommt Sophie Zugang zu jenen Büchern, die seit den Bücherverbrennungen 1933 in keiner öffentlichen Bibliothek mehr zu haben sind und auch nicht in den Regalen der Buchhandlungen stehen: Werke von Thomas Mann, George Bernard Shaw, Stefan Zweig, Werner Bergengruen, Paul Claudel. Hier halten Gleichgesinnte zusammen, machen sich gegenseitig aufmerksam auf Bücher und tauschen sie untereinander aus. Sitzt man zusammen, kommt es zu intensiven Gesprächen über das Gelesene. So entstehen kleine Zellen, die sich der Gleichschaltung des Geistes widersetzen. Durch Otl Aicher, den Freund ihrer Schwester Inge, erhält Sophie Bücher, die sie in der Schule nie kennengelernt hat. Sie liest Sokrates' »Verteidigungsrede«, die »Bekenntnisse« des Augustin, Pascals »Pensées« oder Maritains »Antimodern«. Ihr jüngerer Bruder Werner, den die Freunde in der dj. 1.11 mit Laotse bekanntgemacht haben, befaßt sich mit den Weltreligionen und sammelt Bücher über Buddha, Konfuzius, Schriften des Sanskrit, des Koran und der griechischen Philosophen. Doch nicht nur durch die Beschäftigung mit Literatur und Philosophie entzieht sich Sophie dem (geistigen) Zugriff der Nationalsozialisten. Beim Zeichnen und Malen findet sie zu sich selber und dadurch die Kraft, sich zu behaupten. Zwei Freunde der Familie, die Maler Bertl Kley und Wilhelm Geyer, geben ihr Hilfe und Anregungen. Beide sind bei den Nazis als »entartet« verfemt. Sophie lernt durch sie die Malerei des Expressionismus kennen. Sie verfeinert ihre Fähigkeiten derart, daß die Familie der Meinung ist, sie müsse nach dem Abitur Kunst studieren. Sie lernt Aktzeichnen, malt am liebsten Kinder und illustriert Texte. So zeichnet sie für Freunde die Bilder zum Märchen »Peter Pan« und zu Georg Heyms Erzählung »Der Nachmittag«.

So oft es ihr möglich ist, fährt Sophie hinaus in die Felder oder an die Donau. Ihre Naturbegeisterung geht so weit, daß sie erklärt, »wenn es möglich ist, gehe ich später mal auf's Land. Ich glaube, ich vertrage die Stadt schlecht.«[13] Ihr Verhältnis zur Natur ist von einer genauen Beobachtungsgabe und von Ehrfurcht geprägt. Sie schreibt: »Es gibt nichts Verlockenderes als solchen duftenden Grund, über dem die Blüten der Wiesenkerbel wie ein lichter Schaum schweben, daraus Obstbäume ihre blütenbesteckten Zweige recken, als wollten sie sich erretten aus diesem Meer der Seligkeit. Nein, ich muß meinem Wege untreu werden, muß mich hineinsinken lassen in diese reiche Fülle vielgestaltigen Lebens. An nichts anderes mehr denkend, stolpere ich die blumenüberwucherte Böschung hinab und stehe bis über die Knie inmitten saftiger Gräser und Blumen. Sie streifen meine Arme beim Niederknien, ein Hahnenfuß berührt kühl meine Wange, eine Grasspitze kitzelt mein Ohr, daß mich einen Augenblick eine Gänsehaut überrieselt. Es ist ein ähnliches Gefühl, wie wenn mir eine junge Katze mit ihrem feuchten kalten Schnäuzchen an der Ohrmuschel schnuppert. Ein bißchen Schauer und ein bißchen Süße ist dabei. Erst jetzt sehe ich all das kleine Getier, das sich im Grunde des Rasens aufhält.«[14] Das Gefühl, in der Natur frei und zugleich geborgen zu sein, spielt dabei eine große Rolle: »Rufen möchte ich vor Freude, daß ich so allein bin, daß mein Körper von allen Seiten von dem wilden, ungestümen Wind umspült wird; allein auf einem Floß möchte ich stehen, aufrecht stehen, über dem grauen Fluß, dessen eiliges Wasser der Wind nicht erregen kann. Rufen möchte ich da, daß ich so herrlich allein bin. Der Wind reißt den blauen Himmel auf, da kommt die Sonne heraus und küßt mich zärtlich. Ich möchte sie wiederküssen, doch gleich habe ich meinen Wunsch vergessen, weil der Wind mich jetzt anspringt. Ich spüre, wie herrlich hart ich bin, ich lache laut vor Freude, weil ich dem Wind ein solcher Widerstand bin. Alle Kräfte spüre ich in mir.«[15]

Die Rolle der Frau

Sophie lernt 1937 den vier Jahre älteren Berufsoffizier Fritz Hartnagel kennen. Er ist als Oberfähnrich in Augsburg stationiert, nachdem er gerade die Kriegsschule in Potsdam absolviert hat. Zwischen Sophie und Fritz beginnt bald eine intensive Beziehung. Dabei fällt der Altersunterschied zwischen beiden kaum ins Gewicht. Durch die Beschäftigung mit Literatur, Philosophie und Kunst ist Sophie ihren Altersgenossen weit voraus. Die politische Auseinandersetzung zwischen dem Vater und den Kindern, die Erfahrungen des Bruders, an denen sie teilhat, die Verhaftung durch die Gestapo – alles das verhilft ihr früh zu eigener Urteilskraft. Hinzu kommt, daß Sophie im Verlauf der Beziehung zu Fritz Hartnagel ein Verständnis von der Rolle der Frau entwickelt, das deutlich von den gängigen Normen abweicht. In einem Brief an ihren Freund schreibt sie, daß sie sich über die bei den Männern so beliebten Versuche ärgert, das spezifische Wesen der Frau definieren zu wollen. Sie kritisiert, daß den Frauen ein besonderes Anlehnungsbedürfnis unterstellt wird. Ebenso heftig wendet sie sich gegen das Vorurteil, Frauen sollten sich von ihren »weiblichen Gefühlen« leiten lassen und nicht von ihrer Vernunft. Immer wieder betont sie, daß das Denken stets an erster Stelle stehen müssen, denn Gefühle, besonders Mitleid, würden oft irreleiten, vor allem wenn es um politische Fragen gehe.[16] Und so findet sie es selbstverständlich, daß sich auch Frauen mit Politik befassen. In den politischen Diskussionen, die sie mit Fritz Hartnagel führt, ist Sophie sogar die Tonangebende, wie dieser später berichtet.

Die Meinungsverschiedenheiten zwischen beiden sind tiefgreifend. Im Mittelpunkt steht die Frage des Soldatentums und der Wehrmacht. Fritz Hartnagel entstammt der Jugendbewegung, und zwar der »Freischar Junger Nation«, einem Zusammenschluß verschiedener national-konservativer Bünde. Ihre Führer sind bekannte höhere Offiziere des Ersten Weltkrieges (Admiral Scheer, Admiral von Trotha u. a.). Die soldatische Haltung soll in der Jugend verankert werden. Es zählen Gehorsam, Disziplin, Kameradschaft, Treue, Gefolgschaftsgeist, Selbstzucht. Das politische Credo der Führer ist geprägt von Nationalismus. Sie treten ein für Wehrwillen und Christentum, gegen Internationalismus, Pazifismus und Marxismus. Ihre Haltung zum Nationalsozialismus schwankt zwischen Distanz und direkter Ablehnung. Fritz Hartnagel berichtet später, daß in der »Freischar Junger Nation« ein Elitebewußtsein bestimmend war. Die SA wird als Pöbel empfunden, auf den man herabschaut. Reichswehr und Wehrmacht rekrutieren einen großen Teil ihres Offiziersnachwuchses aus den Reihen der national gesinnten (bündischen) Jugendverbände. Als Fritz Hartnagel nach dem Abitur Berufsoffizier wird, erscheint ihm das als konsequente Fortsetzung seines bisherigen Lebens in der »Freischar Junger Nation«. Ein Offizier ist für ihn, wie er später Sophie gegenüber bekennt, Erzieher der Jugend. Es ist seine Aufgabe, »den Menschen eine wahrhafte, bescheidene und aufrechte Haltung beizubringen«. Wie für viele seiner Altersgenossen, so ist auch für Fritz der Übergang zur Wehrmacht ein fließender. Drill und Disziplin sind ihnen vertraut. Das Schießen, bisher sportliche Betätigung, ist nun Profession. Aus Geländespielen werden Manöver. Fritz Hartnagel steht den Nationalsozialisten weiterhin ablehnend gegenüber. Er fühlt sich dazu gerade durch die Mitgliedschaft in der Wehrmacht bestärkt. Teile des Offizierskorps machen aus ihrer Ablehnung den neuen Machthabern gegenüber keinen Hehl. Dennoch begrüßen und fördern sie die Aufrüstungspolitik Hitlers, registrieren dankbar, wie die Nationalsozialisten den »Wehrwillen im Volke« heben und der Armee jene gesellschaftliche Aufwertung zuteil werden lassen, die in der Zeit der Weimarer Republik vermißt wurde. Als sich nach der Annektion Österreichs, des Sudetenlandes und der Rest-CSR immer deutlicher abzeichnet, daß Hitlers Politik auf einen neuen Krieg hinausläuft, befallen Sophie Zweifel über die Tätigkeit ihres Freundes. Doch so oft sie darüber sprechen, die Differenzen werden tiefer. Fünf Tage nach dem Einfall der Wehrmacht in Polen, an dem Fritz Hartnagel mit einer Nachrichten- und Fernmeldeeinheit beteiligt ist, schreibt Sophie in einem Brief an ihn: »Nun werdet ihr ja genug zu tun haben. Ich kann es nicht begreifen, daß nun dauernd Menschen in Lebensgefahr gebracht werden von anderen Menschen. Ich kann es nie begreifen und finde es entsetzlich. Sag nicht, es ist fürs Vaterland.«[17]

4. 1939–1941: Krieg

Massenmord und Zwangsaussiedlung

Am 1. September 1939 fällt die Wehrmacht in Polen ein. Begründet wird dies mit einer Kommandoaktion polnischer Soldaten gegen den deutschen Sender Gleiwitz, die eine Vergeltung fordert. Dieser Vorfall stellt sich zwar später als eine von der SS inszenierte Aktion dar, doch ein Sieger wird, wie Hitler im engen Kreis bemerkt, später nie danach gefragt, ob sein Angriff gerechtfertigt war. Seit März des Jahres 1939 hatte Hitler wiederholt der polnischen Regierung Vorschläge unterbreitet, die eine Klärung der territorialen Ansprüche auf dem Wege der Verhandlungen ermöglichen sollten (Angliederung Danzigs an das Reich, Beseitigung des Korridors zwischen Danzig und dem Reich unter Berücksichtigung polnischer Ansprüche). Ein Nachgeben Polens schien ihm aber so unwahrscheinlich, daß er zugleich die geheime Anweisung an die Wehrmacht gab, einen Einmarsch in Polen vorzubereiten. Für den letztmöglichen Termin wurde schließlich der 1. September bestimmt. Als England und Frankreich versuchten, die Sowjetunion in eine Anti-Hitler-Koalition einzubeziehen, kam ihnen Berlin zuvor. Eine Woche vor dem Überfall auf Polen schlossen Hitler und Stalin den Freundschafts- und Nicht-Angriffspakt. In einem geheimen Zusatzprotokoll wurden die Interessensphären in Osteuropa abgesteckt und Polen aufgeteilt. Der westliche und mittlere Teil fällt an das Deutsche Reich, der östliche an die Sowjetunion, die gleichzeitig die baltischen Länder für sich beansprucht. Der Pakt ist für Hitler ein taktischer Schachzug, um einer Einkreisung zuvorzukommen. Ihm geht es auch weiterhin darum, »unserem Volk durch die Zuweisung eines genügenden Lebensraumes für die nächsten hundert Jahre eine Lebenslinie vorzuzeichnen«. Dieser Lebensraum liegt, wie Hitler seit den zwanziger Jahren immer wieder betont, im Osten. Er ist nur durch die Zerschlagung der Sowjetunion und die Beseitigung Polens zu erreichen. Man dürfe »unter keinen Umständen Polen mit der Absicht annektieren, aus ihnen eines Tages Deutsche machen zu wollen«, vielmehr müsse man »diese rassisch fremden Elemente abkapseln, um nicht das Blut des eigenen Volkes immer wieder zersetzen zu lassen«, oder »sie überhaupt kurzerhand entfernen und den dadurch freigewordenen Grund und Boden den eigenen Volksgenossen überweisen«.[1] Und so ergehen sofort nach dem erfolgreichen Überfall der Wehrmacht Geheimbefehle zur Liquidierung nicht nur der polnischen Führungskreise, sondern der gesamten Intelligenz und Oberschicht. Zehntausende werden von mobilen Einsatzkommandos der Sicherheitspolizei und der SS erschossen. In den Gebieten, die unmittelbar dem Deutschen Reich angegliedert werden (wie Westpreußen, Posen und Oberschlesien), finden Zwangsaussiedlungen statt. So werden allein im Warthegau im

Dezember 1939 innerhalb von 17 Tagen 90 000 Polen aus ihren Höfen und Geschäften vertrieben und nach Zentralpolen (ins sogenannte Generalgouvernement) verschleppt. Sämtliche Industrie- und Handelsbetriebe werden enteignet. Zur gleichen Zeit beginnt ein Massenmord an den polnischen Juden. Sie werden in Ghettos in den größeren Städten zusammengefaßt und schließlich in die eigens errichteten Konzentrationslager von Auschwitz, Maidanek, Sobibor und Stuthof deportiert.

Begeisterung

Als die Wehrmacht in Polen einfällt, ist die Stimmung im Deutschen Reich durchaus zwiespältig. Eine große Mehrheit hält es für richtig und notwendig, die nach dem Ersten Weltkrieg an Polen verlorengegangenen deutschen Gebiete notfalls gewaltsam zurückzuerobern. Dennoch herrscht keine Kriegseuphorie wie etwa 1914. Man hofft eher auf kurze handstreichartige Aktionen, wie sie bei der Annektion Österreichs, der Tschechoslowakei und des Memellandes erfolgten. Als England und Frankreich ihren Kriegseintritt erklären, häufen sich beim Sicherheitsdienst die Meldungen über eine tiefe Beunruhigung in großen Teilen des Volkes. Zugleich überwiegt aber der von der Propaganda eifrig geschürte Glaube, Hitler habe alles Menschenmögliche getan, um eine kriegerische Auseinandersetzung zu vermeiden. Ein weit verbreiteter Rassismus gegen Polen und Juden trägt ein übriges dazu bei, daß (trotz aller Bedenken) die Reihen hinter Hitler geschlossen bleiben. Ein Siegestaumel erfaßt das Land, als die polnische Armee bereits nach drei Wochen kapitulieren muß. Die in den Medien vor Kriegsbeginn eifrig als »genial« propagierte »Blitzkrieg-Strategie« Hitlers (schnell vorgetragene, weiträumige Panzerangriffe, unterstützt durch die Luftwaffe) hat, wie selbst ein zweifelnder Volksgenosse zugeben muß, zum Erfolg geführt. Da sich England und Frankreich trotz Kriegserklärung abwartend verhalten und an beide aus Berlin am 6. Oktober ein »Friedensangebot« ergeht, glauben viele an ein unmittelbar bevorstehendes Ende des Krieges. Die Begeisterung für Hitler hat einen weiteren Höhepunkt erreicht. Selbst in Kreisen, die ihm bisher ablehnend gegenüberstehen, nimmt die Bewunderung für seine vermeintlichen staatsmännischen und militärischen Fähigkeiten zu. Die Opposition im Lande gerät immer mehr in die Isolation. Die Regierungen in Paris und London lehnen das Friedensangebot ab und treiben damit, sicher ungewollt, weite Bevölkerungskreise an die Seite Hitlers. Als Goebbels daraufhin die Parole ausgibt, England wolle die Vernichtung Deutschlands, kann er mit breiter Zustimmung rechnen. Die Stimmung im Lande lautet: Jetzt erst recht. Dazu mag die Tatsache beitragen, daß der Krieg nur begrenzte Auswirkungen auf den Alltag in der Heimat zeigt. Freistellungen vom Frontdienst (u. k. / unabkömmlich) werden gegenüber Bauern und Facharbeitern noch relativ großzügig gehandhabt.

Zurückgestellt

Auch Hans, Alex, Christoph und Willi werden trotz Kriegsbeginns vom Wehrdienst zurückgestellt. Alle vier setzen mit Beginn des Wintersemesters 1939/40 ihr Medizinstudium in München fort. Zwar begegnen sie sich in verschiedenen Übungen und Vorlesungen, ohne aber direkt voneinander Notiz zu nehmen. Erst ein Jahr später lernen sich Hans, Alex und Christoph näher kennen. Willi Graf wird erst im Frühjahr 1942 zu ihnen stoßen.

Studium statt Fronteinsatz

Alexander Schmorell ist in diesen Wochen, wie ein Kommilitone, Jürgen Wittenstein, später berichtet, froh darüber, daß ihm das mehr aus Verlegenheit gewählte Medizinstudium ungewollt zum Nutzen wird, indem ihm die Teilnahme an dem verhaßten Krieg erspart bleibt. Schmorell und Wittenstein hatten sich während des Militärdienstes kennengelernt. Im März 1939 – auf dem Höhepunkt der Begeisterung für Hitlers »friedliche« Annexionspolitik – bildete sich in der Kaserne um die beiden ein kleiner Kreis von Nazigegnern mit dem Ziel, andere durch persönliche Gespräche über die wahren Ziele Hitlers aufzuklären. Bei einem ihrer Treffen bemerkte Alex mit ironischer Anspielung auf den Jargon der Nazis: »In zehn Jahren wird dann vielleicht an der Tür dieses Zimmers einmal ein Schild hängen: ›von hier aus nahm die Bewegung ihren Fortgang‹.«[2]

»Der Krieg muß verloren werden«

Am 1. September 1939, dem Beginn des Überfalls auf Polen, ist Willi Graf in seiner Heimatstadt Saarbrücken. Seine Reaktion darauf ist eindeutig, wie seine Schwester Anneliese später berichtet: »Als der Krieg ausbrach, sagte Willi von Anfang an, daß er verloren werden müßte und auch verloren werde.«[3] Diese Überzeugung trennt ihn von vielen, selbst von manchem der Jugendfreunde, die als überzeugte Soldaten daran glaubten, ihr Vaterland um jeden Preis »verteidigen« zu müssen. Die Familie Graf ist vom Krieg sofort unmittelbar betroffen. Wie in allen westlichen Grenzprovinzen werden auch im Saarland die großen Städte evakuiert. Man befürchtet Luft- und Artillerieangriffe. Wer nicht wie Willis Eltern das Glück hat, bei Verwandten unterzukommen, wird, oft Hunderte Kilometer entfernt, bei anderen zwangseinquartiert. Im Oktober beginnt die vom Führer der SS, Himmler, geleitete Zwangsumsiedlung in den besetzten polnischen Gebieten. Bis zum Frühjahr 1941 werden ungefähr eine halbe Million Polen zwangsevakuiert; 350 000 Deutsche aus dem Baltikum, Rumänien und dem Deutschen Reich erhalten die auf diese Weise »freigewordenen« Höfe und Betriebe. In einer großangelegten Propaganda kampagne wird diese verbrecherische Politik als »Festigung deutschen Volkstums im Osten« verteidigt. Ausgehend von der NS-Rasseideologie, die die Polen für »fremdvölkisch« und »nichtarisch« erklärt und zu einem Arbeitsvolk von »Untermenschen« degradiert, wird offen von einer »Neuordnung der ethnographischen Verhältnisse« gesprochen. Einem aus der rheinischen Grenzprovinz evakuierten Verwandten Willi Grafs wird auf diese Art ein Bauernhof im (polnischen) Warthegau zugewiesen. Ohne über das Ausmaß der NS-Okkupationspolitik im einzelnen zu diesem Zeitpunkt unterrichtet zu sein, verurteilt Willi in einem Brief an seine Schwester diese Umsiedlung.[4]

Alle in einem Boot?

In den ersten Tagen des Angriffs auf Polen notiert Hans Scholl in sein Tagebuch, daß man eigentlich froh sein müsse, daß der Krieg endlich begonnen habe, würde er doch das Ende der Naziherrschaft beschleunigen. Hans beschreibt damit das Dilemma, in dem sich in diesen Wochen viele befinden, die das Hitlerregime ablehnen. Sie verurteilen den von den Nazis begonnenen Krieg, sie ahnen, daß er nicht nur Leid und Elend bringen, sondern auch in einer Niederlage enden wird, und zugleich hoffen sie, daß diese Katastrophe den Millionen von Hitlerbegeisterten die Augen öffnen wird über den wahren Charakter dieses Regimes. In Diskussionen mit Kommilitonen muß Hans allerdings feststellen, daß er mit seiner Meinung bei vielen, die durchaus antinazistisch eingestellt sind, auf Unverständnis stößt, so auch bei seinem Freund, dem Medizinstudenten Helmut Hartert. Beide verbindet, wie Hartert später schreibt, ein »persönliches Verhältnis zur Kunst und vor allem zur Literatur«[5]. Gemeinsam unternehmen sie Ausflüge zu verschiedenen Klöstern und führen dort religiöse Gespräche. Über den Kriegsbeginn kommt es allerdings immer wieder zu heftigen Auseinandersetzungen. Denn Hartert ist »bei sonst völlig gleichartiger politischer Einstellung der Auffassung, daß wir, nachdem der Krieg nun einmal begonnen hatte, doch als Deutsche alle im gleichen Boot säßen«[6]. So meldet er sich denn auch wenige Monate später von einer Sanitätskompanie weg zur Luftwaffe, wo er für eine Nachtjägerausbildung eingeteilt wird. Enttäuscht stellt Hans Scholl fest, daß die Schar derjenigen immer kleiner wird, die der sich rapide ausbreitenden Siegeseuphorie widerstehen, und wie sehr die Naziparole, nun säßen alle im gleichen Boot, auch im Lager der Hitlergegner anschlägt.

»Soviel Verständnis für Sippe bringe ich nicht auf«

Das erste Kriegsjahr wird zwischen Sophie Scholl und Fritz Hartnagel zu einer Zerreißprobe ihrer Beziehung. Sophie kann nicht verstehen, daß jemand, der die Nationalsozialisten genauso wie sie ablehnt, dennoch bereit ist, für diese die Waffe zu erheben. Sie schreibt: »Ich kann es mir nicht vorstellen, daß man zusammenleben kann, wenn man in solchen Fragen verschiedener Ansicht oder doch zumindest verschiedenen Wirkens ist.«[7] Und: »Soviel ich Dich kenne, bist Du ja auch nicht so sehr für einen Krieg, oder? Und doch tust Du die ganze Zeit nichts anderes, als Menschen für den Krieg ausbilden.«[8] Ihr erscheint es unmöglich, sich in einem Krieg, in dem es um die Durchsetzung verbrecherischer Ziele geht, auf die Position eines reinen Soldatentums zurückzuziehen. Ein Soldat habe schließlich einen Eid geleistet und müsse den Befehlen seiner Regierung gehorchen, hält Sophie ihrem Freund vor, auch wenn er diese Befehle grundsätzlich ablehnen würde. Der Beruf des Soldaten sei zu gehorchen.[9] Deutlich hebt sie sich von denen ab, die meinen, es sei die Pflicht eines jeden Deutschen, gerade jetzt, wo England und Frankreich Hitlers Friedensangebot abgelehnt haben, dem Vaterland mit der Waffe treu zu dienen, auch wenn man mit den Nazis (und ihrem Vorgehen in Polen) nicht einverstanden ist. »Die Stellung eines Soldaten dem Volk gegenüber ist für mich ungefähr die eines Sohnes, der seinem Vater und seiner Familie schwört, in jeder Situation zu ihm oder zu ihr zu halten; kommt es vor, daß der Vater einer anderen Familie Unrecht tut und dadurch Unannehmlichkeiten bekommt, dann muß der Sohn trotz allem zum Vater halten. Soviel Verständnis für Sippe bringe ich nicht auf. Ich finde, daß immer Gerechtigkeit höher steht als jede andere, auch sentimentale Anhänglichkeit. Und es wäre doch schöner, die Menschen könnten sich bei einem Kampfe auf die Seite stellen, die sie für gerechtfertigt halten. Unrichtig finde ich es, wenn ein Deutscher oder Franzose sein Volk stur verteidigt, nur weil es sein Volk ist.«[10] Fritz Hartnagel berichtet später, wie sehr Sophies Forderungen ihm als Berufssoldaten zugesetzt haben. »Nur zögernd und widerwillig fand ich mich bereit, ihren Gedanken zu folgen. Es bedeutete einen gewaltigen Sprung für mich, mitten im Krieg zu sagen, ›ich bin gegen diesen Krieg‹ oder ›Deutschland muß diesen Krieg verlieren‹.« Zwar sei er wie Sophie mit dem Naziregime nicht einverstanden gewesen, »aber der Schritt, als Offizier innerlich auf die andere Seite überzuwechseln, forderte seine Zeit. Er ließ sich nicht von heute auf morgen vollziehen.«[11]

Der Krieg wird fortgesetzt

Als die Begeisterung über den schnellen Sieg in Polen ihren Höhepunkt erreicht, schreibt Sophie an ihren Freund: »Der Hoffnung, daß der Krieg bald beendet sein könnte, geben wir uns nicht hin. Obwohl man hier der kindlichen Meinung ist, Deutschland würde England durch Blockade zum Ende zwingen.«[12]

Diese Hoffnung ist, wie selbst die Spitzel des Sicherheitsdienstes nach Berlin melden, in diesen Wochen im Volk weit verbreitet. Da der befürchtete Angriff Frankreichs ausbleibt und die englische Regierung lediglich eine Seeblockade beschließt, fühlen sich viele in ihrer Zuversicht bestätigt. Angeheizt durch die NS-Propaganda, wartet man auf einen Angriff der Wehrmacht im Westen. Doch dieser bleibt aus. Statt dessen beginnt ein harter Winter, in dem sich die Versorgungslage durch einen extremen Mangel an Brennstoffen und eine verstärkte Lebensmittelrationierung verschlechtert. Nach einem halben Jahr des Wartens hat die Kriegsbegeisterung Anfang April einen Tiefpunkt erreicht. Da fällt die Wehrmacht völlig überraschend in das neutrale Dänemark und Norwegen ein. Als Begründung dafür dienen Landungsversuche englischer und französischer Truppen in Nord-Norwegen, denen Hitler zuvorkommen will. Den Hauptteil ihres Bedarfes an Eisenerzen bezieht die deutsche Kriegsindustrie über den norwegischen Eismeerhafen Narvik aus Schweden. Ein Erfolg der englischen Landungsversuche würde langfristig die nationalsozialistischen Eroberungspläne zunichte machen. Die dänische Regierung kapituliert sofort. Nach anfänglichen Erfolgen der Wehrmacht gelingt es englischen und französischen Einheiten, bei Narvik zu landen. Zusammen mit norwegischen Einheiten gehen sie zum Gegenangriff über. Die Lage ist für die Wehrmacht schließlich so bedrohlich, daß der Rückzug vorbereitet wird. Zu diesem Zeitpunkt, im Mai 1940, befiehlt Hitler den lange vorbereiteten Angriff auf Frankreich. Unter Mißachtung der Neutralität Hollands und Belgiens marschiert die Wehrmacht in beiden Ländern ein, und wiederum führt das Blitzkriegkonzept durch Luftlandeunternehmen und schnelle Panzerangriffe in kürzester Zeit zum Erfolg. Holland kapituliert bereits nach fünf Tagen, am 15. Mai. Am 28. Mai gibt die belgische Regierung auf. Zugleich gelingt Panzerverbänden der Wehrmacht über Luxemburg und die südlichen Ardennen ein Durchbruch durch die französischen Stellungen. Die französischen und englischen Einheiten, die in Nord-West-Frankreich und im belgischen Grenzgebiet operieren, werden auf diese Weise von Süden her abgetrennt und eingekreist. Ein Teil dieser Truppen muß sich über den Hafen von Dünkirchen nach England absetzen. Gleichzeitig ziehen London und Paris ihre Einheiten aus Norwegen ab.

Fronteinsatz

Die neuerlichen Erfolge der Wehrmacht bewirken einen Stimmungsumschwung im Deutschen Reich. Die Propaganda malt kräftig am Bild von der deutschen Überlegenheit und Unbesiegbarkeit. Willi Graf wird im Januar 1940 zu einer Sanitätsersatzabteilung in München eingezogen und schließlich einer Kompanie der 7. Armee am Oberrhein zugeteilt. Als der Angriff auf Frankreich beginnt, ist Willi gerade nach einer Operation aus dem Lazarett entlassen worden. Am 20. Mai schreibt er an seine Schwester: »Tatsächlich halten mich die jüngst verflossenen Tage natürlich in einer dauernden Spannung und Ungewißheit. Es wird bei dir und den meisten Menschen ähnlich und genauso sein. Oft bin ich nicht fähig, irgendwas Vernünftiges zu arbeiten, sei es etwas zu lesen oder einen anstrengenden Brief zu schreiben.«[13] Die Tatsache, daß zur gleichen Zeit Tausende ihr Leben für eine sinnlose Sache lassen müssen, macht ihn zornig und zugleich hilflos. »Ich glaube, es ist für jeden nicht einfach, vernünftig auszuharren und die kleinen alltäglichen Aufgaben zu erfüllen ... Es wird doch von jedem von uns ziemlich viel Beherrschung gefordert. Ein jeder leidet anders an diesem Unglück und bringt auch andere Kräfte mit, um ausharren zu können oder einfach manchmal zu verzagen.«[14]

Am 5. Juni 1940 beginnt die zweite Phase des Angriffes auf Frankreich, dessen Truppen sich zu einer neuen Verteidigungslinie zurückgezogen haben. Nach heftigen Kämpfen ist Paris umzingelt. Die Stadt kapituliert am 14. Juni. Am 16. Juni erreicht die Wehrmacht die Loire, am 17. Juni die Schweizer Grenze, am 19. Juni die Atlantikküste. Am 22. Juni unterzeichnen beide Seiten einen Waffenstillstand. Eine Demarkationslinie teilt Frankreich in einen nördlichen, von der Wehrmacht besetzten, Teil und in einen südlichen, den die von den Nazis geduldete Regierung Pétain verwaltet. Dieses Restfrankreich erklärt sich für neutral.

»Bin ich denn ein Dieb ...?«

Auch Hans Scholl und Alexander Schmorell werden als Sanitäter an der Westfront eingesetzt. Hans Scholl ist zuerst Meldefahrer einer Einheit, die den schnell über Luxemburg und die Ardennen vorstoßenden Panzertruppen folgt. Es sind jene Verbände, die durch ihren überraschenden Umfassungsangriff innerhalb von einer Woche die französisch-englischen Einheiten im Norden einkesseln. Der Vormarsch vollzieht sich so rasch, daß die aufschließenden Verbände kaum mithalten können. Die Kampfhandlungen sind begrenzt. Unter den nachrückenden Soldaten herrscht Siegeseuphorie, mancher fühlt sich wie auf einem Ausflug. Hans ist davon angewidert. Er schreibt am 29. Mai aus St. Quentin, daß in der Stadt, die gerade erst wenige Tage erobert ist, bereits die typische Stimmung des Etappenlebens herrsche, und beklagt, daß er kaum einen unter den Soldaten finden würde, mit dem er vernünftig reden könne. Hans versucht, Kontakt zur Bevölkerung zu bekommen. Da er gut Französisch spricht, fällt ihm das nicht schwer. Doch trifft er dabei auf Mißtrauen und Ablehnung. Er schämt sich, die Uniform derjenigen tragen zu müssen, die in das Land eingefallen sind und es nun besetzt halten. Empört erlebt er, wie Häuser und Wohnungen beschlagnahmt und ihre Bewohner vertrieben werden. So mancher findet dabei noch eine Möglichkeit, sich persönlich zu bereichern. »Hier haben wir die besten Häuser als Quartier bezogen. Mir war's im Stroh viel wohler. Bin ich denn ein Dieb oder ein anständiger Mensch?«[15] Unweit von St. Quentin beginnt die letzte Phase des Kriegs gegen Frankreich. Die Sanitätseinheit, der Hans angehört, ist ununterbrochen dabei, Verwundete zu bergen und zu versorgen. Auch Kriegsgefangene sind darunter. Immer öfter schreibt Hans davon, wie schwer es ihm fällt, nüchtern zu sein beim Anblick des ganzen Elends, das er erlebt. Was er sehen und mitmachen müßte, ließe sich mit Worten nicht beschreiben.[16] Auch nach Beendigung der Kämpfe sind Hans und seine Sanitätstruppe ständig im Einsatz. Sie übernehmen ein Lazarett mit 400 Verwundeten. Ihre Vorgänger haben, wie Hans schreibt, die Kranken in einem jämmerlichen Zustand hinterlassen. Täglich finden über 20 Operationen statt, Amputationen müssen vorgenommen werden, Hans muß assistieren. An ruhigeren Tagen liest er französische Literatur. André Gide, Baudelaire u. a. Er versucht, so viele Bücher wie möglich von seinem mageren Sold zu erwerben. Als im Juli auch bei seiner Einheit Ruhe eingekehrt ist, beobachtet Hans eine Veränderung an sich. Die Erlebnisse des Krieges haben seinen Kopf gefüllt bis an den Rand, wie er schreibt. Um nicht ständig darüber nachdenken zu müssen, flüchtet er sich oft in Versuche, möglichst viel zu erleben. Hans versucht, innerlich frei zu bleiben, nicht im »Landsknechtleben« unterzugehen. Doch das ist nicht leicht. Er muß feststellen, daß er vor dem Krieg viel aufnahmebereiter und empfindlicher gewesen ist und ihn die grausamen Erlebnisse haben gleichgültiger werden lassen. Im Lazarett freundet sich Hans mit französischen Krankenschwestern an, die dort tätig sind. Er bewundert ihre Aufopferungsbereitschaft und ihren immer noch ungebrochenen Patriotismus. Im August und September 1940 wird Hans einer Dienststelle der Wehrmacht zugeteilt, die sich um die Rückführung französischer Flüchtlinge bemüht.

Gutbürgerliche Ruhe

Sophie Scholl befaßt sich in diesen Wochen immer wieder mit der Frage, ob nicht der Krieg von jedem eine klare Entscheidung verlangt. Wie im Streit mit ihrem Freund Fritz um die Rolle des Soldaten gibt es für sie nur eine Alternative. Wer sich nicht gegen Hitler stellt, unterstützt ihn. Sophie fühlt sich darin durch das Verhalten vieler Menschen, das sie um sich herum beobachtet, bestätigt. Vielen sei der Ausgang des Krieges egal, berichtet sie ihrem Freund. Das einzige, das die meisten interessieren würde, sei, ob ihr Mann, Vater oder Sohn wohlbehalten wieder nach Hause kommen würde. Als Paris kampflos kapituliert, glaubt Sophie dort eine ähnliche Haltung zu entdecken. »Es hat den Anschein, als ob es den Franzosen auch nur um ihre gutbürgerliche Ruhe gegangen wäre. Es hätte mir mehr imponiert, sie hätten Paris verteidigt bis zum letzten Schuß ohne Rücksicht auf die vielen wertvollen Kunstschätze, die es birgt. Selbst wenn es, wie es sicher war, keinen unmittelbaren Nutzen gehabt hätte.« Enttäuscht stellt sie fest: »Aber Nutzen ist heute alles, Sinn gibt es nicht mehr, Ehre gibt es wohl auch nicht mehr. Die Hauptsache ist, daß man mit dem Leben davonkommt.«[17]

Euphorie – Verzweiflung

Als Frankreich kapituliert, scheinen die Ängste und Sorgen vergessen. Ein Siegestaumel durchzieht das Land. Er erfaßt sogar jene Schichten und Kreise, die sich bisher ablehnend gegenüber dem Nationalsozialismus verhielten. Noch stärker als nach dem Sieg über Polen macht sich auch unter diesen Menschen der Irrglaube an die Unbesiegbarkeit und Überlegenheit der Deutschen breit. Begeistert wartet man auf den letzten großen Schlag gegen England, der nicht nur einen Sieg, sondern das Ende des Krieges noch innerhalb dieses Jahres bringen wird. Die Sympathie für Hitler hat ihren Höhepunkt erreicht. Die Gegner des Regimes sind hoffnungslos in der Defensive. Klein an der Zahl, verstreut über das ganze Land, sehen sie sich einer breiten Front patriotischer Euphorie und Verblendung gegenüber. Verzweiflung und Resignation greifen um sich. Das einzige Mittel dagegen ist, daß sich Gleichgesinnte, so wenig sie auch sein mögen, zusammenfinden. In zahlreichen Briefen an seine Schwester Anneliese beklagt Willi Graf, wie schwer es ist, unter den Soldaten auf Gleichgesinnte zu treffen. Und so rät er seiner Schwester, die in Bonn Studienanfängerin ist, wiederholt sehr eindringlich, »einen Bekanntenkreis zu organisieren. Eine Arbeit, welche meiner Meinung nach eine der wichtigsten zur Zeit ist. Sonst wird man tatsächlich verrückt in solchen Zeiten.«[18] Wie Willi Graf spürt auch Hans Scholl deutlich die Isolation, in der er sich befindet. Er ist zum Wintersemester 1940/41 beurlaubt, um sein Studium fortsetzen zu können. Doch in München befällt ihn eine »verrückte Traurigkeit« angesichts der Aussichtslosigkeit, in der sich jedwede Opposition gegen die Nazis im Augenblick befindet. Er kommt sich manchmal etwas müde vor in einer Welt, in der, wie er schreibt, alles Streben nach dem Guten hoffnungslos und überflüssig erscheint.[19] So ist Hans froh, als er in der Studentenkompanie über den Mediziner Jürgen Wittenstein zwei Kommilitonen kennenlernt, die aus ihrer antinationalsozialistischen Haltung keinen Hehl machen. Es sind Hubert Furtwängler und Alexander Schmorell.

In der Studentenkompanie sind alle Mediziner zusammengefaßt, die im Fronteinsatz oder in den Heimatlazaretten als Sanitäter tätig waren und eine Beurlaubung zum Studium erhielten. Furtwängler beschreibt später die Studentenkompanie als »ziemlich losen Haufen«. Zwar ist jeder Student verpflichtet, in der Kaserne zu wohnen, auf jeder Stube gibt es Schreib- und Arbeitsplatten, doch viele haben heimlich eine private Bude in der Stadt oder wohnen bei den Eltern. In den ersten Monaten wird die Anwesenheitskontrolle streng gehandhabt, dann aber immer weiter gelockert. Es besteht die Pflicht, auch außerhalb der Kaserne die Uniform zu tragen, doch im Laufe der Zeit wird auch das nur noch unregelmäßig kontrolliert.[20]

In der Studentenkompanie (Ulrich Tukur, Oliver Siebert, Wulf Kessler)

Gleichgesinnte

Unter den Kompanieangehörigen entdeckt Hans Scholl bald einen Kommilitonen, der ständig im Konflikt mit dem militärischen Reglement steht. Er fehlt häufig – und ist er mal anwesend, so fällt er durch eine betont nachlässig getragene Uniform auf, die noch dazu oft in einem erbarmungswürdigen Zustand ist. Außerhalb der Universität sieht man Alexander Schmorell nie in Uniform. Das trägt ihm mehr als einmal Disziplinarverfahren ein, aus denen ihn ein einflußreicher Verwandter herausboxt. Schmorells äußere Erscheinung (ein wenig den Bohemien herauskehrend) und sein gesamtes Auftreten sind durch und durch antimilitärisch und in Zeiten, wo alles sich am Feldgrau und Kasernenhofton der Wehrmacht orientiert, ein unverhohlenes Zeichen des Widerstandes. Hans Scholl und Alexander Schmorell schließen schnell Freundschaft, und gemeinsam bereiten sie sich auf das Physikum vor. Da beide sehr an Musik interessiert sind, besuchen sie, so oft es geht, Konzertaufführungen. Sie sprechen über Literatur, tauschen Bücher aus – es kommt zu ersten politischen Gesprächen.

Eine Familie

Obwohl zur Luftwaffe eingezogen, wird Christoph Probst nicht zur Front abkommandiert. Er muß Lazarettdienst leisten und darf zwischenzeitlich sein Studium weiterführen. Er lernt Herta Dohrn kennen. Sie heiraten im Frühjahr 1940. Im Juni wird der erste Sohn geboren: Michael. Die Familie ist für Christoph Schutzschild und Stütze gegen eine Umwelt, in der Kriegsbegeisterung und völkischer Fanatismus um sich greifen. In seinem Schwiegervater Harald Dohrn findet er einen Gleichgesinnten. Dohrn entstammt einer liberalen Gelehrtenfamilie. Er ist im internationalen Milieu einer Forschungsanstalt, der zoologischen Station von Neapel, und auf dem Gut seiner polnischen Mutter aufgewachsen. Auf der Suche nach Orientierung konvertierte er Anfang der dreißiger Jahre zum Katholizismus. Er traf auf Romano Guardini, befreundete sich mit Theodor Haecker und Carl Muth, denen es um eine Neubelebung und Reform des Katholizismus geht. Muth ist Herausgeber der literarisch-philosophischen Zeitschrift »Hochland«. Nach Hitlers Machtantritt nimmt das »Hochland« unverhohlen gegen die Naziherrschaft Stellung, was immer wieder zu Verbot und Beschlagnahme einzelner Ausgaben führt. Ein enger Freund Muths und Mitarbeiter im »Hochland«, der Kierkegaard-Spezialist Theodor Haecker, wird von den Nazis mit einem absoluten Schreib- und Redeverbot belegt. Harald Dohrn macht

Christoph mit Muth und Haecker bekannt. Christoph gelangt in ein geistiges Milieu, das aus tiefer christlicher Überzeugung in einem unüberbrückbaren Gegensatz zum Faschismus steht und sich der Verfolgung durch die Nazis aussetzt.[21]

Liebe

Die Gespräche, die Christoph Probst mit seinem Schwiegervater führt, berühren meist sehr schnell philosophische und theologische Themen. Christoph sucht Orientierungspunkte. Die Vorstellungswelt des christlichen Glaubens ist ihm zwar vertraut, doch die liberale Haltung des Elternhauses hat ihn dazu gebracht, sich mit religiösen Fragen auf eine Art und Weise auseinanderzusetzen, die ihn offen bleiben läßt nach allen Richtungen. Diese offene Position, die geprägt ist von einer Mischung aus allgemeiner Religiosität und klassischem Humanismus, schlägt sich am deutlichsten in einem Brief an die Stiefmutter nieder, den er nach dem Tode des Vaters schreibt. »Wenn es dir schlecht geht, dann denke nur immer an das Herrlichste, das uns armen Menschen vom Himmel gegeben ist. Liebe. Oft hab ich mich in schweren Stunden nach etwas Absolutem, nach einem Fels, der aus all dem Nebel der Enttäuschungen herausragt, gesehnt. An dem ich mich festhalten kann, weil alles um mich herum wandelbar und glitschig war. Erst neulich hab ich mich gewundert, daß man so etwas suchen muß, wo es doch so nahe liegt. Alle anderen Begriffe sind an die Welt, unser kleines Gehirn gebunden. Liebe herrscht überall.«[22] Durch die Auseinandersetzung mit Harald Dohrn nähert sich Christoph langsam dem Katholizismus.

Geistige Klärung

Hans hofft, mit der Wiederaufnahme des Studiums zu den Erfahrungen der letzten Monate Abstand gewinnen zu können. Doch die Erlebnisse der Front holen ihn in Alpträumen wieder ein: Vom Krieg verunstaltete und verstümmelte Menschen in überfüllten, verdreckten Lazaretten. Aufgedunsene und mißgebildete Gesichter. Höhnisches Lachen, als Hans sich als Arzt zu erkennen gibt. Er ist oft niedergeschlagen, grübelt vor sich hin. Er hat das Gefühl, daß der Krieg ihn verändert hat. Während viele über dem täglichen Erleben von Tod und Zerstörung abstumpfen, kann Hans keine Ruhe finden.
Nach dem Überfall der Wehrmacht auf Polen ist er fest davon überzeugt, daß der Krieg in einer Niederlage des Faschismus enden und das Regime beseitigen wird. Die Erfahrungen der vergangenen Mo-

nate bestätigen ihn darin. Gleichzeitig gelangt er zu der Ansicht, daß der Krieg eine geistige Klärung bewirken wird, die dringend notwendig ist. Kriegsbegeisterung und Heroismus haben sich in den Köpfen breitgemacht. Selbst viele Freunde und Gefährten aus der Bündischen Jugend sind davon nicht verschont geblieben, wie etwa sein Freund Ernst Reden.

Der konservativ und national gesinnte Mittelstand entdeckt in diesen Monaten im Krieg die Wiederbelebung seiner Tugenden. Ehre, Treue, Aufopferung. Der Waffengang ist die Feuertaufe, die den Jüngling zum Manne macht, die Front wird zur Bewährungsprobe der Kameradschaft. Im Kampf gilt es, die Willenskraft zu stählen. Was dem saturierten Kleinbürger der »innere Schweinehund« ist, den er im Schützengraben zu überwinden sucht, das findet sich bei den Anhängern der Jugendbewegung als Idee von der »Auswahl der Besten« wieder. Das Verweichlichte am Menschen wird abgestoßen. Was die Zivilisation deformiert hat, bleibt auf der Strecke. Hervor tritt der Mensch als Natur, ungebändigt und rein. Der Krieg wird zur Stätte der Wiedergeburt. Und so finden sie auf einmal wieder zusammen, der Jugendbewegte und der von ihm verachtete Spießer. Rief man einst dazu auf, »Aus grauer Städte Mauern« der Langeweile und Borniertheit zu entfliehen, so propagiert man nun die Aufopferung fürs Vaterland. Der Auszug aus der kleinbürgerlichen Enge der alten Ordnung endet mit der Rückkehr in die Ordnung der Alten: Armee, Disziplin und Gehorsam.

Orientierungspunkte

Als immer mehr Freunde und Bekannte den Krieg begrüßen und die Schar derer immer kleiner wird, die nicht in das Lager der Nazis überwechseln, sucht Hans nach Orientierungspunkten, die ihm geistig Halt bieten können. In den ersten beiden Semestern beschäftigt er sich intensiv mit Heraklit, Platon, Sokrates; er belegt Griechisch-Kurse, um die Philosophen im Original lesen zu können. Kritisch setzt er sich mit den Theorien Nietzsches auseinander, die nicht nur unter den Nazis viele Anhänger haben. Die religiöse Tradition des Elternhauses, der Hans bislang mit einer liberalen Haltung begegnet ist, übt eine immer stärkere Anziehungskraft auf ihn aus. Noch während der Zeit des Wehrdienstes und des Studienbeginns lehnt er das Abendmahl als eine Äußerlichkeit ab, nennt es eine Geste, die den Menschen doch nicht frei macht. Gott ist ihm nicht mehr als ein unendlich großes und stilles Etwas, Schicksal. Während des Fronteinsatzes in Frankreich jedoch gewinnen die Vorstellungen des christlichen Glaubens für ihn an Bedeutung. Nach München zurückgekehrt, findet er in Alexander Schmorell einen Gleichgesinnten. Immer häufiger führen sie, neben den Vorbereitungen auf das Physikum, Gespräche über religiöse Fragen. Hans erhält durch Alex Einblick in die besondere Frömmigkeit der russisch-orthodoxen Kirche. Als beide im Januar 1941 ihre Medizinische Vorprüfung abgelegt haben, treffen sie sich regelmäßig zu Leseabenden im Hause Schmorell. Alex lädt seinen Freund Christoph Probst dazu ein. Gemeinsam befassen sie sich mit den theologischen Schriften Augustins und Pascals. Alex liest aus den Romanen Dostojewskis vor. Die Hinwendung zu theologischen Fragen führt jedoch nicht zu einem Rückzug in die Innerlichkeit. In einem Brief an eine Freundin wendet sich Hans gegen die Vorstellung, man könne sich in eine heile Welt zurückziehen. Heftig verurteilt er jede Form von Weltabgeschiedenheit als Verrat und Flucht.

Die Zusammenkünfte von Hans, Alex und Christoph dienen nicht nur der religiösen Besinnung. Da jeder von der politischen Haltung des anderen weiß, spricht man bald sehr offen über die aktuellen Ereignisse. Wird es tatsächlich zum Angriff der Wehrmacht auf England kommen? Wenn Hitler ein Sieg gelingt, bedeutet das nicht die endgültige Zementierung der Naziherrschaft? Immer öfter dreht sich die Diskussion um diese Fragen. Man hört die »Feindsender« des Auslandes und tauscht Nachrichten aus, die man aus Briefen oder aus Berichten von Bekannten bekommen hat. In einer Zeit, wo die Begeisterung für Hitler auf ihrem Höhepunkt angelangt ist und die versprengten Reste seiner Gegner in Resignation zu verfallen drohen, wird der Zusammenschluß von Gleichgesinnten zur Notwendigkeit. Und so helfen die Zusammenkünfte den drei Freunden dabei, in einer Zeit der Hoffnungslosigkeit religiösen und politischen Rückhalt zu finden.

Isolation

Nachdem Sophie Scholl im März 1940 ihr Abitur abgelegt hat, erwartet sie die Einberufung zum Reichsarbeitsdienst. War der Arbeitsdienst bislang eine lästige Pflichtübung, der sich jeder Jugendliche zu unterziehen hat, so wird er nun nach Ausbruch des Krieges zur zweiten Front, zum »Schützengraben in der Heimat«. Der Angriff auf Frankreich steht kurz bevor, die Wehrmacht zieht immer mehr Wehrpflichtige ein. Es fehlt an Arbeitskräften. Durch den Arbeitsdienst sollen die Lücken geschlossen werden. Doch Sophie ist nicht bereit, zur Einsatzreserve für Hitlers Krieg zu gehören. Sie meldet sich zur Ausbildung als Kindergärtnerin im Ulmer Fröbel-Seminar. Sie hofft, auf diese Weise dem RAD zu entkommen, da bisher eine Arbeit im

Sozialbereich als Ersatzdienst anerkannt wurde. Vom NS-Geist ist am Fröbel-Seminar nur wenig zu spüren. Die Ulmer Pfarrerstochter Susanne Hirzel, mit der Sophie sich dort anfreundet, berichtet später: »Das Fahnengrüßen z. B. blieb auf das allernotwendigste beschränkt. Die Leiterin des Seminars, Frl. Kretschmer, war keine überzeugte Nationalsozialistin. Sie verstand es, sich undurchsichtig zu stellen. So wagten wir es, bei einem ›Gemeinschaftsempfang‹ einer Hitlerrede im Radio offen in einem Buch zu lesen. Frl. Kretschmer bemerkte unser Desinteresse und winkte nur mit dem Finger ab. Sie hätte auch anders reagieren können.«[23] Der Kriegsverlauf wird in der Familie Scholl mit Angst und Unruhe verfolgt. Aufmerksam hört der Vater die »Feindsender« Radio Beromünster und den Londoner Rundfunk. Sophie ist dabei oft zugegen. Um so vorsichtiger muß sie sein bei Äußerungen außerhalb der Familie. Was darf sie sagen, was nicht? Was stammt vom großdeutschen Sender und was aus Meldungen ausländischer Stationen? Da Kriegszustand herrscht, wird das Hören von Feindsendern und das Weiterverbreiten ihrer Meldungen als »Wehrkraftzersetzung« gewertet und mit einer hohen Gefängnisstrafe bestraft. Obwohl auch die Feldpost zwischen der Front und der Heimat überwacht wird, scheut Sophie nicht davor zurück, in ihrem Briefwechsel mit ihrem Bruder Hans und ihrem Freund Fritz Hartnagel deutlich gegen den Krieg Stellung zu nehmen. Im August 1940 absolviert sie in einem Kinderheim im Schwarzwald ein Praktikum. Frankreich ist besiegt. Ein Siegestaumel erfaßt das Land. Sophie erlebt schmerzhaft die Isolation, in der sich die Gegner des Nationalsozialismus befinden. Sie vermißt den Rückhalt der Familie. Um so mehr freut sie sich darauf, bei ihrem Bruder in München nach der Ausbildung mit dem Studium beginnen zu können. Doch als sie im Januar 1941 ihre Prüfung als Kindergärtnerin abgelegt hat, wird dies nicht als Ersatzdienst anerkannt. Statt dessen soll Sophie für ein halbes Jahr zum Reichsarbeitsdienst. Vergeblich versucht Hans, für seine Schwester die sofortige Zulassung zum Studium zu erreichen.

»Wir leben wie Gefangene . . .«

Im März 1941 wird Sophie eingezogen. Sie kommt nach Krauchenwies in Südschwaben. Zusammen mit vielen anderen Mädchen ist sie in einem heruntergekommenen Schloß kaserniert. In kleineren Gruppen werden die Mädchen zur Hilfsarbeit auf den Feldern der umliegenden Dörfer eingeteilt. Das Leben ist militärisch durchorganisiert. Morgens und abends finden Appelle statt. Ein Privatleben gibt es nicht. Sophie schreibt: »Wir leben sozusagen wie Gefangene, da nicht nur Arbeit, sondern auch Freizeit zum Dienst wird.«[24] Ständig muß sich Sophie zusammennehmen, um nicht mit den Führerinnen aneinanderzugeraten, die die Mädchen schikanieren und wie Arbeitssklaven behandeln. »Manchmal möchte ich sie anschreien: Ich heiße Sophie Scholl, merken Sie sich das!«[25] Sophie hofft, bei den anderen Mädchen gegen den täglichen Stumpfsinn Unterstützung zu finden. Doch deren Interesse und Gesprächsstoff sind, wie Sophie bald feststellt, auf Männer, Liebesschmerz und Seelenkummer begrenzt. Politische Gespräche reduzieren sich auf das gläubige Nachplappern der neuesten Prophezeiungen aus dem Reichspropagandaministerium. Sophie fühlt sich isoliert und einsam. Um nicht geistig völlig zu veröden, beginnt sie in der knapp bemessenen Freizeit zu lesen, was nur heimlich möglich ist, denn das Benutzen eigener Bücher ist untersagt. Sie liest den »Zauberberg« von Thomas Mann, auch eines der Bücher, die von den Nazis verboten sind. Schließlich befaßt sie sich mit den Schriften des Kirchenvaters Augustin. Bei dieser Lektüre wird sie oft belächelt und stellt traurig fest, daß die Mädchen sie für hochmütig halten, weil sie sich von deren Gesprächen absondert. Bei einem der Mädchen findet Sophie allerdings Unterstützung. Die gleichaltrige Gisela Schertling fühlt sich von der dumpfen Atmosphäre des Arbeitslagers ebenso abgestoßen. Ihr Interesse gilt der Kunst und Literatur. Sie möchte Deutsch und Kunstgeschichte studieren. Sophie und Gisela freunden sich schnell an. An den wenigen Wochenenden, an denen die Mädchen das Lager verlassen dürfen, lädt Sophie ihre Freundin nach Ulm zu ihren Eltern ein. Gisela Schertling lernt dort Sophies Bruder Hans kennen. Er berichtet von seinem kleinen Freundeskreis in München und von der relativen Freiheit, die sie als zum Studium Beurlaubte genießen können. Diese Schilderungen kommen Sophie wie Berichte von einem anderen Stern vor. Was könnte sie alles lesen und lernen, wäre sie endlich an der Universität! Statt dessen ist sie gezwungen, fanatischen Frauenschaftlerinnen zu gehorchen und ihren Tag mit Hilfsarbeiten zu verbringen, die letztlich Hitlers Krieg zugute kommen. Nur die kurzen Besuche in Ulm, die abendlichen Gespräche mit ihrer Freundin Gisela und die wenigen Momente, in denen sich Sophie mit ihren Büchern zurückziehen kann, geben ihr die Kraft, den Arbeitsdienst weiter durchzustehen.

Besatzungssoldat

Drei Monate, nachdem Frankreich kapituliert hat, kommt Willi Graf als Sanitäter zu einer Pionierkompanie an die Kanalküste. Im Oktober 1940 hofft er, zum Semesterbeginn wie andere Medizinstudenten

Mechthild Reinders als Gisela Schertling, Lena Stolze

beurlaubt zu werden. Doch nach einem kurzen Aufenthalt in München Anfang November wird er zu einer Einheit nach Antwerpen versetzt, kurz darauf wird die Einheit nach Burgund an die Demarkationslinie zum neutralen Teil Frankreichs verlegt. Dort bleibt er bis zum Februar 1941. In Briefen an seine Schwester Anneliese klagt er über die Langeweile und Routine, die dort herrschen. Willi fühlt sich überflüssig. Viel lieber möchte er zum Studium in München sein. Doch selbst sein Weihnachtsurlaub wird ihm verwehrt. Willi ersteht von seinem Wehrsold (66 RM im Monat) französische Bücher. Mit Begeisterung liest er Baudelaire und Verlaine. Die Gedichte von Hölderlin werden zu seiner regelmäßigen Lektüre. Hinzu kommen Romane von Wiechert, Waggerl und Tumler, in denen es um Naturverbundenheit und das Ideal des einfachen, ländlichen Lebens geht. Im

Februar erhält Willi endlich Urlaub und fährt nach München. Doch seine Hoffnungen, zum Sommersemester das Studium fortsetzen zu können, zerschlagen sich schnell wieder. Im März 1941 wird er nach Posen/Poznan im »Warthegau« versetzt. Der »Warthegau« gehört zu jenen polnischen Provinzen, die nach dem Überfall auf Polen dem Deutschen Reich einverleibt werden. Überall in der Stadt sieht man Versehrte und Abkommandierte, wie Willi berichtet. Die Nazis sind eifrig bemüht, der Stadt einen Anstrich von urdeutscher Tradition und Kultur zu geben. Im städtischen Theater ist mit aller Eile und mit Hilfe von Dienstverpflichteten aus dem Reich ein deutsches Ensemble zusammengestellt worden. Man spielt Mozarts »Entführung aus dem Serail«, wie Willi seiner Schwester schreibt. Hinter dieser Fassade kultureller Propaganda verbirgt sich das System einer rücksichtslosen Unterdrückung der polnischen Bevölkerung. Der öffentliche Gebrauch der polnischen Sprache ist verboten, ebenso ein polnischsprachiger Unterricht. Die polnische Bevölkerung darf keine deutschen Gaststätten besuchen, es gibt Sperrzeiten, in denen ihr untersagt ist, in Geschäften einzukaufen. Zum Ende des Jahres 1941 wird ein Sonderstrafrecht eingeführt. Als strafbare Handlung gilt alles, was »der Hoheit des Deutschen Reiches und dem Ansehen des Deutschen Volkes abträglich« ist. Da unter eine derart vage Bestimmung alles gefaßt werden kann, was den jeweiligen NS-Behörden paßt, ist der Willkür Tür und Tor geöffnet – und so werden Todesurteile gefällt, nur weil eine »gehässige und hetzerische Betätigung« erfolgte oder eine »deutschfeindliche Äußerung« getan wurde. Die polnischen Kirchen werden geschlossen, ihre Priester und Bischöfe verhaftet, deportiert oder erschossen. Für die (katholische) Diözese Posen/Poznan bedeutet das: Von vormals 681 Geistlichen werden 451 in Gefängnisse oder Konzentrationslager verschleppt, 74 werden erschossen oder kommen im KZ um. Von den über 500 Kirchen und Kapellen sind noch 30 geöffnet.[26]

Deportationen

Als Willis Einheit nach Zentralpolen, ins sog. »Generalgouvernement« verlegt wird, erlebt er die nationalsozialistische Ausrottungs- und Unterdrückungspolitik. Er sieht das Elend der aus den annektierten Provinzen vertriebenen Polen, die unter unmenschlichen Bedingungen am Rande der Städte und Dörfer hausen müssen. Im Frühjahr 1941 sind es bereits eine halbe Million. Sondertransporte kreuzen Willis Weg. In Güterwagen und Viehwaggons werden polnische Zwangsarbeiter nach Deutschland deportiert. Dort zwingt man sie zur Arbeit in der Rüstungsindustrie und im Bergbau.

Die betreffenden Unternehmen (wie die Krupp-AG Essen) errichten Lager, in denen die Deportierten wie Arbeitssklaven interniert werden. Auch die Landwirtschaft profitiert von ihnen. Bis Ende 1941 werden eine Million Polen zur Zwangsarbeit nach Deutschland verschleppt. In den ersten Monaten erfolgt dies noch durch eine »freiwillige« Anwerbung. Mancher wird durch die örtlichen Behörden, die mit der deutschen Besatzung zusammenarbeiten, unter Druck gesetzt, viele zwingt das wirtschaftliche Elend dazu. Ab Mai 1940 werden die Arbeitskräfte mit polizeilichen und militärischen Mitteln zwangsweise rekrutiert. Vor Kirchen und Kinos finden Razzien statt, willkürlich werden auf Straßen und Plätzen Leute zusammengetrieben, registriert und deportiert. Den Nationalsozialisten geht es nicht nur um die Beschaffung von billigen Arbeitskräften für deutsche Unternehmer:

Wie der Generalgouverneur Hans Frank feststellt, geht es darum, »dafür zu sorgen, daß aus dem polnischen Volk kein Widerstand mehr emporsteigt ... Was wir jetzt an Führerschicht in Polen festgestellt haben, das ist zu liquidieren. Was wieder nachwächst, ist von uns sicherzustellen und in einem entsprechenden Zeitraum wieder wegzuschaffen. Wir brauchen diese Elemente nicht erst in die Konzentrationslager des Reiches abzuschleppen, sondern wir liquidieren die Dinge im Lande.«[27] Die Gestapo und die mobilen Einsatzkommandos der Sicherheitspolizei verhaften Tausende und erschießen sie. Berichte über diese Aktionen werden nicht nur unter der polnischen Bevölkerung, sondern auch unter deutschen Soldaten weitergegeben.

Ghettos und Konzentrationslager

Auch die Verfolgung der jüdischen Bevölkerung bleibt nicht verborgen. Ab dem Frühjahr 1940 werden in allen größeren Städten Ghettos errichtet. Auf engstem Raum, meist in den jeweiligen Slumbezirken, wird die jüdische Bevölkerung zusammengepfercht. Die Bezirke sind mit Stacheldraht umgeben und werden von SS-Einheiten bewacht. Niemand darf heraus. Jede gewerbliche Tätigkeit ist untersagt, die täglich zugeteilten Lebensmittelrationen liegen weit unter dem Existenzminimum, erreichen oft noch nicht einmal 300 Kalorien. Ein Massensterben beginnt. Die hygienischen Zustände sind katastrophal, es gibt keine nennenswerte Krankenversorgung. Seuchen breiten sich aus – überleben kann nur, wer Beziehungen zu den sich schnell bildenden Schmugglerringen besitzt, wer Wachposten besticht (d. h., das notwendige Geld dazu hat) oder wer in den von der SS errichteten Fabriken Arbeit findet. Doch das ist nur eine Minderheit. Die Mehrzahl hungert oder stirbt. Die Massengräber am Rande der Ghettos werden immer größer. Die jüdische Bevölkerung wird von SS-Einheiten oder von den Einsatzkommandos des SD aus den umliegenden Gebieten in die Ghettos deportiert. Von Februar bis zum April 1941 werden auf diese Weise allein 72000 in das Warschauer Ghetto verschleppt. Oft jedoch treiben SS und SD die jüdischen Bewohner am Rande der jeweiligen Orte zusammen, zwingen sie dazu, Massengräber auszuheben, und erschießen sie am Rande dieser Gräben. Immer häufiger gehen Berichte über diese Massaker in der Bevölkerung und unter den deutschen Soldaten um, außerdem Hinweise und Schilderungen über den Aufbau großer Konzentrationslager im sogenannten »Generalgouvernement«. Ab Mai 1940 wird das KZ Auschwitz errichtet, ab Sommer 1941 das KZ Maidanek. Das Ziel der Lager lautet: Vernichtung durch Arbeit. Bei einem Minimum an Nahrung, Mangel an Kleidern und ärztlicher Versorgung werden die Gefangenen als Arbeitssklaven beim Bau von Straßen, Eisenbahnlinien, Kasernen und Fabriken eingesetzt. Die SS und ihre Büttel unter den Gefangenen (die »Kapos«) treiben die Arbeitenden rücksichtslos bis zum physischen Zusammenbruch an. Wer sich nicht mehr erholt, bleibt liegen, stirbt. Wer Widerstand leistet, wird erschlagen oder erschossen.

Warschau

Anfang Juni 1941 kommt Willi Graf nach Warschau. Zahlreiche Stadtteile sind zerbombt, die Menschen hausen in Notunterkünften. Überall große Armut. Willi erlebt das jüdische Ghetto und ist erschüttert. Auf einer Fläche, die nicht größer ist als 1,5 × 2,5 Kilometer, sind 500000 Menschen zusammengepfercht. Mauern, Stacheldraht, Wachtürme der SS. Viele Häuser sind zerstört. Auf den Straßen vor Hunger schreiende Kinder, Sterbende. Entkräftete oder von Krankheit gezeichnete Menschen hasten vorbei, ohne helfen zu können. Willi schreibt: »Sehr viel Elend muß man hier erleben, denn überall ist etwas davon zu finden. Gerade in Warschau stößt man bei jeder Gelegenheit darauf. Es ist eigentlich unvorstellbar, daß es das gibt. Ich hätte mir das nie gedacht, einfach nicht vorstellen können. Unter diesem Himmel muß ich leben.«[28]

Kompanieleben

Willi ist inzwischen in einem kleinen polnischen Dorf im »Generalgouvernement« stationiert. Er fühlt sich einsam und isoliert, findet keinen Gleichgesinnten, mit dem er über die Unterdrückungs- und Ausrottungspolitik der Nazis offen sprechen kann. Auf sich selbst gestellt, fehlt ihm oft die Kraft, dem eintönigen Trott der Arbeit zu widerstehen. Sie absorbiert ihn so, daß er kaum noch Zeit für sich selbst findet. »Zu jeder Stunde eigener Arbeit gehört sehr viel Mühe und Anstrengung. Natürlich ist fraglich, ob diese Anstrengung für jeden in ähnlichem Maße besteht; die Umgebung spielt auch eine nicht unwichtige Rolle. Für mich jedenfalls ist es vor allem auch deshalb schwierig, weil ich auf mich allein angewiesen bin. Da ich doch früher sehr vieles in Gemeinschaft mit Gleichgesinnten getan habe.«[29] Der äußere Druck des Kompanielebens tut ein übriges. Willi ist gezwungen, im Offizierskasino zu essen, und so muß er allabendlich das ewig gleiche belanglose Gerede über sich ergehen lassen: Eitelkeiten, Fronterlebnisse und amouröse Erfolge in der Etappe. Auf diese Weise, klagt Willi, »geht manche schöne Stunde dahin, die ich besser bei einem Buch oder an einem Brief verbracht hätte«.[30] Immer öfter muß Willi an seine Freunde aus dem »Grauen Orden« denken. Hitlers Krieg hat die Gruppe zerschlagen. Willi versucht, wenigstens brieflich mit den anderen in Kontakt zu bleiben. Durch Zufall begegnet er sogar einigen. Doch diese Treffen an der Front sind kurz, und auch in den Briefen kann nicht offen über politische und theologische Fragen gesprochen werden. Der Rückhalt unter Gleichgesinnten ist aber, wie Willi seiner Schwester Anneliese schreibt, die einzige Möglichkeit, der Resignation zu widerstehen. »Dies ist doch das Eigentliche, was allem Tun noch einen Sinn gibt, daß es noch Menschen gibt, mit denen man zusammen leben kann, weil sie die gleiche Anschauung haben.«[31]

»Der Führer hat das schon einkalkuliert …«

Bis zur Jahreswende 1940/41 hält die Hochstimmung im Deutschen Reich an. Alles wartet auf den Angriff gegen England. Doch dieser bleibt aus. Besonders in jenen Bevölkerungskreisen, die aus Begeisterung über die militärischen Erfolge und die neu erlangte Größe des Deutschen Reichs ihre Distanz gegenüber Hitler aufgegeben haben, machen sich Zweifel breit. Ein schneller Sieg über England hätte ein Ende des Krieges bedeutet. Nun zieht er sich auf unbestimmte Zeit weiter hin. Hitler versucht, bis zum Frühjahr 1941 in zahlreichen Reden ein Absinken der Stimmung aufzufangen. Immer wieder verkündet er den angeblich kurz bevorstehenden endgültigen Sieg über England. Da Hitlers Rückhalt in der Bevölkerung seinen Höhepunkt erreicht hat, bleiben die Reden nicht ohne Wirkung. Nur wenigen fällt die Diskrepanz auf zwischen der emphatischen Propaganda über die absolute Überlegenheit von Görings Luftwaffe in der Luftschlacht um England und dem Ausbleiben der deutschen Invasion. Wenn die deutsche Luftwaffe nunmehr seit Monaten den Luftraum über England beherrscht, warum kommt es dann nicht zum Angriff? Nur diejenigen, die regelmäßig die »Feindsender« hören, erfahren, daß die deutsche Luftwaffe bis Ende Oktober 1940 bereits 1700 Maschinen verloren hat (von knapp 2000, die ihr zu Beginn zur Verfügung standen). Durch das von ihr entwickelte Radarsystem verfügt die englische Armee als einzige über ein fast lückenloses Mittel zur Erfassung des Gegners. Auch als Göring die anfänglichen

Angriffe auf Industrieanlagen auf die großen englischen Städte Birmingham, Manchester, Coventry, Liverpool und London ausdehnt, führt dies nicht zu der von ihm erhofften Entscheidung. Statt dessen steigern sich die Verluste. Zu diesem Zeitpunkt beginnt die Wehrmacht, für viele völlig unerwartet, mit einem Angriff auf Jugoslawien und Griechenland (April/Mai 1941). Den Nationalsozialisten geht es darum, ein Überwechseln Jugoslawiens auf die gegnerische Seite zu verhindern. Ein im Oktober 1940 im Alleingang vollzogener Angriff der Italiener auf Griechenland hat zur Landung englischer Truppen auf Kreta und dem Festland geführt. Von dort unternommene Luftangriffe bedrohen die Erdölversorgung von Industrie und Wehrmacht aus Rumänien. Auch bei diesen Kämpfen ist Hitlers Armee in wenigen Wochen siegreich. »Dankbaren Herzens werden die geniale Führung und die unvergleichlichen Soldaten bewundert, die in kürzester Zeit mit geringsten Blutopfern unerhörte Erfolge erzielen«,[32] melden daraufhin die deutschen Behörden – hier der Regierungspräsident von Niederbayern/Oberpfalz – an die Berliner Zentrale. Dennoch ist die Siegeseuphorie gedämpfter als bisher, wird doch vielen klar, daß die Verlagerung des Krieges in immer neue Regionen (im Januar war bereits ein deutsches Afrikakorps unter Rommel zusammengestellt worden) einen möglichen Friedensschluß immer weiter hinausschiebt. Trotz der unangefochtenen Bewunderung, die Hitler und vor allem seine Wehrmacht genießen, verzeichnet der Sicherheitsdienst in vielen Bevölkerungskreisen den dringenden Wunsch und die Hoffnung, daß der Krieg noch im Verlaufe des Jahres beendet wird. Tiefergehende Zweifel, ob derartige Hoffnungen angesichts der deutlichen Ausweitung des Krieges überhaupt angemessen sind, werden von den meisten sofort verdrängt. »Es ist zweifellos so, daß der einfache Mann sich nicht sonderlich den Kopf zerbricht. Eben wegen seiner festen Überzeugung, der Führer hat das einkalkuliert und wird das schon richtig erledigen«, heißt es in den Berichten des Sicherheitsdienstes. Es sei »manchmal geradezu rührend, mit welchem kindlichen Vertrauen gerade Leute aus den einfachen Schichten heute zum Führer und ihrer Staatsführung aufblicken«.[33]

Erschrecken

Am 22. Juni 1941 fällt die Wehrmacht auf breiter Front in die Sowjetunion ein, völlig überraschend, ohne jede Kriegserklärung und unter Mißachtung des Nichtangriffs- und Freundschaftsvertrages, der immer noch gilt. Statt Begeisterung herrscht bei vielen »Deutschen Volksgenossen« Bestürzung und Erschrecken.

Auch die anfänglichen Erfolge, die die Wehrmacht durch ihren Überraschungsangriff erreichen kann, ändern nichts an dieser Stimmung. Die jahrelange Propaganda der Nazis zeitigt unfreiwillig Ergebnisse. Herrscht bei etlichen Menschen Erstaunen, weil der neue Gegner seit dem Hitler-Stalin-Pakt als Verbündeter dargestellt worden ist, so brechen bei vielen anderen sofort die jahrelang sorgsam gezüchteten Ängste vor der »bolschewistischen Bedrohung aus dem Osten« und dem »bestialischen Untermenschentum« hervor. Bei nicht wenigen mag zugleich ein Stück Realismus in der Lagebeurteilung mitspielen. Die sowjetischen Ressourcen an Menschen und Material übertreffen bei weitem die eigenen, und auch die ungeheure Weite des Landes kann schnell zur Falle werden. Hinzu kommt die Angst vor den unberechenbaren Folgen eines Zweifronten-Krieges, in den das Deutsche

Reich nun geraten ist. Daß die Bevölkerung auf einen Krieg gegen die Sowjetunion nicht vorbereitet ist und die Mehrzahl eine ablehnende Haltung einnimmt, müssen selbst höhere Parteiführer zugeben. Vor Parteifunktionären stellt der Oberbayerische Gauleiter Adolf Wagner fest: »Wenn der Führer vor Beginn des Russenkrieges das Volk gefragt hätte, ob es einverstanden ist oder ob es stimmungsmäßig bereit ist, den Feldzug mitzumachen, dann bin ich überzeugt, daß der überwiegende Teil des Volkes gesagt hätte, mein Gott, laß die Hand weg, mein lieber Adolf Hitler, du bist unser lieber Führer, aber um Gottes willen, laß die Hand weg, mach den Feldzug nicht.«[34] Mit einer breit angelegten Propagandakampagne versucht Goebbels, die negative Stimmung aufzufangen. Kaum ein Tag vergeht ohne groß aufgemachte Siegesmeldungen. Der Zusammenbruch des Gegners sei nur noch eine Frage der Zeit. Die deutschen Truppen werden als umjubelte Befreier Litauens, Estlands, Lettlands und der Ukraine vom »bolschewistischen Joch« dargestellt. Die Medien werden nicht müde zu behaupten, daß der Angriff auf Rußland notwendig war, weil »der Bolschewismus zum Überfall auf ganz Europa bereitstand«. So wird in bewährter Manier der Angegriffene kurzerhand zum Aggressor erklärt.

Handfeste Interessen

Als die Invasion beginnt, stehen 3,5 Millionen Mann der Wehrmacht 4,7 Millionen der Roten Armee gegenüber. Ohne viel Skrupel wird als vorläufiges Ziel ein Frontverlauf 500 Kilometer hinter Moskau ins Auge gefaßt. Gesamtlänge über 2500 Kilometer, von Archangelsk am Polarkreis über Gorki nach Rostow am Schwarzen Meer. Entfernung von der polnischen Grenze 1000 bis 1500 Kilometer. Für die Generalität reduziert sich eine derartige Invasion auf Kapazitäts- und Nachschubberechnungen, auf eine technisch-strategische Planung. Krieg findet statt auf Kartentischen: »Keile werden vorangetrieben«, »Angriffe ausgefächert«, »Zangen gebildet«, »gegnerische Einheiten aufgerieben«. Ein sportlicher Wettbewerb, in dem die verschiedenen Führungsstäbe ihre Leistungsfähigkeit unter Beweis stellen können. Nicht zuletzt geht es neben Ehre und Orden um Aufstieg und Beförderung. Was dem einen sein Handwerk, ist dem anderen sein Geschäft. Zu Beginn des Angriffs gründen deutsche Unternehmer verschiedene »Ostgesellschaften«[35]. In den zur Eroberung anstehenden Gebieten warten Ölfelder, Kohlevorkommen, Schwerindustrie, Maschinenbaubetriebe und Werften. Auch der Großgrundbesitz braucht über seine Zukunftsaussichten nicht zu klagen, bieten sich doch neue, landwirtschaftlich ertragreiche Ländereien an.

Überfall

Die Wehrmacht greift mit drei sogenannten Heeresgruppen an. Im Norden, in der Mitte und im Süden. Das entspricht den drei großen Zentren, die erobert werden sollen. Leningrad, Moskau und das Donezer Industriegebiet zwischen Charkow und Rostow. Die militärische Strategie besteht wiederum in großräumigen Panzerangriffen, mit denen die gegnerischen Truppen umgangen und eingeschlossen werden. Der Krieg wird eine Abfolge von Kesselschlachten. Doch die eingeschlossenen Truppen leisten heftigen Widerstand, durchbrechen die Belagerung, neue Kessel entstehen. Auf beiden Seiten fallen in den ersten drei Monaten jeweils über 100 000 Soldaten. Dennoch gelingt es Hitlers Wehrmacht, bis zum September Leningrad einzuschließen, bis Mitte Oktober das Donezer Industriegebiet und die

Krim zu besetzen. Mitte November rückt die Wehrmacht dicht an die Moskauer Vororte heran. Goebbels' Propaganda verschweigt, unter welchen ungeheuren eigenen Opfern der Vormarsch erfolgt. Kein Wort über die hohen Verluste, über die großen Reserven des Gegners, über den oft katastrophalen Zustand selbst der so ruhmreich verklärten Panzerverbände, die Maschinenausfälle zwischen 50% und 80% melden. Statt dessen wird der Vormarsch der Wehrmacht als unaufhaltsamer Triumphzug dargestellt und die Rote Armee als Koloß auf tönernen Füßen. Die ständigen Siegesmeldungen treffen auf ein Bedürfnis in der Bevölkerung. Wer den Mann, Sohn oder Vater an der Ostfront hat, fühlt sich beruhigt. So gelingt es der nationalsozialistischen Propaganda, die Zweifel, die zu Beginn der Invasion herrschten, zu verdrängen.

»Der Kommunist ist vorher kein Kamerad und nachher kein Kamerad«

Bereits Monate vor dem Angriff wird die Wehrmacht intern auf den neuen Krieg vorbereitet. Am 30. März 1941 hält Hitler eine Rede vor etwa 250 hohen Offizieren, den Mitgliedern sämtlicher Führungsstäbe. Er betont, daß es um die Zerschlagung der kommunistischen Herrschaft gehen werde, um den »Kampf zweier Weltanschauungen«. Dieser Kampf werde sich daher von allen Formen der bisherigen Kriegsführung unterscheiden. »Wir müssen von dem Standpunkt des soldatischen Kameradentums abrücken. Der Kommunist ist vorher kein Kamerad und nachher kein Kamerad. Es handelt sich um einen Vernichtungskampf.«[36] Die politischen Offiziere der Roten Armee (die sog. Kommissare) seien Verbrecher und müßten als solche behandelt werden. Wer den Kommunismus zerschlagen wolle, müsse gegen seinen Träger innerhalb und außerhalb der Armee radikal vorgehen. »Wir führen nicht Krieg, um den Feind zu konservieren.« Kampf gegen Rußland, das könne nur bedeuten: »Vernichtung der bolschewistischen Kommissare und der kommunistischen Intelligenz.«[37] Anderthalb Monate später wird zwischen der Heeresführung und dem Leiter des Sicherheitsdienstes, Heydrich, eine Vereinbarung getroffen über das Vorgehen der SS-Einsatzgruppen. Im unmittelbaren Frontbereich beschränkt sich deren Tätigkeit auf die Sicherstellung von Büros, Material, Archiven etc. der »reichs- und staatsfeindlichen Organisationen« sowie auf die Verhaftung (d. h. Liquidierung) »besonders wichtiger Einzelpersonen (führende Emigranten, Saboteure, Terroristen).« In den besetzten Gebieten besteht ihre Aufgabe allgemein in der »Erforschung und Bekämpfung der staats- und reichsfeindlichen Bestrebungen«, d. h., auch hier können die Mordkommandos der SS jeden verfolgen und liquidieren, den sie für einen Staats- oder Reichsfeind halten, für einen »bolschewistischen Führer« oder ein Mitglied der »jüdisch-bolschewistischen Intelligenz«[38]. Zahlreiche Militärs hoffen, daß es ihnen mit dieser Vereinbarung erspart bleibt, an den Maßnahmen des »weltanschaulichen Vernichtungskampfes« teilnehmen zu müssen. Indem man die SS mit diesen Aufgaben betraut, glaubt man, den »Waffenrock sauberzuhalten«.

»Verdächtige Zivilpersonen sind sofort zu erschießen«

Doch dies stellt sich schnell als frommer Wunsch und Illusion heraus. Am 13. Mai wird der sog. Barbarossa-Befehl erlassen.[39] Wie in jeder Armee, so kommen auch in der Wehrmacht feindliche Zivilpersonen, die eine Straftat begangen haben, vor die Kriegs- oder Standgerichte der Truppe. Das gleiche gilt bei Straftaten eigener Soldaten innerhalb der Wehrmacht und gegenüber Landeseinwohnern. Diese

»Wehrmachtsgerichtsbarkeit« wird für die Dauer des Krieges gegen die Sowjetunion aufgehoben. Verdächtige Zivilpersonen sind sofort zu erschießen. »Es wird ausdrücklich verboten, verdächtige Täter zu verwahren, um sie bei Wiedereinführung der Gerichtsbarkeit an die Gerichte abzugeben.« Das bedeutet, auch in Zweifelsfällen bleibt dem entscheidenden Offizier nur die Anweisung zur Exekution übrig. »Gegen Ortschaften, aus denen die Wehrmacht hinterlistig oder heimtückisch angegriffen wurde, werden ... kollektive Gewaltmaßnahmen durchgeführt«, wenn eine rasche Feststellung der Täter nicht möglich ist. Bei Straftaten von Wehrmachtsangehörigen »gegen feindliche Zivilpersonen ... besteht kein Verfolgungszwang, auch dann nicht, wenn die Tat zugleich militärisches Verbrechen oder Vergehen ist.«[40] Wer etwa »aus Verbitterung über die zahllosen Blutopfer der (nationalsozialistischen) Bewegung« gehandelt hat, »die auf das Konto der Bolschewisten gehen«, bleibt straffrei. Gerichtliche Maßnahmen sind nur dann notwendig, wenn etwa die Truppe »zu verwildern droht« (»geschlechtliche Hemmungslosigkeit« vorliegt, d. h. die »Manneszucht« erhalten werden muß). Trotz dieser Einschränkungen sind durch den Barbarossa-Befehl der Willkür Tür und Tor geöffnet. Die Regeln herkömmlicher Kriegsführung werden zu einem wichtigen Teil außer Kraft gesetzt. Das Vorgehen der Wehrmacht hat sich an den Erfordernissen des »Vernichtungskampfes« und des »Kampfes zweier Weltanschauungen« zu orientieren.

»Schnelle Befriedung der eroberten Gebiete«

Mit dem sog. »Kommissar-Befehl« vom 6. Juni 1941 wird die Wehrmacht endgültig in die nationalsozialistische Ausrottungspolitik einbezogen. Der Befehl setzt die völkerrechtlichen Bestimmungen über die Behandlung von Kriegsgefangenen außer Kraft. Die politischen Offiziere der Roten Armee (die Kommissare) sind nach ihrer Gefangennahme sofort zu erschießen. »Schonung und völkerrechtliche Rücksichten diesen Elementen gegenüber sind falsch. Sie sind eine Gefahr für die eigene Sicherheit und die schnelle Befriedung der eroberten Gebiete.« Wohl um den Bedenken jener Soldaten entgegenzuwirken, die noch dem Ideal vom ritterlichen Krieg nachhängen, wird für diese Maßnahmen eine Begründung nachgeschoben, nach dem bewährten Strickmuster, daß der Angegriffene der Schuldige sei. »Im Kampf gegen den Bolschewismus ist mit einem Verhalten des Feindes nach den Grundsätzen der Menschlichkeit oder des Völkerrechtes nicht zu rechnen.« Man unterstellt ihm eine »haßerfüllte, grausame und unmenschliche Behandlung« unserer Gefangenen«, und ebenso glaubt man bereits etliche Wochen vor Kriegsbeginn zu wissen, daß der Gegner »barbarisch-asiatische Kampfmethoden« anwenden wird. Urheber all dieser Maßnahmen ist natürlich der politische Kommissar. Das gleiche gilt für die zivilen Kommissare, d. h. die verschiedenen politischen Funktionäre, die folglich ebenso zu erschießen sind, auch wenn sie nur »des Widerstandes, der Sabotage, der Anstiftung hierzu« verdächtig sind.[41] So setzt der Kommissarbefehl auf deutscher Seite jene barbarisch-asiatischen Kampfmethoden in Gang, die man dem Gegner unterstellt.

»Restlose Beseitigung der Juden«

Kurz vor Beginn des Angriffes ergehen »Richtlinien für das Verhalten der Truppen in Rußland«. In ihnen wird unmißverständlich klargemacht, daß der Angriff nicht allein militärische Ziele verfolgt. »Der Bolschewismus ist der Todfeind des nationalsozialistischen deutschen Volkes. Dieser zersetzenden Weltanschauung und ihren Trägern gilt Deutschlands Kampf ... Dieser Kampf verlangt rücksichtsloses und energisches Durchgreifen gegen bolschewistische Hetzer, Freischärlersaboteure, Juden und restlose Beseitigung jeden aktiven und passiven Widerstandes.«[42] Ohne viele Umschweife werden »Juden« zu denen hinzugerechnet, die der Soldat nach der Gefangennahme sofort zu liquidieren hat. Damit wird die Wehrmacht an der NS-Rasse- und Ausrottungspolitik endgültig direkt beteiligt. Sie übernimmt einen Großteil der Aufgaben, die noch während des Überfalls auf Polen den SS-Einsatzgruppen übertragen waren. Sie leistet Hilfe bei der Ermordung der Führungsschicht des besetzten Landes, sie nimmt teil an der Ausrottung des jüdischen Volkes.

»Zerschlagung des Bolschewismus«

Der Widerstand gegen die Erlasse ist gleich Null. Die Heeresführung beteiligt sich eilfertig an der Ausarbeitung der Befehle und trägt zum Teil sogar zu ihrer Verschärfung bei. Einzelne Truppenführer machen Änderungsvorschläge, die jedoch nur auf eine reibungslosere Handhabung zielen. Proteste einzelner Offiziere (auf Divisions- oder Kompanieebene) bleiben bei der Heeresleitung ohne Resonanz. Noch während des Krieges gegen Polen war es innerhalb des Heeres zu Protesten gegen die Mordaktionen gekommen, die die SS-Einsatzgruppen im Hinterland der Front durchführten. Die Heeresleitung scheute jedoch den Konflikt mit Hitler. Statt dessen verlegte sie sich darauf, die eigenen Einheiten »aus diesen Dingen« herauszuhalten. Das entsprach dem Selbstverständnis zahlreicher konservativ eingestellter Generäle und Offiziere, die sich als »reine Soldaten« begreifen und mit Politik oder dem Nationalsozialismus nichts zu tun haben wollen. Eine Arbeitsteilung beginnt. Während die Truppe für Deutschlands Größe kämpft, mordet die SS für dessen völkische Zukunft. Wie wenig beides voneinander zu trennen ist, stellt sich schließlich mit dem Angriff auf die Sowjetunion heraus. Die Mehrzahl der Generäle und Offiziere steht der Zielsetzung, den Osten im Interesse Deutschlands neu zu ordnen, positiv gegenüber. Auch den Nicht-Nazis unter ihnen, den vorgeblich Unpolitischen oder National-Konservativen, ist klar, daß dieses Ziel ohne die »Zerschlagung des Bolschewismus« nicht zu erreichen ist. Differenzen bestehen lediglich darüber, wie dies zu bewerkstelligen sei. Für die Offiziere, die drastische Maßnahmen ablehnen, aber dennoch die Neuordnung des Ostens, die Beseitigung des Kommunismus begrüßen, bleibt nur die Wahl des kleineren Übels. Sie sehen die Liquidierungsmaßnahmen als Ausnahmesituation, als »Schmutzstrecke«, die man im Interesse der Zukunft Deutschlands hinter sich bringen müsse. Im übrigen beruhigen sie sich, mit der Hoffnung, daß es einen Blitzsieg geben werde und danach derartige Aufgaben automatisch an Polizei und SS fallen. Als die Rote Armee schließlich als Antwort auf den Barbarossa- und Kommissarbefehl zu Vergeltungsmaßnahmen greift, wird dies als willkommener Anlaß genommen, die letzten Zweifel zurückzudrängen. Nun muß »im Interesse der Sicherheit der Truppe« natürlich radikal durchgegriffen werden. Aus der anfänglichen Arbeitsteilung zwischen SS und Wehrmacht wird Zusammenarbeit, aus Duldung Teilnahme.

Kesselschlachten

Willi Graf nimmt als Sanitäter einer Einheit der Heeresgruppe Mitte an der Invasion teil. Mit der 4. Armee und im Gefolge der Panzergruppe 2, die in den ersten drei Wochen fast 600 Kilometer weit ins Land vordringen und am 28. Juni bereits Minsk erobern, erlebt Willi die ersten beiden großen Kesselschlachten um Białystok und Minsk. Bis Anfang Juli, als die überrollten sowjetischen Truppen kapitulieren, macht die Wehrmacht 329 000 Gefangene. Die politischen Offiziere der Roten Armee (die »Kommissare«) werden noch während des Kampfes auf Anweisung von (Heeres-)Offizieren ausgesondert und sofort erschossen. Wer unerkannt bleibt, fällt schließlich in den Gefangenenlagern in die Hände der SS-Einsatzgruppen, die die Lager systematisch nach »Juden, Kommunisten, Asiaten und Kriminellen« durchsuchen. Die Lage der »normalen« Kriegsgefangenen ist von Elend und Hunger gezeichnet.

Sie werden z. T. wie Vieh zusammengepfercht. In Minsk errichten Einheiten der 4. Armee ein Lager für 100 000 Kriegsgefangene und 40 000 Zivilgefangene (fast die ganze männliche Bevölkerung der Stadt). Das Lager hat eine Größe von weniger als 200 × 100 Meter. »Die Gefangenen können sich kaum rühren und sind dazu gezwungen, ihre Notdurft an dem Platz da zu verrichten, wo sie gerade stehen ... Die Kriegsgefangenen, bei denen das Verpflegungsproblem kaum zu lösen ist, sind teilweise sechs bis acht Tage ohne Nahrung.« Bewacht wird das Lager von Wehrmachtsangehörigen. »Die Bewachung des Lagers ist bei der geringen Stärke des Wachkommandos nur möglich unter Anwendung brutalster Gewalt ... Die einzig mögliche Sprache ... ist die Schußwaffe, von der rücksichtslos Gebrauch gemacht wird.«[43] In allen Kriegsgefangenenlagern liegt die Verpflegung bei weniger als der Hälfte des absolut lebensnotwendigen Minimums. Tausende verhungern innerhalb weniger Wochen.

Todesmärsche

Sowjetische Verbände formieren sich in der Nähe der 300 Kilometer entfernten Stadt Smolensk zu einer neuen Front. Doch auch hier gelingt Hitlers Panzergruppen 2 und 4 ein Umfassungsangriff. Die Rote Armee leistet heftigen Widerstand, kann dem Kessel zum Teil entkommen. Nachrichten über die Situation der Kriegsgefangenen und die »Sonderbehandlung« der politischen Kommissare sind inzwischen in fast jede Einheit der Roten Armee gelangt, was den Widerstand erhöht. Die Kämpfe werden erbittert und zäh geführt: Zehntausende von Verwundeten und Gefallenen auf beiden Seiten. Als die Rote Armee Anfang August kapituliert, geraten 388 000 Soldaten in Gefangenschaft. Von den verschiedenen Sammelstellen, an denen sie schon mehrere Tage meist ohne Verpflegung zugebracht haben, treten die Kriegsgefangenen ihren Elendsmarsch in das Hinterland an.

Um in die Lager im Generalgouvernement und Ostpreußen zu gelangen, müssen sie Fußmärsche von mehr als 500 Kilometer zurücklegen, ohne ausreichende Verpflegung, von Typhus oder Fleckfieber heimgesucht. Die erschöpften Gefangenen werden von den Wachkommandos (in der Regel sind dies Sicherungsdivisionen des Heeres) mit brutalsten Mitteln weitergetrieben. Wer liegenbleibt, wird erschossen. Die Meldungen über »Leichen russischer Gefangener, die in großer Zahl auf allen Anmarschstraßen herumliegen und die aus den Gefangenentransporten wegen Erschöpfung oder Krankheit ausfallen«[44], häufen sich. So ergehen wiederholt Befehle, Erschießungen wenigstens in den Ortschaften zu unterlassen und der einheimischen Bevölkerung die Möglichkeit zu geben, die Kriegsgefangenen zu versorgen. Doch das ändert wenig an den Grundvoraussetzungen. Von den Kriegsgefangenen erreichen so oftmals nur noch 20 % ihren Bestimmungsort.

Systematisch versuchen NS-Führung und Generalität Angst zu erzeugen, indem unterstellt wird, der Gegner zeichne sich durch eine heimtückische Kampfweise aus. »Besonders die asiatischen Soldaten der Roten Armee sind undurchsichtig, unberechenbar, hinterhältig und gefühllos.«[45] Die rücksichtslose Kriegsführung der Wehrmacht und die Razzien und Mordaktionen der SS in den besetzten Gebieten rufen auf seiten der Roten Armee Gegenreaktionen hervor. Die Kämpfe werden brutaler, vielen Landsern erscheint nun die Propaganda der eigenen Führung immer plausibler, Angst und Haß breiten sich aus, Hemmschwellen fallen. Zur Sicherung der eigenen Truppe ist alles erlaubt. Betroffen ist vor allem die große Zahl sowjetischer Soldaten, die durch die Kesselschlachten von ihren Verbänden abgetrennt werden. In kleinen Gruppen oder einzeln versuchen sie, sich meist ohne Waffen oder als Zivilisten zu den eigenen Linien durchzuschlagen. Werden sie von der Wehrmacht aufgegriffen, dann gelten sie nicht als Zivilisten oder Kriegsgefangene, sondern als Partisanen und werden auf der Stelle erschossen.

Ohne ärztliche Versorgung

Trotz des Sieges bei Smolensk ist die Lage der Wehrmacht in diesem Abschnitt alles andere als günstig. Zeitweise sieht es nach einer Niederlage aus. Wie ihre Oberkommandos melden, sind die Truppen »müde, etliche Einheiten bis auf die Hälfte zusammengeschrumpft«. Nachschubprobleme entstehen. Ein weiterer Vormarsch auf Moskau wird von Hitler vorläufig zurückgestellt. Auf Grund des stockenden Nachschubs ist die Versorgung der Verwundeten, wie Willi erleben muß, ungenügend bis katastrophal.

Ganz zu schweigen von der elenden Lage, in der sich die sowjetischen Kriegsgefangenen befinden. Für sie gilt die Anordnung, daß nur russische Arznei und Verbandsmittel verwendet werden dürfen. Entnahmen aus Wehrmachtsbeständen sind verboten, für die Versorgung sind allein die gefangengenommenen Sanitäter oder Ärzte zuständig. Da aber kaum gegnerische Arzneimittel erbeutet bzw. Pflegekräfte gefangengenommen werden, kommen diese Anweisungen einem Todesurteil gleich.

Zusammen mit der neuen 2. Armee und der Panzergruppe 3 wird Willis Sanitätskompanie zur Unterstützung an die Südfront verlegt. Sie überschreiten die Desna und gelangen ins Hinterland von Kiew. Wieder beginnt eine Kesselschlacht. Mitte September 1941 gehen 665 000 sowjetische Soldaten in Gefangenschaft. Hitlers Wehrmacht dringt ins Donezer Gebiet und auf die Krim vor. Die Siegespropaganda in der Heimat läuft auf vollen Touren. Daß allein auf seiten der Wehrmacht bisher 116 000 Soldaten gefallen sind, wird dabei verschwiegen. Ebensowenig erfahren die Volksgenossen, daß die SS-Einsatzgruppen nach der Einnahme von Kiew mit der Ermordung und Deportation der ukrainischen Juden beginnen. Am 29. und 30. September werden bei Kiew in der Schlucht von Babi Jar 33 771 Juden durch ein Sonderkommando der SS erschossen. Massenexekutionen dieser Art finden an zahlreichen Orten, oftmals unmittelbar nach deren Eroberung statt. Den Soldaten bleibt dies nicht verborgen. Berichte über die Mordaktionen gehen bald an der gesamten Front herum. Einige (Infanterie-)Divisionen nehmen sogar an Exekutionen teil. Die Mehrzahl der Heeresverbände begnügt sich mit Beihilfe zum Mord.

Ist eine Ortschaft besetzt, so fordern die jeweiligen Armeeoberbefehlshaber auf Plakaten alle ansässigen Juden auf, »sich durch weiße Armbinden mit dem Davidsstern auf beiden Armen zu kennzeichnen ... und sich umgehend beim Führer der Gemeinde ihres letzten Wohnortes zu melden. Die Freizügigkeit für Juden ist mit sofortiger Wirkung aufgehoben.«[46] Die auf diese Weise gekennzeichneten und registrierten Juden brauchen von den SS-Kommandos nur noch eingesammelt zu werden. Heeresverbände stellen Fahrzeuge zu deren Abtransport bereit, riegeln Zufahrtswege ab, wenn Verhaftungen vorgenommen und Exekutionen durchgeführt werden. Oftmals deklarieren die SS-Kommandos ihre Aktionen gegenüber Wehrmachtsstellen, bei denen man eine ablehnende Haltung erwartet, als »Beseitigung von Partisanen«. Doch bei zahlreichen Einheiten ist der Damm moralischer Bedenken längst gebrochen, haben sie doch in Befolgung des Kommissarbefehls und der längst üblichen Gleichsetzung von »Juden« mit »Bolschewisten« an der Ausrottungspolitik teilgenommen. Wenn es gilt, entsprechend dem Barbarossa-Befehl Vergeltungsmaßnahmen gegen Ortschaften vorzunehmen, aus denen Übergriffe geschahen oder vermutet werden, ist man nicht gerade zimperlich. Bei diesen Aktionen der Wehrmacht gilt längst die Faustregel, »50 Russen für einen deutschen Soldaten«.

Hunger und Tod

Willis Sanitätskompanie kommt Mitte September wieder nach Norden. Der Angriff auf Moskau wird fortgesetzt. Die letzten beiden großen Kesselschlachten beginnen. Zuerst bei Brjansk, 250 Kilometer

südöstlich von Smolensk, und dann bei Wjasma, 190 Kilometer nord-
östlich von Smolensk. Wieder sind die Kämpfe heftig und erbittert.
Anfang Oktober kapitulieren die sowjetischen Verbände. 663 000
Soldaten ergeben sich. Wieder wird der Abtransport der Gefange-
nenmassen zum Todesmarsch.

Als der Winter beginnt, kommt es zum Einsatz von Eisenbahnzügen, doch die
Wagen sind offen, Öfen, Decken oder Stroh fehlen, die Fahrten dauern meist meh-
rere Tage, ohne daß die Gefangenen Verpflegung erhalten. Und so erfrieren oder
verhungern auf diesen Transporten 25 bis 70 % der Gefangenen. In den
Sammel- und Durchgangslagern der Front wird die Ernährungslage immer kata-
strophaler. Eine Verpflegung aus Wehrmachtsbeständen ist strengstens untersagt.
So sterben in den Lagern im September 10 % der Gefangenen. Nach der großen
Kesselschlacht von Brjansk und Wjasma sind es im Oktober bereits 15 bis 20 %.
Als der Winter beginnt, fehlen Zelte und Baracken. Die sowjetischen Soldaten
müssen in Erdhöhlen oder unter freiem Himmel kampieren. Alle Lager werden
von Typhus- und Fleckfieberepidemien heimgesucht. Die Sterblichkeit erhöht sich
auf 40 %. Innerhalb eines halben Jahres, vom Juli 1941 bis zum Januar/Februar
1942, werden von 3,3 Millionen sowjetischen Kriegsgefangenen 2 Millionen erschossen oder kommen durch Hunger und Kälte um.

Der Winter

Nach dem Sieg bei Brjansk und Wjasma erreicht die Wehrmacht den
Verteidigungsgürtel von Moskau. Die sowjetische Regierung verläßt
die Stadt. Hunderttausende werden evakuiert. Doch als der Siegestaumel im Deutschen Reich seinen Höhepunkt erreicht, ist der Angriff auf Moskau längst ins Stocken geraten. Hitlers Truppen sind auf
den hereinbrechenden Winter in keiner Weise vorbereitet. Fahrzeuge, Geschütze und Panzer versinken im tiefen Schlamm des von
Schnee und Regen aufgeweichten Geländes. Der nachts aufkommen-
de Frost friert sie förmlich im Boden fest. Bei der Infanterie fehlt
jegliche Winterausrüstung in Form von Skiern, Schneeschuhen oder
Schlitten. Die Soldaten sind ohne Winterkleidung und -stiefel dem
Frost und den Schneestürmen direkt ausgesetzt. Nach fünf Monaten
Kampftätigkeit und Tausenden zurückgelegten Kilometern befinden
sich viele in einem Zustand totaler Erschöpfung. Anfang Dezember
stellt die Wehrmacht ihre Angriffstätigkeit ein. Der Blitzkrieg ist gescheitert. Wenige Tage später gehen die sowjetischen Truppen zum
Gegenangriff über. Wintergerecht ausgerüstet und durch neue Einheiten ergänzt, drängen sie die Deutschen langsam zurück.

*»Das Schicksal der Menschen dieses Landes
steht in meinen Gedanken«*

Willis Einheit liegt ab November bei Moshajsk, dicht an der Auto-
bahn Smolensk/Moskau, der sog. Moskauer Rollbahn. Sonder- und
Einsatzkommandos der SS »durchkämmen« die umliegenden Dörfer
nach »Staats- und Reichsfeinden«, nach Juden und kommunistischen
Funktionären. Der Gruppenstab der Kommandos residiert in Moshajsk. Im nahegelegenen Gshatsk errichtet die Wehrmacht ein Gefangenenlager (das Dulag 124). 40% der Insassen sind »arbeitsunfä-
hig«, d. h. dem Tod durch Verhungern oder Erfrieren ausgesetzt. Die
SS sucht im Lager nach Kommissaren. Willis Sanitätskompanie ist
einige Kilometer entfernt in einem Dorf einquartiert. Die Bauern-
häuser bieten ihnen Schutz gegen die Kälte, die bald bis auf − 40°
sinkt, wie Willi seiner Schwester schreibt. Er schließt im Ort schnell
Freundschaft mit einigen Bewohnern. Vor allem mit einem Mädchen,
das Katja heißt. Das Dorf und seine Menschen werden für Willi zur
Heimat. In den Augen der Armeeführungsstäbe ist der Ort allerdings
nicht mehr als eine Ansammlung von Häusern, die dem Feind Rückhalt bieten kann. Als die Front entlang der »Rollbahn« näher rückt,
braucht die Artillerie freies Schußfeld. »Das Dorf muß von den Bewohnern geräumt werden. Es ist schwer, das arme Tun der Menschen
anschauen zu müssen ... der Sonntag ist traurig, schon am Morgen
beginnen die Leute, sich fertigzumachen. Gegen Mittag Feldgendar-
merie. Tränen überall. Man kann es kaum mit ansehen. Es wird tatsächlich ein Abschied. Heftige Diskussionen im Anschluß – und das
ist häßlich. Hier lassen sich keine Worte finden.«[48] Als das Dorf bereits geräumt ist, versucht Willi, noch einige private Dinge der Menschen zu retten. »Um 11.30 Uhr fahren wir vom Dorf weg. Was wird
wohl mit diesem schönen Ort werden. Hoffentlich erhalten die Ein-
wohner ihre Habseligkeiten zurück.« Einen Tag später notiert Willi in
sein Tagebuch: »Umschau in den Quartieren. Ich höre, daß die Zivilisten wieder im Dorf seien. Eine gewisse Freude empfinde ich dabei.
Obwohl den Menschen das Schwerste ja noch nicht erspart blieb.«
Vier Tage später beginnt der Artilleriebeschuß. »Am Abend schießt
die erste Batterie von hier aus. Pestrikova soll schon in Asche liegen.
Und das berührt mich wieder ziemlich stark. Meine Gedanken sind
bei den Menschen von dort.«[49] Im Gegensatz zu vielen seiner Kameraden fällt es Willi schwer, die Totalität dieses Krieges als normal und
unabänderlich oder sogar notwendig zu akzeptieren. Fünf Monate
entsetzlicher Erlebnisse haben ihn nicht abgestumpft und gleichgültig
werden lassen. So gerät er oft mit einigen Kameraden aneinander:

»Wieder einmal steht die ›Humanität‹ im Kriege zur Debatte. Gegenteilige Auffassung.«[50] Manch einer wirft ihm mangelnde Härte oder Gefühlsduselei vor. »Bin ich tatsächlich wehleidig oder zu weich?« notiert Willi in sein Tagebuch.[51] Je grausamer die Kriegsführung wird, um so tiefer geraten die Differenzen mit den Kameraden. Statt in der russischen Bevölkerung und in den Soldaten der Roten Armee den Erzfeind und Untermenschen zu sehen, den es zu liquidieren gilt, fühlt Willi sich mit ihnen verbunden, »das Schicksal der Menschen dieses Landes steht in meinen Gedanken«.

Willi Graf

»Seit meinem letzten Brief an Dich hat sich manches Bewegte zuge-
tragen. Ich wünschte, ich hätte das nicht sehen müssen, was ich alles in
dieser Zeit mit anschauen mußte … Der Krieg gerade hier im Osten
führt mich an Dinge, die neuartig und fremd wie nichts bisher Be-
kanntes sind … Vielleicht hast Du daheim schon einzelne Berichte
vernommen, über die Du ungläubig den Kopf schütteln konntest.
Vieles wird Dir unmöglich erscheinen.«[52] Da die Feldpost kontrolliert
wird, muß sich Willi mit Andeutungen in den Briefen an seine Schwester begnügen. »Und das muß man alles verarbeiten, obwohl kaum
jemand da ist, mit dem man darüber reden kann.« Da ihm Gleichgesinnte fehlen, um die furchtbaren Erlebnisse besprechen und begreifen zu können, ist Willi oftmals froh, von den Aufgaben des Sanitäts-
dienstes voll in Anspruch genommen zu sein. »Man sollte meinen,
daß einen die Unruhe des Daseins hier draußen zu den tiefsten Er-
kenntnissen zwingen müßte, aber der Alltag ist zu anstrengend, und
man steckt zu sehr in der Mühe, ihn zu bewältigen. Doch tief drinnen
nistet die Unruhe und Sorge, kommt aber nicht immer in den Bereich
des Bewußtseins. Man könnte das Leben dann noch weniger ertragen, weil es ja noch immer schwerer wird. – Es ist vielleicht auch ganz
gut, daß jeder Tag seine eigene Last mit sich bringt …«[53] »Die Weih-
nachtstage brachten ein wenig Ruhe und Besinnung, wie ich es mir
gewünscht hatte, aber kaum für möglich hielt. Ich las in der Schrift
und dachte an den Sinn des Festes, der im Krieg oft so verborgen
bleibt, an den wir aber trotzdem glauben, wenn auch mit bedrücktem
Herzen.«[54]
Ab Januar 1942 ist Willis Einheit in einem Waldlager am Rande von
Gshatsk untergebracht. Die Gegenangriffe der Roten Armee kommen in diesem Frontabschnitt nur langsam vorwärts, so daß die sowjetischen Verbände den Versuch unternehmen, die deutschen Stellungen von Norden und Süden her zu umgehen und einzuschließen. Heftige Abwehrkämpfe finden statt. Die Zahl der Verwundeten nimmt
zu. Willis Einheit ist Tag und Nacht damit beschäftigt, sie zu versorgen. Nach mehreren Wochen gelingt es der Wehrmacht schließlich,
den Umfassungsangriff der Roten Armee zu stoppen.

Unmut gegen die Bonzen

Mit dem Überfall auf die Sowjetunion greift der Krieg deutlicher als
bisher in das Leben der deutschen Bevölkerung ein. Inzwischen ist
aus jeder Familie mindestens einer als Soldat zur Front eingezogen.

Lebensmittel und Brennstoffe werden weiter rationiert. Fast jedem ist klar, daß durch die Ausweitung des Krieges kaum mehr Hoffnung auf einen baldigen Friedensschluß besteht. Man richtet sich auf einen längeren Kriegsverlauf ein. Unter der Oberfläche der Siegesmeldungen und Erfolgseuphorie bildet sich Unmut, der sich gegen das »Bonzentum« im Lande wendet.

Während überall Rationierungen und Einschränkungen in Kauf genommen werden müssen, führen die NS-Parteigrößen ein Leben in Luxus, und die mittleren und kleineren Bonzen wollen ihnen darin in nichts nachstehen. So herrschen auch auf unterster Ebene Prunk und Machtentfaltung. Vielerorts beklagt sich die Bevölkerung, wie der Sicherheitsdienst meldet, daß sich höhere Amtsträger hochmütig gebärden, in exklusiven Lokalen verkehren, in den Hotels der Kurorte ein genüßliches Leben führen, wie die einschlägigen Schmarotzer und Kriegsgewinnler im Ersten Weltkrieg. Während das Benzin rationiert ist und Autobesitzer, die ihren Wagen nicht abtreten mußten, für unerlaubte Privatfahrten sogar Gefängnisstrafen erhalten, brausen die Bonzen und ihre Ehefrauen nach Belieben und selbst bei nichtigsten Anlässen motorisiert durch die Gegend. Einige klügere Parteigänger, die den Prestigeverlust deutlich spüren, wie etwa der Kreisleiter von Augsburg, beklagen sich darüber. Deutlich bemängelt er, »daß Partei und Staat sich Prachtbauten schaffen, während man die große Masse des Volkes in Elendsquartieren verkommen lasse«. Und: »Ganz besonders ungünstig wird auch das feudale Leben und Wohnen von Partei- und Staatsführern zur Kenntnis genommen.« Heftig kritisiert er den Personenkult, der bis auf untersten Ebenen gepflegt wird. »Es wäre notwendig, daß diese Verherrlichung jeder sonst fast nichtssagenden Person unterbunden wird und vor allem neben dem Führer nicht so kleine Nebengötter geduldet werden, die aus eigener Kraft bestimmt nichts geworden wären.«[55] Eine weitere Quelle des Unmutes ist die Frage des Fronteinsatzes. Während immer mehr Männer als Soldaten eingezogen werden und bald nur die in kriegswichtigen Betrieben Beschäftigten übrigbleiben, zieht es kaum einen der Parteibonzen zum Dienst an die Front. Dabei sind gerade sie es, die den »ruhmreichen und tapferen Einsatz der Krieger für die Größe Deutschlands« progagieren. Die allgemeine Stimmung gegen die Partei, die in den Sommermonaten 1941 unter der Oberfläche entsteht, hat ihren Grund auch in der zunehmenden Reglementierung des Alltagslebens. Ob es um die Rückstellung vom Wehrdienst geht, um die Einhaltung der Verdunklungsbestimmungen für alle Wohnungen oder um die Rationierung der Lebensmittel, stets obliegt die Entscheidung und Kontrolle NSDAP-Funktionären.

Kriegshilfsdienst

Ein weiterer Reibungspunkt besteht beim Einsatz von Frauen zum Kriegshilfsdienst in Behörden und kriegswichtigen Betrieben, da immer mehr Männer zur Front abgezogen werden. Nur wenige Frauen melden sich freiwillig, die meisten müssen dienstverpflichtet werden.

»Dabei ist verschiedentlich festzustellen, daß Frauen und Töchter führender Parteigenossen den übrigen Volksgenossinnen kein gutes Beispiel geben«, meldet der Sicherheitsdienst aus Würzburg.[56] Kaum eine dieser Damen meldet sich freiwillig, und sie werden natürlich auch nicht wie andere dienstverpflichtet. Ein ständiges Ärgernis sind für etliche Volksgenossen die immer häufiger werdenden Winterhilfswerk- oder Sondersammlungen der nationalsozialistischen Volksfürsorge. Die NSV-Stellen gehen dabei oftmals nicht gerade sehr geschickt zu Werke. So hat ein jeder seit Kriegsbeginn seine Essensgewohnheiten mehrmals im Monat auf Eintopf umzustellen und das dabei eingesparte Geld an die NSV abzuführen. Säumige Volksgenossen bekommen dabei folgenden Brief: »Bei Durchsicht der Eintopflisten wurde festgestellt, daß Sie trotz des Schicksalskampfes, zu dem unser Volk augenblicklich zur Sicherung seiner Zukunft angetreten ist und in dem Millionen deutsche Männer ihr Leben einsetzen, nicht die Erwartung erfüllt haben, die man jetzt in jeden ehr- und pflichtbewußten Deutschen in der Heimat setzen muß.«[57] Abgesehen davon, daß die Ernährungslage kaum noch ein üppiges Essen zuläßt, gehen derartige Schreiben auch an Frauen, deren Männer »zum Schicksalskampf« an der Front sind oder dort bereits »zur Sicherung der Zukunft« ihr Leben verloren haben.

Gerüchte

Wie sehr trotz der allgemeinen Siegesstimmung das Ansehen der NSDAP gesunken ist und in welchem Maße weite Teile der Bevölkerung führenden Parteibonzen Korruption und Bereicherung unterstellen, zeigen Gerüchte, die im Mai 1941 aus dem Regierungsbezirk Schwaben gemeldet werden.

Der (geheime) Flug des Führerstellvertreters Rudolf Heß nach England am 10. Mai hat großes Erstaunen ausgelöst. Da die NS-Propaganda diesen zum Verräter und Geistesgestörten erklärte und auch in den Meldungen der Feindsender nichts über die Absicht dieses Fluges zu erfahren ist, macht sich bald die Überzeugung breit, hier habe sich einer der Bonzen rechtzeitig abgesetzt. »Es war dann eine Zeitlang still, und jetzt ist allgemein das Tagesgespräch, daß Christian Weber (NS-Anführer des Münchner Stadtrates - M. K.) und Gauleiter Wagner in die Schweiz verduften wollten, aber an der Grenze abgefangen wurden. Dabei soll Weber angeschossen worden sein. Er soll auch 2 Millionen Mark bei sich gehabt haben. Dagegen habe Wagner 22 Millionen bei sich gehabt, die er aus geräumten Klöstern gestohlen habe. Dieses Gerede wird nicht nur hier, sondern in weitem Umkreis, so Kaufbeuren, Augsburg, München und auch hier in vielen bekannten Gemeinden verbreitet.«[58]

Illusionen in die Wehrmacht

Je länger der Krieg dauert, um so mehr wächst das Ansehen der Wehrmacht und drängt das der Partei in den Hintergrund. Vielerorts werde Wehrmachtsoffizieren mehr Respekt entgegengebracht als Hoheitsträgern der Partei, melden Sicherheitsdienst und NSDAP nach Berlin.

So kommen z. B. in Schweinfurt große Teile der Bevölkerung zum Empfang einer U-Boot-Mannschaft, die auf einem Werbeabend der Marinekameradschaft spre-

chen soll, während Parteikundgebungen gänzlich leer bleiben. Bei etlichen Volksgenossen und sogar bei Parteimitgliedern findet sich die Überzeugung, die NSDAP
habe ihre Funktion erfüllt, in Zukunft würde die politische Leitung in die Hand der
Wehrmacht übergehen. »»Die Partei wird nach dem Kriege aufgelöst. Die politischen Führer werden durch die Offiziere abgelöst, Deutschland wird nach dem
Kriege reiner Militärstaat, denn die Partei hat ihre Aufgabe, die Einigung des Volkes und die damit mögliche Aufrüstung (!) herbeizuführen, erfüllt.‹ Diese und
ähnliche Äußerungen sind von Urlaubern der Wehrmacht, namentlich von solchen, die im Frieden als politische Leiter oder sonstig aktiv innerhalb der Partei
tätig waren, jetzt wieder häufiger zu hören«, meldet der Sicherheitsdienst aus
Würzburg. »Es sei selbstverständlich, daß den Offizieren nach dem Kriege der
Führungsanspruch zufalle, denn diese hätten durch ihre Führung der Truppe und
ihre Leistung im Kriege die Freiheit des Reiches erkämpft.«[59] Eine derartige Zu-
kunftsperspektive entspricht den Erfahrungen, die viele NS-Parteigänger an der
Front machen. In der Wehrmacht finden sie jenes blutige Gemisch von Kameradschaft wieder, das in der SA als deutsche Tugend gilt. Für viele wird die NSDAP in
dem Moment überflüssig, als es wieder Schützengräben gibt. Die Mehrzahl der
Bevölkerung teilt die Begeisterung für die grausamen Leistungen der Wehrmacht.
Sind doch Väter und Söhne daran beteiligt. Und so entspringt der Unmut über die
Bonzenwirtschaft und die Drückeberger in NS-Uniform selten einem Wider-
standswillen, sondern der Teilhabe am Krieg und der Begeisterung für ihn.

Protest

In den katholischen Gebieten Bayerns kommt es im Verlaufe des Jahres 1941 wegen einer verschärften NS-Kirchenpolitik zu erheblicher
Unruhe unter der Bevölkerung.

Die religiöse Jugenderziehung wird eingeschränkt und die Abschaffung der Schul-
gebete angeordnet. Die Herausgabe kirchlicher Blätter unterliegt einer verschärften Kontrolle. Die letzten Ordensschwestern werden aus der Sozialpflege der Gemeinden und den Kindergärten entfernt. Im gesamten Deutschen Reich werden
130 Klöster beschlagnahmt, sieben davon in Bayern. Im April 1941 ordnet der
bayerische Kultusminister, Gauleiter Wagner, an, daß sämtliche Kruzifixe aus den
Schulen zu entfernen seien. Dieser Erlaß hat, wie der Reichsstatthalter von Epp
einige Monate später feststellen muß, geradezu verheerende Folgen. Vor allem in
den ländlichen Gebieten kommt es zu Schulstreiks und zu Versammlungen empör-
ter Eltern. Petitionen und Protestbriefe werden verschickt. Inspektoren, Lehrer
und Landräte weigern sich, die Anordnung durchzuführen. In einigen Orten wer-
fen Bauern sogar die ebenfalls in den Schulen hängenden Hitlerbilder aus dem
Fenster. Insgesamt allerdings bleibt der Protest durchaus in staatstragenden Bah-
nen. Zahlreiche NS-Bürgermeister, Ortsgruppenleiter und Bauernführer unterstützen die aufgebrachte Bevölkerung oder machen sich sogar zu deren Fürspre-
chern. Vor allem wohl deshalb, weil sie um ihren Einfluß unter der streng katholischen Bauernschaft fürchten. »In dem gegenwärtigen Zeitpunkt, wo die leider
gerade nicht erstklassige Stimmung im Volke jede Aufmunterung und gute Zu-
sprüche bräuchte, mit solchen Elefantenfüßen in den Porzellanladen zu trampeln,
empfinden wir ... als Sabotage an der doch ebenso wichtigen Aufgabe, den Willen
zum unbedingten Durchhalten in der Heimat stets aufrechtzuerhalten«,[60] teilen

besorgte Parteigenossen dem Reichsstatthalter mit. Darüber hinaus sehen viele die antikommunistische Übereinstimmung gefährdet, die durch den Angriff auf die Sowjetunion entstanden ist. Selbst Kirchenführer, die sich bislang stets kritisch in der Öffentlichkeit gegenüber dem Nationalsozialismus geäußert haben, begrüßen den Krieg gegen Moskau als »einen Kreuzzug, einen heiligen Krieg für Heimat und Volk, für Glauben und Kirche, für Christus und sein hochheiliges Kreuz«.[61] So erscheint es manchem unverständlich, weshalb derart gegen die Kirchen vorgegangen wird, wo doch Deutschland »im Schicksalskampf gegen den gottlosen Bolschewismus steht«.

»Wenn das der Führer wüßte ...«

Trotz dieser zahlreichen Konflikte ist die massenhafte Loyalität zum Naziregime weiterhin ungebrochen. Immer noch steht die Mehrheit der Deutschen hinter »ihrem Führer«. Je mehr Schwierigkeiten und Widersprüche auftauchen, die zu ersten tiefen Zweifeln Anlaß geben, um so stärker wird der Glaube an Hitler.

Man gliedert ihn aus den Erfahrungen des Alltags aus. Die Kritik richtet sich nur auf die zahlreichen großen und kleinen Parteifürsten. Für unpopuläre Entscheidungen werden allein sie verantwortlich gemacht, und zugleich wird unterstellt, daß die Beschlüsse und Anordnungen ohne Wissen des Führers geschehen würden und natürlich nicht in seinem Sinne seien. Statt das NS-Regime in seiner Gesamtheit verantwortlich zu machen, schimpft man auf einzelne Auswüchse, auf die »Bonzenwirtschaft«, die sich natürlich hinter dem Rücken Hitlers herausgebildet habe. Der Ausspruch: »Wenn das der Führer wüßte« wird, wie der Sicherheitsdienst zu berichten weiß, zur deutschen Tugend. Dennoch bilden sich unter der Oberfläche von Siegeseuphorie und antikommunistischer Kreuzzugsmentalität erste feine Risse. Ein Kriegsende in naher Zukunft erscheint vielen unwahrscheinlich. Die Lebensmittelrationierungen wirken sich deutlicher aus als früher. Das alles drückt auf die Stimmung. Die verschärfte Kirchenpolitik der Nazis führt zu einer erneuten Differenzierung unter der katholischen ländlichen Bevölkerung, die noch zu Kriegsbeginn zu großen Teilen auf Hitler eingeschwenkt war, weil die auf Autarkie ausgerichtete Ernährungspolitik die Bauern begünstigt und ihnen Vorteile verschafft hatte. Auch bei den national-konservativen Kreisen im Kleinbürgertum findet eine Umorientierung statt. Mit Kriegsbeginn haben sie aus »patriotischer Gesinnung« ihre Differenzen zum Nationalsozialismus hintangestellt; nachdem nun der Kriegsverlauf die kühnsten Ziele nationalen Größenwahns übertroffen hat, kommt bei vielen der Gedanke hoch, ob das Erreichte nicht besser auch ohne die Nazis gesichert werden könnte. Wie 1933 ist man der irrigen Meinung, sich des »braunen Pöbels« entledigen zu können, wenn dieser seine Aufgabe erfüllt habe. Wie sehr der Nationalsozialismus allerdings bereits Teil des staatlichen und militärischen Apparates geworden ist und sich aus diesen Positionen kaum freiwillig verabschieden wird, scheint vielen bei diesen Überlegungen entgangen zu sein. Dennoch ist damit der Konsens, der sich in den letzten Jahren herausgebildet hat, in Frage gestellt.

5. 1941–1942: Auf der Suche nach Gleichgesinnten

Trotz der Ausweitung des Krieges können Hans Scholl, Alexander Schmorell und Christoph Probst ihr Medizinstudium in München fortsetzen. Im allgemeinen Begeisterungstaumel über die scheinbar unaufhaltsam voranstürmende Wehrmacht kommen sich die drei Freunde völlig isoliert vor. Um so dringender scheint es ihnen, Gleichgesinnte zu finden. Alex trifft auf Traute Lafrenz, die er noch von der Hamburger Universität her kennt. Sie hat sich für das Sommersemester 1941 in München eingeschrieben. Er stellt sie Hans vor, und zwischen beiden beginnt bald eine enge Beziehung. Oft nimmt sie an den politischen Gesprächen der Freunde teil. Gemeinsam besucht man Konzerte, veranstaltet Wanderungen, hilft sich beim Studium, tauscht Bücher aus und bespricht literarische Fragen. Über Christoph Probst lernt Hans Scholl im Juli 1941 den 70jährigen Carl Muth und den 63jährigen Theodor Haecker kennen. Muths Zeitschrift »Hochland« ist in diesem Monat von den Nationalsozialisten endgültig verboten worden. Haecker, Mitarbeiter der Zeitschrift, hat noch immer Schreib- und Vortragsverbot.

Muth gründete das »Hochland« im Jahre 1903 mit der Absicht, dem deutschen Katholizismus aus seiner kulturellen Isolation herauszuhelfen. Die Zeitschrift wird für den Reformkatholizismus bald zur wichtigsten Plattform, auf der eine Auseinandersetzung mit den aktuellen Fragen aus Philosophie, Literatur, Kunst und Politik möglich ist. Um nach 1933 die NS-Zensur unterlaufen zu können, verlegen Carl Muth und seine Mitarbeiter die Kritik an den neuen Machthabern auf eine historische Ebene. In der Auseinandersetzung mit philosophisch-politischen und religiösen Problemen des Mittelalters, der Aufklärung oder des 19. Jahrhunderts wird verschlüsselt zum Nationalsozialismus Stellung genommen.

Theodor Haecker ist von der protestantischen zur katholischen Kirche übergetreten. Im Protestantismus meint er eine zunehmende Zersetzung der Glaubenslehre durch die Einflüsse des Rationalismus und des Liberalismus zu entdecken. Haecker orientiert sich demgegenüber am Kirchen- und Staatsverständnis des ausgehenden Mittelalters – darin unterstützt durch Muth. Zugleich ist er jedoch offen für die Fragestellungen des Existentialismus und versucht, Kierkegaard in den Katholizismus zu integrieren. Das Gesellschaftsideal, das Haecker und Muth vorschwebt, ist stark geprägt von ständisch-klerikalen Vorstellungen. Wenn beide trotz ihrer konservativen Haltung dennoch nicht ihren Zeitgenossen folgen und den Faschismus begrüßen, so deshalb, weil ihre gleichwohl nach rückwärts gewandte Zivilisationskritik auf einer katholischen Frömmigkeit fußt. In den Augen Haeckers ist die NS-Herrenmenschenideologie »wider die Natur und also auch wider Gott« und deren Eheverständnis, das die Frauen als »Bewahrer der arischen Rasse« auf ihre Gebärfunktion reduziert, nichts weiter als »Gestütsmoral«. Hitler verkörpert den Antichrist schlechthin.

Für Hans und Alex wird die Auseinandersetzung mit Haecker und Muth zu einem Prozeß der Selbstfindung, auch wenn beide – wie die

Flugblätter der »Weißen Rose« zeigen – deren Bewunderung für die festgefügte Kirchen- und Staatsordnung des Mittelalters nicht teilen.

Geistige Klärung

Bereits seit dem Winter 1940/41 veranstaltet die Familie Schmorell regelmäßig Zusammenkünfte in ihrem Haus, in dem literarisch-philosophische Fragen erörtert werden. Man lädt dazu Freunde oder Bekannte ein, auch Hans Scholl und Christoph Probst. Ein Vortrag wird gehalten oder gemeinsam in einem Werk jener Schriftsteller gelesen, die von den Nationalsozialisten abgelehnt oder verboten wurden. Alex bittet Carl Muth und Theodor Haecker zu diesen Zusammenkünften. Muth hat durch seine jahrelang im »Hochland« geführte Auseinandersetzung mit der katholischen Belletristik Einblick in die Entwicklung vor allem der französischen Literatur. Auf seine Empfehlung hin wird das wenige Jahre zuvor erschienene Drama »Der seidene Schuh« von Paul Claudel vorgelesen. In Spanien und Portugal während der Zeit der Renaissance angesiedelt, entfaltet das Stück ein am Mittelalter orientiertes katholisches Verständnis von Moral und Ethik, Staat und Kirche. Auch über diese Zusammenkünfte hinaus bleiben Hans, Alex und Christoph in regem Kontakt zu Muth und Haecker. Man spricht über theologische, philosophische und historische Probleme. Hans fühlt sich dabei vor allem in seinen religiösen Positionen gefestigt. Er hat, wie er seiner Schwester Inge schreibt, das Beten wieder gelernt. Er hofft, den Gegensatz zwischen Denken und Glauben, der ihm unüberbrückbar erschien, nun aushalten zu können.

Hitler, der Antichrist

Hans ist bald ständiger Gast im Hause von Carl Muth und benutzt dessen umfangreiche Bibliothek. In den zahlreichen Gesprächen geht es immer wieder um die aktuelle politische Entwicklung. Gegen die euphorische Stimmung zahlreicher Volksgenossen über die Siege in Rußland hält Haecker unbeirrt an der Überzeugung fest, daß der Krieg für Deutschland in einer Niederlage enden wird, »die Deutschen graben vielen Völkern Gruben, und in alle werden sie fallen. Sie schaufeln sich ein großdeutsches Grab.«[1] Im Gegensatz zu vielen gutgläubigen Katholiken, die Hitler die Treue halten, sind Haecker und Muth der Ansicht, daß die verschärften Maßnahmen der Nazis gegen die Kirchen, wie etwa der Kruzifix-Erlaß, langfristig das Ziel haben, das Christentum völlig zu beseitigen. Heftig kritisieren beide die Politik der Kirchenführer, die sich auf ein Arrangement mit Hitler eingelassen haben. Der Platz der Kirche werde bald wieder die Katakombe sein. Doch: »Manchmal kommt es mir vor, als habe man im Vatikan ganz und gar vergessen, daß Petrus nicht nur Bischof von Rom war ... sondern auch Märtyrer«,[2] stellt Haecker fest. Von einem mit der Familie Scholl befreundeten protestantischen Pfarrer erfährt Hans, daß die Nazis nach Kriegsende einige »Korrekturen« vornehmen wollen an den christlichen Glaubensvorstellungen. Sie sollen vom »jüdisch-semitischen Geist« gesäubert werden. Für Theodor Haecker kommt auch das nicht überraschend, denn mit der Verfolgung der Juden haben die Nazis »Christus zum zweiten Mal gekreuzigt, als Volk«.[3] Der Antisemitismus treffe auch die Christen. Wer zur Judenverfolgung schweige, liefere sich schließlich den Nazis selbst ans Messer. Doch nur wenige innerhalb der Kirchen denken so wie Haecker. Während der Vatikan keine Stellungnahme abgibt, sind es auf protestantischer Seite nur Mitglieder der illegalen Bekennenden Kirche, die mit der gleichen Radikalität wie Haecker und Muth gegen den Antisemitismus Stellung beziehen.

»Lebensunwertes Leben«

Im Sommer 1941 laufen Gerüchte um über geheime Sonderaktionen in Krankenhäusern und Nervenheilanstalten. Geisteskranke, körperlich Behinderte und als unheilbar Eingestufte sollen fortgeschafft worden sein. Angehörige erhalten Monate später Mitteilung über den »plötzlichen Tod« des Patienten. Die Eintragungen auf dem Totenschein sind oft falsch oder wirken unwahrscheinlich und absurd. Hans erfährt über eine Diakonissenschwester, die mit der Familie Scholl befreundet ist, von ähnlichen Vorgängen in einem nahegelegenen Heim für geistig behinderte Kinder. Die Kinder werden von der SS mit Lastwagen abgeholt und an geheimgehaltene Orte gebracht. Die Eltern erhalten schließlich Mitteilung, daß ihr Kind verstorben ist und bereits eingeäschert wurde. Die Maßnahmen gehen auf einen geheimen Erlaß vom Oktober 1938 zurück. »Lebensunwertes Leben« soll »ausgemerzt« werden. Wer geistig oder körperlich behindert ist, wer als schwerer Invalide oder mit chronischer Krankheit im Alter nicht mehr arbeitsfähig ist, hat keinen Platz in der NS-Rassepolitik. Er gilt als »Parasit« und »unnötiger Esser«, der der völkischen Wirtschaft zur Last fällt. Bis zum August 1941 werden 70000 Menschen aus Krankenhäusern und Pflegeanstalten verschleppt und ermordet. Während Ärzte neue Giftstoffe und Injektionen ausprobieren können, beteiligt sich die SS mit extra entwickelten »Gasautos« am Massenmord. Ein

Schlauch leitet die Abgase des Motors zum luftdicht abgeschlossenen Laderaum, in dem die Opfer eingeschlossen sind. Als immer mehr Berichte über diese Aktionen an die Öffentlichkeit dringen, kommt es zu einer großen Unruhe unter der Bevölkerung. Verschiedene Bischöfe aus beiden Kirchen legen bei den Nazibehörden Protest ein. Im Herbst 1941 wird das Euthanasieprogramm gestoppt. Die Gasautos kommen ins sogenannte Generalgouvernement. Die SS beginnt mit der systematischen Ermordung der jüdischen Bevölkerung. Hans, Alex und Christoph sind darüber empört, daß sich Mediziner an den Euthanasieaktionen beteiligen. Die Aufgabe eines Arztes ist es, Leben zu erhalten, und nicht zu beenden, »kein Mensch, gleichgültig unter welchen Bedingungen, ist berechtigt, Urteile zu fällen, die allein Gott vorbehalten sind. Niemand kann wissen, was in der Seele eines Geisteskranken vorgeht. Niemand kann wissen, welches innere Reifen aus Leid und Jammer erwachsen kann. Jedes Leben ist kostbar, wir alle sind Gottes Kinder«, stellt Christoph Probst, wie seine Schwester Angelika später berichtet, fest.[4]

Widerstand?

Die Ausweitung des Krieges, die Eingriffe in die Kirchen, das Euthanasieprogramm, die Deportation der deutschen Juden und zugleich ein deutsches Volk, das blind in Siegeseuphorie schwelgt – es fällt Hans ständig schwerer, ruhig das Studium fortzusetzen und sich durch das tägliche Einerlei ablenken zu lassen, als sei nichts geschehen. Alex teilt die Unruhe seines Freundes. Unterstützt durch Christoph führen sie das Gespräch mit Haecker und Muth immer häufiger auf die Frage, was zu tun sei. Muth sieht angesichts der allgemeinen Verblendung keine andere Möglichkeit, als daß die wenigen Nazigegner zusammenhalten und sich gegenseitig helfen, der Resignation zu entkommen. Die einzigen Waffen, die sie besitzen würden, seien die des Geistes und die des Glaubens. Muth verweist auf die Erfahrungen mit dem »Hochland«. Man müsse intellektuell auf Gegenkurs zum Nationalsozialismus bleiben, es sei schon ein großer Gewinn, wenn man dadurch verhindern könne, daß noch mehr dem braunen Gift anheimfallen. Theodor Haecker ist noch deutlicher von tiefer Enttäuschung geprägt. Er ist der festen Überzeugung, daß das deutsche Volk, als es sich auf die Seite Hitlers stellte, von Gott abgefallen sei. »Am 30. Januar 1933 haben wir als Volk die Apostasie erklärt. Seitdem sind wir als Volk auf dem falschen Weg, auf der falschen Seite.« Für Haecker ist die Parteinahme für oder gegen die Nazis nicht das Ergebnis politischer Einsicht, sondern zuallererst eine Glaubensentscheidung. Folglich ist Abkehr von Hitler nur möglich als Rückkehr zu Gott. Eine solche Rückkehr geschieht durch »Buße« und »tätige Reue«. Da aber ein Volk nicht Buße tun kann, sondern nur der jeweilige einzelne vor Gott, kommt es auf dessen Bereitschaft zur Umkehr an. Wo diese Bereitschaft des Glaubens fehlt, ist jeder (politische) Appell an die Vernunft letztlich sinnlos. Als Beruhigung bleibt die Hoffnung, daß hinter der Geschichte, ganz gleich wie furchtbar sie ablaufen mag, Gottes Ratschluß stehe. Auch der Antichrist Hitler sei ein Teil von Gottes Plan, betont Haecker in seinen »Tag-und-Nacht-Büchern«. »Die Deutschen werden nicht durch Menschenkraft besiegt werden, sie sind das stärkste und furchtbarste Volk der Erde; sie werden von Gott selber besiegt werden, wahrscheinlich ohne es zu merken.«[5]

»Es ist höchste Zeit, daß etwas geschieht«

Hans, Alex und Christoph sind über die tiefe Resignation, die Haecker befallen hat, erschrocken und enttäuscht. Wenn »der Staat eine Analogie der göttlichen Ordnung darstellen soll«, wendet Hans gegen Haecker ein, »mit der höchsten aller Utopien der civitas dei als Vorbild und Ziel«, wenn »der Mensch nach Gottes Willen frei und unabhängig« leben soll, wie kann dann ein Christ den Nazistaat, diese »Diktatur des Bösen« hinnehmen, ohne etwas dagegen zu tun? Verstößt er damit nicht gegen Gottes Gebote?[6] Auch Alex findet es falsch, still abzuwarten, »in der Hoffnung, daß ein anderer die Waffen erhebt«. Wer zögert und weiterhin gewähren läßt, was geschieht, macht sich ebenso schuldig, wie diejenigen, die Hitler direkt unterstützen.[7] Bislang sind es vor allem Sozialisten gewesen, die sich, oft unter Einsatz ihres Lebens, gegen Hitlers Diktatur gestellt haben. Warum läßt man sie dabei allein, fragt Hans. »Es ist höchste Zeit, daß endlich auch von christlicher Seite etwas geschieht.« Aus Meldungen der »Feindsender« hat Hans erfahren, daß wenige Wochen zuvor in Mannheim eine Gruppe von 14 kommunistischen und sozialdemokratischen Widerstandskämpfern verhaftet und hingerichtet wurde. »Es muß ein sichtbares Zeichen des Widerstandes von Christen gesetzt werden. Sollen wir am Ende dieses Krieges mit leeren Händen vor der Frage stehen, was habt ihr getan?«[8] Christoph teilt die Empörung seiner Freunde, doch worauf wollen sie hinaus? Sind die Mittel, die ihnen allen zur Verfügung stehen, nicht äußerst begrenzt? Beharrlich gegenüber allem Nazismus Zustimmung und Mitarbeit zu verweigern, trotz der Spitzel und Denunzianten – ist das nicht schon sehr viel? Gibt es nicht reichlich Kollegen und Kommilitonen, die sich noch immer »keine Gedanken machen über den blutigen Weg des

Krieges«, der doch inzwischen »so unübersehbar ist« – denen man auf diese Weise einen Anstoß geben könnte?[9]

Der Obrigkeit untertan sein?

Für Theodor Haecker bleiben die Mittel, die ein Christ besitzt, begrenzt auf den »Glauben, die Liebe, die Hoffnung«. Getreu der katholischen Hierarchielehre lehnt Haecker einen gewaltsamen Widerstand gegen die Obrigkeit ab. »Wer das Schwert erhebt, wird durch das Schwert umkommen. Auch eine von Gott abgefallene Staatsführung ist Teil der von ihm eingesetzten natürlichen und übernatürlichen Ordnung. Gebt Gott, was Gottes ist, dem Kaiser, was des Kaisers ist.«[10] In vielen theologisch-philosophischen Fragen sonst durchaus querliegend, verkündet Haecker in diesem Punkt ungebrochen das machtpolitische Credo, mit dem sowohl die lutherische Staatskirche als auch das katholische Episkopat seit alters Kaiser, Könige und Tyrannen gestützt haben.

Tyrannenmord

Hans läßt die Frage, wie gegen Hitler Widerstand geleistet werden kann, nicht mehr los. Auf Vermittlung von Muth nimmt er an einer privaten literarisch-philosophischen Zusammenkunft im Hause des Kulturhistorikers Alfred von Martin teil, auf der, wie bei den Treffen im Hause Schmorell, Themen erörtert werden, die nicht in NS-Vorlesungsverzeichnisse passen. Hans lernt dort Josef Furtmeier kennen. Der ehemalige Justizbeamte ist von den Nazis zwangspensioniert worden, da er vor 1933 der Kommunistischen Partei angehörte. Zwischen Hans und Furtmeier beginnt schnell eine enge Bekanntschaft, die vom gemeinsamen Interesse an philosophischen und politischen Fragen getragen wird. Furtmeier macht Hans darauf aufmerksam, daß es in der katholischen Theologie auch Strömungen gibt, die einen Tyrannenmord befürworten und für gerechtfertigt halten. Hans befaßt sich daraufhin intensiv mit den Schriften des Thomas von Aquin. Furtmeier hilft mit Büchern und Vorträgen aus. Hans spricht mit Alex und Christoph über seine »Entdeckung«; gemeinsam wollen sie der Frage von Widerstand und Gewalt nachgehen. Da erhält Christoph einen Gestellungsbefehl. Doch statt an die Front, wird er zum Beginn des Wintersemesters 1941/42 nach Straßburg abkommandiert. Im annektierten Elsaß soll eine »deutsche Universität« aufgebaut werden. Mit dieser Maßnahme wollen die Nationalsozialisten den Anspruch auf das Elsaß auch kulturell untermauern. Um die Hörsäle vollzukriegen, werden einige Studentenkompanien nach Straßburg verlegt. Christoph beantragt, in München bleiben zu dürfen, da seine Frau Herta im November ihr zweites Kind erwartet. Außerdem möchte er mit Hans und Alex zusammenbleiben; gerade in Zeiten, in denen es so schwierig ist, Gleichgesinnte zu finden. Doch der Antrag wird abgelehnt.

Geistiger Widerstand

Als Sophie im August 1941 endlich den Reichsarbeitsdienst hinter sich hat, kehrt sie nach Ulm zurück. Sie ist froh über die wiedergewonnene Freiheit, unternimmt Wanderungen und Fahrten in die Umgebung. Sie hat ein großes Nachholbedürfnis, erfreut sich an Büchern und Musik, am Zeichnen und Modellieren. Endlich ist wieder Zeit zu tiefergehenden Gesprächen. Sophie ist viel mit ihrer Schwester Inge und deren Freund Otl Aicher zusammen. Die drei beginnen, kurze Essays und Kommentare zu schreiben, in denen in verschlüsselter und literarischer Form zu aktuellen Fragen Stellung genommen wird. Sie stellen eine kleine hektografierte Zeitschrift her mit dem Titel »Windlicht« und verschicken diese als Rundbrief an Freunde und Bekannte. Gegen die sich ausbreitende Hoffnungslosigkeit soll Mut gemacht, die Isolation durchbrochen werden. Als Hans auf einem seiner Besuche in Ulm von dieser Aktion erfährt, ist er begeistert. Er erzählt von seinen Freunden in München und den gemeinsamen Gesprächen. Otl Aicher hat über Umwege Abschriften von Predigten bekommen, die der Bischof von Münster, Clemens Graf Galen, im Sommer gehalten hat und die nun im Untergrund weitergereicht werden. Galen übt in diesen Predigten heftig öffentliche Kritik an den nationalsozialistischen Übergriffen gegen die Kirchen und an den Euthanasiemaßnahmen. Obwohl national-konservativ eingestellt, teilt Galen keineswegs das Kalkül zahlreicher Gesinnungsfreunde, die ihre Kritik an Hitler zurückhalten, weil Deutschland im »Abwehrkampf gegen den Bolschewismus« stehe und dieser in ihren Augen notwendige Krieg erst durchgestanden werden müsse. Galen will – aus nicht minder nationalistischer Gesinnung – vielmehr mit seiner Kritik verhindern, daß »unser deutsches Volk und Vaterland trotz des Heldentums unserer Soldaten und ihrer ruhmreichen Siege an innerer Fäulnis zugrunde gehen«.[11] Nichtsdestoweniger sind seine Angriffe auf die Nazis scharf und kompromißlos. Er wendet sich gegen die Ermordung unschuldiger Menschen in den Heil- und Pflegeanstalten. Hier werde gegen die göttlichen Gebote, gegen das Naturgesetz und gegen das deutsche Strafrecht verstoßen. »Wenn man den Grundsatz aufstellt und anwendet, daß man den ›unproduktiven‹ Mitmenschen töten darf, dann wehe uns allen, wenn wir alt und altersschwach werden … Dann wehe unseren braven Soldaten, die als Schwerkriegsverletzte, als Krüppel, als Invaliden in die Heimat zurückkehren!«[12] Er verurteilt die Beschlagnahme von Klöstern, Ordenshäusern und Kirchen: »Wir sehen und erfahren jetzt deutlich, was hinter den neuen Lehren steht, die man uns seit einigen Jahren aufdrängt. Denen zuliebe man die Religion aus der Schule verbannt, unsere Vereine unterdrückt hat, jetzt die Kindergärten zerstören will: abgrundtiefer Haß gegen das Christentum, das man ausrotten möchte.« Galen ruft dazu auf, »fest zu bleiben«: »Gegen den Feind im Innern, der uns peinigt und schlägt, können wir nicht mit Waffen kämpfen. Da bleibt nur ein Kampfmittel, starkes, zähes, hartes Durchhalten. Hart werden, fest bleiben.«[13] Da der Bischof einen großen Rückhalt in der Bevölkerung besitzt, wagt es die Naziführung nicht, ihn zu verhaften.

»Endlich hat einer den Mut …«

Hans ist begeistert, daß »endlich einer den Mut hat, zu sprechen«.[14] Mit Otl Aicher, mit seinem Vater und seiner Schwester Inge spricht er über die Möglichkeiten des Widerstands gegen den Nationalsozialismus durch die Kirchen und die Bischöfe. Wenn die Kirchen geschlossen gegen Hitler Stellung nehmen würden, könnte der Krieg beendet und der Faschismus beseitigt werden. Warum schweigen sie statt dessen? Wäre es nicht notwendig, die Predigten Galens weiterzureichen, damit das Schweigen durchbrochen wird? Kann überhaupt ernsthaft mit einem Sinneswandel bei den Bischöfen gerechnet werden, wo doch die Mehrzahl sich längst mit den braunen Machthabern arrangiert hat?

Hilfsdienst

Mitten in diese Gespräche und die Arbeit am »Windlicht« ergeht der Gestellungsbefehl an Otl Aicher. Er wird zur Wehrmacht eingezogen und kommt an die Ostfront. Werner Scholl, Sophies jüngerer Bruder, ist dort bereits seit dem Juni, als der Angriff begann. Zum gleichen Zeitpunkt erfährt Sophie, daß alle Studenten nach einem neu erlassenen Gesetz zusätzlich zum Reichsarbeitsdienst einen Kriegshilfsdienst abzuleisten haben. Sophie ist niedergeschlagen. Nach einer Zeit des Stumpfsinns in den Tretmühlen des RAD hat sie sich darauf gefreut, mit ihrem Bruder in einem Kreis von Gleichgesinnten leben und studieren zu können. Der Vater ist erbost und versucht, seine

Tochter für das Studium freizubekommen. Doch vergeblich. Sophie wird im November 1941 zur Arbeit in einem Kindergarten der nationalsozialistischen Volksfürsorge in Blumenberg am Bodensee zwangsverpflichtet. Die Leiterin ist fanatisches Parteimitglied, der Kindergarten einem Betrieb angeschlossen, der für die Rüstung produziert. Der Gedanke, auf diese Weise Hitlers Krieg zu unterstützen, läßt Sophie keine Ruhe.

Verbitterung

Als der Angriff der Wehrmacht im Dezember 1941 vor Moskau abgebrochen wird und die Rote Armee Hitlers Truppen immer weiter zurückdrängt, ist die deutsche Öffentlichkeit auf derartige Meldungen in keiner Weise vorbereitet. Noch im Oktober 1941 verkündete Goebbels' Propaganda, der Gegner werde in einem »letzten gewaltigen Hieb noch vor dem Einbruch des Winters zerschmettert«, obwohl die Wehrmacht zu diesem Zeitpunkt bereits durch den einsetzenden Witterungsumschwung in Schwierigkeiten geraten war. Auch über das reale militärische Kräfteverhältnis erfuhr der »deutsche Volksgenosse« offiziell nichts. Um so größer ist nun das Unverständnis gegenüber der Tatsache, daß der für erledigt gehaltene Gegner zum erfolgreichen Gegenangriff übergeht. Der eilig herausgegebene Aufruf der Nazis zur Sammlung von Wintersachen für die deutschen Truppen im Osten löst in der Bevölkerung einen Schock aus. Es herrschen Erschütterung und Verbitterung darüber, daß die Führung es versäumt hat, für die notwendige Ausrüstung der Wehrmacht zu sorgen. Sicherheitsdienst und Gestapo melden einen tiefen Vertrauensverlust aus allen Teilen des Landes. Zum gleichen Zeitpunkt – am 7.12.1941 – erklären die USA ihren offiziellen Kriegseintritt. Die Hoffnung, daß der Krieg in absehbarer Zeit beendet sein könnte, wird von den meisten nun völlig aufgegeben. Das Fiasko vor Moskau und die Tatsache, nun die wirtschaftlich und technologisch stärkste Macht zum Gegner zu haben, bewirken einen langsam sich vollziehenden politischen Umschwung.

»Keinen Pfennig für den Krieg«

Fritz Hartnagel kehrt von der Ostfront zurück, um neue Einheiten für den Krieg in Afrika zusammenzustellen. Sophie trifft sich mit ihm, so oft es geht, an den Wochenenden n Freiburg. Es kommt zu einer heftigen Auseinandersetzung zwischen ihnen über die Winterhilfswerksammlung. Fritz Hartnagel berichtet später darüber: »Im Winter

1941/42 wurde die Bevölkerung in Deutschland in einer groß angelegten Propagandaaktion aufgefordert, Wollsachen und warme Kleidungsstücke für die Wehrmacht zu spenden ... Mäntel, Decken und Skier sollten abgeliefert werden. Sophie vertrat jedoch den Standpunkt, ›wir geben nichts‹. Ich kam damals direkt von der Front aus Rußland, ich sollte in Weimar eine neue Kompanie aufstellen. Als ich von Sophies harter Reaktion erfuhr, habe ich ihr vor Augen geführt, was eine solche Haltung für die Soldaten draußen bedeutet. Die keine Handschuhe, keine Pullover und keine warmen Socken besaßen. Sie blieb jedoch bei ihrer unnachgiebigen Haltung und begründete sie mit den Worten, ›ob jetzt deutsche Soldaten oder russische sterben, das bleibt sich gleich und ist gleichermaßen schlimm, aber wir müssen den Krieg verlieren. Wenn wir jetzt Wollsachen spenden, tragen wir dazu bei, den Krieg zu verlängern.‹ Auf mich wirkte dieser Standpunkt schockierend, wir diskutierten heftig. Mehr und mehr mußte ich jedoch einsehen, daß ihre Haltung nur konsequent war. Man konnte nur entweder für Hitler oder gegen ihn sein. War man gegen Hitler, dann durfte er diesen Krieg nicht gewinnen, denn nur eine militärische Niederlage konnte ihn beseitigen. Das hieß weiter, alles was dem sog. Feind nützte, uns Deutschen schadete, das allein konnte uns die Freiheit wiederbringen.«[15]

»Man sollte einen Vervielfältigungsapparat haben«

Als Hans Scholl über Weihnachten 1941 in Ulm ist, liegen plötzlich hektografierte Flugblätter mit weiteren Predigten des Bischofs Galen im Briefkasten der Familie Scholl. Er weiß in diesem Moment noch nicht, daß ein Freund der Familie, der Oberschüler Hans Hirzel, Sohn des protestantischen Pfarrers der Martin-Luther-Kirche, die Blätter anonym an zahlreiche Bürger verschickt. Hans fühlt sich in seinen Überlegungen bestätigt. »Man sollte unbedingt einen Vervielfältigungsapparat haben«, sagt er seiner Schwester Inge.[16] Nach München zurückgekehrt, spricht er darüber mit Alex. Die allgemeine Stimmung ist auf einem Tiefpunkt angelangt, selbst Volksgenossen, die sonst lauthals die großen Leistungen von Führer und Wehrmacht preisen, sind inzwischen zurückhaltender geworden. Viele Menschen, die bislang geschwiegen haben, aus Furcht oder weil sie keine Chance sahen, im allgemeinen Siegesgeschrei verstanden zu werden, schöpfen wieder Hoffnung. Die Tatsache, daß ein Kirchenführer öffentlich Kritik übt, daß offensichtlich zahlreiche Gleichgesinnte vorhanden sind, die diese Predigten verschicken, gibt manchem neuen Mut, wieder Stellung zu beziehen. Es scheint sogar möglich, daß die

Flugschriften einige von jenen Zeitgenossen wachrütteln, die durch die Meldungen von der Ostfront so jäh aus ihrem großdeutschen Traum gerissen wurden.

Denunzianten

Alex findet die Idee seines Freundes gut. Doch vorerst müssen die beiden ihre Pläne zurückstellen. Vervielfältigungsgeräte sind sehr schwierig zu bekommen, sie werden nur an diejenigen verkauft, die eine Genehmigung der NS-Behörden vorlegen können, denn alles Gedruckte unterliegt der Aufsicht von Goebbels' Reichsschrifttumskammer. Um illegal an eine Druckmaschine heranzukommen, braucht es viel Zeit. Seit Anfang Dezember sind jedoch für alle Mitglieder der Studentenkompanien strenge Maßnahmen zur Kasernierung getroffen worden, so daß Hans und Alex fast keine Minute Freizeit mehr haben. Da 80 Studenten, unter ihnen auch Hans und Alex, bei einer nächtlichen Routinekontrolle in der Kaserne fehlen, findet nun eine verschärfte Überwachung statt. Doch Hans bleibt auf seiner privaten Bude in der Lindwurmstraße. Hans ist nicht der einzige, der erst um sieben Uhr zum Morgenappell wieder in der Kaserne erscheint. So wie er unterlaufen noch eine große Anzahl anderer Kompaniemitglieder die Anordnungen. Eine Stimmung der Aufsässigkeit macht sich breit. Es kommt zu einem Zwischenfall. Ein Medizinprofessor und gläubiger NS-Parteigänger wird in seiner Vorlesung von Mitgliedern der Studentenkompanie ausgelacht. Da die »Rädelsführer« nicht auszumachen sind, erhält die gesamte Kompanie vier Wochen Arrest – für das »lächerlichste Vergehen auf der Welt«, wie Hans in einem Brief schreibt. Der »Fall« wird an das Kriegsgericht weitergereicht. Die Lage spitzt sich immer mehr zu. Die Kompanie wird vom Kriegsgericht dem OKW (Oberkommando der Wehrmacht) der Meuterei wegen gemeldet. Es entwickelt sich in ihren Reihen ein Denunziantentum abscheulichster Art. Jeder wird einzeln verhört. Hans ist enttäuscht, daß sich die Mehrzahl seiner Kommilitonen schon von den geringsten Drohungen einschüchtern läßt. Er macht die Erfahrung, wie tief die Angst sitzt, wie wenig Mut und Selbstvertrauen die meisten haben.

»Hitler ist eine Geißel Gottes«

Der Arrest für die Kompanie hat gerade begonnen, da erhält Hans aus Ulm die Nachricht, daß der Vater von der Gestapo verhaftet wurde. Seine Sekretärin hat ihn angezeigt, da er Hitler eine »Geißel Gottes« genannt habe. »Wer vorsätzlich eine unwahre oder gröblich entstellte Behauptung ... aufstellt oder verbreitet, die geeignet ist, das Wohl des Reiches ... oder das Ansehen der Reichsregierung ... oder hinter dieser Regierung stehenden Parteien ... schwer zu schädigen, wird ... mit Gefängnis ... bestraft. Ist durch die Tat ein schwerer Schaden für das Reich ... entstanden, so kann auf Zuchthausstrafe erkannt werden.«[17] Von Juristen der Weimarer Republik erdacht, von deren letztem Reichspräsidenten Hindenburg unterzeichnet und von den Parteien der Rechten begrüßt, wird dieses sechs Wochen nach Hitlers Ernennung zum Reichskanzler verkündete Gesetz schnell die Grundlage für die Verfolgung aller Bürger, denen man eine abweichende Gesinnung unterstellt. Staatsbewußte Nachbarn denunzieren, rechtskundige Staatsanwälte und Richter klagen an und verurteilen. Mit Kriegsbeginn nehmen die Prozesse vor den Sondergerichten zu. Aus »Schädigung des Ansehens von Reich und Regierung« wird Hochverrat. Statt zu Gefängnis und Zuchthaus verurteilen die Richter nun zum Tode. Die Anlässe sind nichtig. Ein Witz über den Führer, eine Bemerkung zur schlechten Versorgungslage, eine realistische Einschätzung des Kriegsverlaufs. Robert Scholl wird von der Gestapo mehrere Stunden verhört. Nach einigen Tagen entläßt man ihn auf Widerruf. Einige Firmen, die er termingebunden vor dem Ulmer Finanzamt vertritt, haben sich beschwert. Die Gestapo reicht den »Fall« an das Sondergericht weiter, der Staatsanwalt erhebt Anklage.

Die Gestapo liest mit

Die Familie Scholl rückt enger zusammen. Hans findet das Verhalten des Vaters richtig. Soll man stets runterschlucken, was man denkt? Die Unruhe in Hans wächst. Er will seinen Plan weiter verfolgen, jetzt erst recht. Doch als der Arrest der Studentenkompanie endlich aufgehoben ist, wird Hans in ein Lazarett zwischen Augsburg und Ingolstadt versetzt. Täglich treffen dort Verwundete mit schweren Erfrierungen von der Ostfront ein. Da nur ein Arzt vorhanden ist, muß Hans immer wieder selbständig Operationen vornehmen. In den Gesprächen mit den Soldaten erfährt er viel über das wahre Ausmaß und die Brutalität der Kämpfe an der Front. Nach einigen Wochen bemerkt Hans, daß seine Briefe offensichtlich von der Gestapo kontrolliert werden. Ohne viel Umschweife wendet er sich in den folgenden Briefen direkt an die mitlesende Gestapo: ob es nicht beschwerlich sei, all die Handschriften zu entziffern. Aber schließlich würden sie ja dafür bezahlt werden, und Dienst sei eben Dienst.[18]

Kinder

Christoph Probst hat sich zu Beginn des Sommersemesters 1942 nach München zurückversetzen lassen. Er pendelt nun zwischen der Universität, der Studentenkompanie und seiner Frau Herta, die mit den beiden Kindern bei Ruhpolding wohnt, hin und her. Er ist froh, endlich wieder bei seiner Familie sein zu können. »Wenn ich früher schlechter Laune war, gab's keinen Gegenstand der Freude mehr für mich – heute bleibt mir immer einer, der kleine Mensch«, schreibt Christoph über seine beiden kleinen Söhne Mischa und Vincent.

Christoph Probst mit Sohn Mischa

»Von meinen Kindern bin ich ganz begeistert. Es ist so schön, Kinder zu haben, sich in ihnen wiederzufinden und doch zu wissen, daß etwas ganz Neues, Unbekanntes in ihnen ruht.« – »Ich finde soviel Tiefe, Reinheit und Intensität in ihnen, dies ist wohl bei jedem unverbildeten menschlichen Wesen so.« Diese »unverbildeten menschlichen Wesen« verkörpern für Christoph ein Stück Widerspruch und Hoffnung gegenüber der Welt aus Haß und Krieg um ihn herum. »Wenn ich an das Kind denke, weiß ich auch, daß das echte Leben so stark ist, daß es sich in jeder Zeit behaupten kann.«[19]

Die Vorbereitungen

Obwohl die Vorlesungen und Übungen wieder beginnen, sind Hans und Alex selten in der medizinischen Fakultät anzutreffen. Ihre ganze Kraft konzentriert sich vielmehr darauf, das notwendige Material für den Druck von Flugblättern zusammenzubekommen. Papier und Druckerschwärze sind rationiert und nur in kleinen Mengen zu erhalten. So nimmt es viel Zeit in Anspruch, die vielen einschlägigen Geschäfte nacheinander aufzusuchen. Um keinen Verdacht aufkommen zu lassen, müssen Hans und Alex dabei sehr vorsichtig vorgehen. Besonders schwierig ist es, eine Druckmaschine zu bekommen. Alex hat seinen Freund Christoph in die Pläne eingeweiht. Sie hören sich um. Durch Zufall erfährt Alex von einem schon recht alten Vervielfältigungsapparat, doch er ist teuer. Als zum Studium freigestellte Soldaten bekommen sie zwar eine monatliche Studienbeihilfe von 235 Reichsmark, die höher liegt als der durchschnittliche Lohn eines Arbeiters, aber die Beschaffung des Papiers hat bereits viel Geld verschlungen. Hans, Alex und Christoph legen noch einmal zusammen, was sie entbehren können. Die Druckmaschine wird gekauft. Doch wohin damit? Die Zimmer, in denen Hans und Christoph zur Untermiete wohnen, sind eng. Im Hause Schmorell kann die Maschine nicht aufgestellt werden, da der Kreis der Mitwisser so klein wie möglich gehalten werden soll.

Der Schritt zur Aktion

Über Josef Furtmeier lernt Hans den Architekten Manfred Eickemeyer kennen. Da jeder von der politischen Haltung des anderen weiß, werden die Gespräche schnell sehr konkret. Eickemeyer ist in einem Baubüro in Krakau tätig, kommt deshalb im sog. Generalgouvernement und in den besetzten russischen Gebieten herum und hat dort von der Tätigkeit der SS-Einsatzkommandos erfahren. Eickemeyer berichtet Hans von den Massenerschießungen, durch die Zehntausende von Polen und Russen ermordet wurden. Er erzählt, wie die jüdische Bevölkerung in zahlreichen Orten zusammengetrieben und erschossen wurde, er schildert die Deportationen in die zu diesem Zweck errichteten Ghettos der großen Städte und das Massensterben in diesen Quartieren. 300 000 Juden sollen seit Beginn des Krieges auf diese Weise in Polen ermordet worden sein. Die Begegnung mit Eickemeyer und dessen Berichte über die Ausrottungspolitik der Nationalsozialisten im Osten führen Hans zum letzten entscheidenden Schritt. Er schlägt seinen Freunden Alex und Christoph vor, statt der Predigten des Bischofs Galen eigene Flugblätter zu verfassen und zu verteilen. Da Eickemeyer in einem Hinterhaus in der Leopoldstraße ein großes Atelier mit Keller besitzt und durch seine Tätigkeit in Krakau nur gelegentlich sich in München aufhält, bittet Hans ihn darum, die Räume für »gesellige Abende« mit seinen Freunden nutzen zu dürfen. Eickemeyer willigt ein. Hans, Alex und Christoph stellen im Keller, getarnt hinter Gerümpel, ihre Druckmaschine auf.

Oliver Siebert, Anja Kruse, Lena Stolze, Wulf Kessler

Ende April ist für Sophie der Kriegshilfsdienst beendet. Endlich kann sie mit dem Studium beginnen. Sie hat sich für die Fächer Biologie und Philosophie entschieden. Am 9. Mai 1942, ihrem 21. Geburtstag, fährt sie nach München. Die ersten Wochen wohnt Sophie im Hause von Carl Muth in Solln bei München. Hans ordnet in diesen Tagen gerade die umfangreiche Bibliothek des »Hochland«-Herausgebers. Nach dem geistlosen Stumpfsinn der Kriegshilfsdienstzeit kommt ihr die Atmosphäre in diesem Haus fast wie ein Paradies vor. Oft sitzt Sophie mit ihrem Bruder zusammen bei Carl Muth im Arbeitszimmer, und man spricht gemeinsam über dessen Lieblingsthema Literatur. Ist Theodor Haecker anwesend, landen sie schnell bei Fragen der Philosophie und der Geschichte. Sophie lernt die Freunde ihres Bruders kennen. Abwechselnd trifft man sich im Hause Schmorell, bei Hans auf der Bude oder im Atelier Eickemeyer. Neben Alex und Christoph sind noch zwei andere Mitglieder der Studentenkompanie, Hubert Furtwängler und Jürgen Wittenstein, anwesend. Mit Hans' Freundin Traute Lafrenz schließt Sophie schnell Freundschaft. Diese Leseabende sind, wie Traute Lafrenz später berichtet, »durchweg literarisch, ohne feste Zielsetzung. Vielleicht mit einem betonten Geschichtsinteresse. Nur zum Schluß wurden meist kurz die politische Lage, die Ausweglosigkeit und Trostlosigkeit ... besprochen.«[20] Oft lädt man Haecker, Muth, Furtmeier oder den Schriftsteller Sigismund von Radecki ein, die zu verschiedenen Themen kleine Vorträge halten. Eine Art »Gegenuniversität« zum nationalsozialistisch ausgerichteten Lehrbetrieb findet statt. An einem Abend nimmt Christophs Schwiegervater, Harald Dohrn, teil. Es kommt zu einem heftigen Disput zwischen Hans und Dohrn über die Rolle der Kirchen im Nationalsozialismus. Hans stellt die These auf, die Kirchen hätten mit der Duldung des Regimes und ihrem Schweigen ihrem Auftrag zuwidergehandelt und versagt. Es sei die Pflicht für Kirche und Christen,. Widerstand gegen Hitler zu leisten. Dohrn widerspricht. Widerstand, der sicher notwendig sei, könne nur die Sache des reinen Gewissens und die Entscheidung eines jeden einzelnen bleiben. Sophie ist erstaunt. So deutlich hat sie ihren Bruder noch nicht reden hören.

Von der Front zurück

Am 3. April 1942 verläßt Willi Graf Gshatsk. Er ist zum Sommersemester fürs Studium beurlaubt. Am 7. April trifft er in München ein. Sein erster Weg führt ihn zu Fritz Leist; dessen Wohnung in der Siegfriedstraße ist Treffpunkt für Freunde aus dem »Grauen Orden«, die es nach München verschlagen hat. Willi ist froh, wieder unter Gleichgesinnten zu sein. Einige der Freunde hat er seit Jahren nicht mehr gesehen. Doch die Umstellung von der Brutalität der Front zum gleichsam idyllischen München macht ihm schwer zu schaffen. »Um halb sieben bin ich in München, herrliches Wetter und ungeahnte Wärme. Zur Siegfriedstraße. Fr. und E. sitzen beim Frühstück. Es ist alles so ruhig. Mit Fr. durch den Englischen Garten. Ich sehe die ersten Blumen und soviel Grün. In Deutschland ist Frühling.«[21] Zwei Tage später notiert Willi in sein Tagebuch: »Ich schlafe sehr schlecht in dieser Nacht, der Wechsel ist mir noch so ungewohnt. Ich finde mich nur schwer zurecht. Fast erscheint es mir manchmal, als geschehe alles im Traum. Vor allem, wenn ich dieses ungestörte Leben betrachte, die kleinen Sorgen der Leute. Vielleicht aber ist doch alles nur Fassade.«[22] Er meldet sich bei der zweiten Studentenkompanie in der Bergmann-Schule. Das dort herrschende militärische Ritual erscheint ihm lächerlich im Vergleich zu den Bedingungen an der Front. »Der Appell ist einfach ein Theater.« Nach einem kurzen Besuch in Saarbrücken beginnt für ihn der Lehrbetrieb. Neben einigen medizinischen Kursen belegt er eine philosophiegeschichtliche Vorlesung bei Prof. Huber. Ein Freund aus dem »Grauen Orden«, Hermann Krings, hat ihm dessen Lehrveranstaltungen empfohlen.

Keine Kompromisse!

Kurt Huber gehört zu den wenigen Professoren, die aus ihrer antinationalsozialistischen Haltung auch in den Vorlesungen kein Hehl machen. Sehr zum Ärger von SS-Oberführer Wüst, dem Rektor der Universität, und dem in seiner Mehrheit ebenso fanatisch nationalsozialistisch ausgerichteten Kollegium finden Hubers Veranstaltungen einen derartigen Zuspruch, auch von Studenten anderer Fakultäten, daß sie zum Teil im größten Hörsaal, dem Auditorium Maximum, stattfinden. Die Studenten wissen es zu schätzen, daß Prof. Huber »jede Form wissenschaftlichen Kompromisses, der auf Kosten der Wahrheit ging, vollkommen fern ist«, wie eine Mitarbeiterin es ausdrückt. So lehnt er es ab, die als »jüdisch« verfemten Philosophen zu übergehen. »War es damals üblich, Denker wie Spinoza, Husserl und andere entweder totzuschweigen oder negativ zu beurteilen ... so ließ ihnen Prof. Huber, die Gefahr, der er sich dabei aussetzte, bewußt mißachtend, die Gerechtigkeit und Verehrung zuteil werden, die ihnen gebührt. Manchmal fügte er lächelnd hinzu, wenn er ihre Werke zitierte, er ist Jude, Vorsicht, daß man sich nicht vergiftet. Als sich für solche Schriften ein Ausländer unter seinen Hörern interessierte und in der Seminarbücherei noch einige entdeckte, die der ›Säuberung‹ entgangen waren, sagte Huber lachend, nehmen Sie sie ruhig mit, das ist Rettung des deutschen Geistes vor jüdischer Vergiftung.«[23] Willi ist oft erstaunt, mit welchem Mut Huber seine von der NS-Linie abweichenden Thesen vertritt, sitzen doch im Saal zahlreiche Mitglieder der NS-Studentenschaft, von den nicht erkennbaren Spitzeln der Gestapo ganz zu schweigen.

»Seid Gefolgschaft in der Tat ...«

Die Erfahrungen der Front haben in Willi zahlreiche religiöse Zweifel entstehen lassen. »Die Art, wie wir in die Religion durch die Erziehung hineingewachsen sind, ist voller Unmöglichkeiten. Innen war dieses Gebäude hohl und voller Risse. Nur weil noch ein gewisser Glanz und bestimmt auch ein Teil Sicherheit darauf lag, konnte man sich eine Zeit darin wohlfühlen. ... Ich behaupte, daß dies gar nicht das wirkliche Christentum war, das wir all die Jahre zu sehen bekamen und das uns zur Nachahmung empfohlen wurde. In Wirklichkeit ist Christentum ein viel schwereres und ungewisseres Leben, das voller Anstrengung ist und immer wieder neue Überwindung kostet.«[24] Doch für die meisten ist christlicher Glaube nicht »Anstrengung« und »Überwindung«, sondern Selbstzufriedenheit und Ruhe. »Es ist unbequem, solchen Erschütterungen nachzugehen – angenehmer ist sicher eine ungestörte Ruhe. Hast du schon einmal gesehen und verglichen, wie für viele Menschen die Probleme, die uns bewegen, so gar nicht erregend wirken?« fragt Willi seine Schwester. Diese Menschen »finden es zu anstrengend, sich damit herumzuschlagen, und geben sich mit kleinen Fortschritten in ihrem äußeren Leben zufrieden. Oft könnte man sich wünschen, doch auch einmal zu diesen ›Zufriedenen‹ zu zählen, es wäre dann doch alles so einfach.« Doch »unser Schicksal heißt eben, von ewiger Unruhe bewegt zu werden«,[25] denn »die Sinne sind empfindlicher geworden während der vergangenen Jahre, so daß schon kleinere Reize spürbar werden«.[26] Die »Unruhe«, die Willi durchlebt, ist eine doppelte: Das Sterben an den Fronten, das Elend in den besetzten Gebieten lassen bei Willi Zweifel an Gottes Gerechtigkeit aufkommen, stellen den Glauben in Frage, verlangen nach Klärung. Zugleich beginnt die Suche nach dem, was zu tun ist gegen Hitlers Barbarei. Fordert der christliche Glaube nicht Konsequenzen für das tägliche Leben und politisches Handeln eines jeden? Willi erinnert sich an einen Abschnitt aus dem Jakobus-Brief, den er sich zur Richtschnur gewählt hat. »Seid Gefolgschaft in der Tat, nicht nur im Hören des Wortes.« Ein Christentum, das angesichts dieser vielfältigen Anfragen Glaube mit Ruhe gleichsetzt und, statt politisch Stellung zu nehmen, schweigt, ist für Willi untragbar. Im »Grauen Orden« um Fritz Leist findet Willi die Möglichkeit, seinen theologischen Fragen nachzugehen. Gemeinsam lesen sie in einschlägigen Werken der »Dogmatik«, suchen nach neuen Formen der Liturgie und feiern das Abendmahl als gemeinschaftliches Erlebnis jenseits des offiziellen Rituals der Kirche. Doch die Zeiten, als der »Graue Orden« durch seine geheimen Fahrten und Lager unmittelbar die Illegalität in Kauf nahm, sind vorbei. Wann immer Willi mit seinen Freunden über Möglichkeiten eines Widerstandes gegen den Nationalsozialismus spricht, trifft er auf Skepsis und Zurückhaltung. Fritz Leist propagiert den »inneren Widerstand«. Man müsse sich geistig dem Gegner verschließen und das Ende des Hitlerreichs, das mit dem weiteren Verlauf des Krieges immer wahrscheinlicher werde, abwarten. Willi ist mit der Position seines Freundes nicht einverstanden. Durch Zufall gerät er an Kommilitonen, mit denen ein offenes Gespräch über politische Fragen möglich scheint. Im Bach-Chor, dem er sich angeschlossen hat, lernt er einen Kameraden aus der Studentenkompanie kennen, Hubert Furtwängler. In einem Fechtkurs trifft er auf Christoph Probst. Beide stellen ihm ein weiteres Mitglied der Studentenkompanie vor, Hans Scholl. Das sonst übliche vorsichtige Abklären, auf welcher politischen Position der Gesprächspartner stehen könnte (ob er PZ – »politisch zuverlässig« – ist), entfällt. Hans und Willi spüren sofort, daß sie auf gleicher Wellenlänge liegen. Willi wird zu den Leseabenden eingeladen.

6. 1942–1943: Widerstand

»Blätter der Weißen Rose«

Mitte Juni 1942 finden zahlreiche Lehrer, Ärzte, Juristen, Staatsbeamte, aber auch Gastwirte in ihrer Post Briefe, die ihnen im ersten Moment einen Schrecken einjagen. In einem anonymen hektografierten Schreiben, das die Überschrift »Flugblätter der Weißen Rose« trägt, wird zum »passiven Widerstand« aufgerufen. Jeder einzelne müsse im Bewußtsein »seiner Verantwortung als Mitglied der christlichen und abendländischen Kultur ... sich wehren, soviel er kann, arbeiten wider die Geißel der Menschheit, wider den Faschismus«. Es gelte, »das Weiterlaufen der atheistischen Kriegsmaschine« zu verhindern. Das deutsche Volk habe sich bisher wie eine »willenlose Herde von Mitläufern« verhalten, und »wenn jeder wartet, bis der andere anfängt«, werde es bald zu spät sein. Kaum einer der Empfänger kann sich daran erinnern, in den letzten neun Jahren ein gegen die Nazis gerichtetes Flugblatt in der Hand gehalten zu haben. Sicher, unmittelbar nach 1933 gab es öfters derartige Flugschriften – doch diese wurden nicht mit der Post verschickt. Manch einer, der dem, was die »Weiße Rose« schreibt, durchaus zustimmen kann, denkt an eine Falle. Woher haben die Absender die Adressen? Die Ängstlichen unter den Empfängern liefern die Briefe sofort beim NSDAP-Blockwart oder bei der Gestapo ab. Die Staats- und Hitlertreuen wittern »bolschewistische Wühlarbeit«. Doch die Flugblätter entsprechen so gar nicht dem Stil, den man aus dieser Richtung erwartet. Lang und umständlich wird Friedrich Schiller zitiert und ein Abschnitt aus einem Goethe-Drama wiedergegeben. Auch die Münchner Gestapo-Leitstelle ist über die Verbreitungsform und den Stil der Flugblätter erstaunt. Zwar haben seit Beginn des Angriffs auf die Sowjetunion die Aktivitäten von »Reichsfeinden« zugenommen, doch meist schlägt sich dies in »Schmierereien« an Hauswänden oder Telefonzellen nieder. Tauchen Flugblätter auf, so enthalten sie keinen langen Text, sondern oft nur kurze Parolen, die mit Kopierstift oder Gummistempeln aufgetragen sind. Die Flugblätter werden an belebten Stellen hinterlegt oder angeklebt. Das macht eine Suche nach den Tätern durch Straßenkontrollen und Beobachtungsaktionen möglich.[1] Da die »Blätter der Weißen Rose« mit der Post verschickt werden, ist den NS-Staatsschützern eine Fahndung erheblich erschwert.

Kriegsmüdigkeit

Die Flugblätter erscheinen in einem Moment, in dem sich die allgemeine Stimmung in der Bevölkerung weiter verschlechtert hat. Am 6. April 1942 werden die Lebensmittelrationen ein weiteres Mal erheblich gekürzt. Unter großem Propagandaaufwand (»die bolschewistischen Horden werden von uns im kommenden Sommer bis zur Vernichtung geschlagen«) beginnt am 8. Mai eine Offensive an der Ostfront Richtung Krim und Kaukasus. Die Wehrmacht zählt inzwischen 8,6 Millionen Soldaten. Inzwischen werden bereits die 18jährigen und die 45jährigen eingezogen. Die Angriffe englischer und (seit Jahresbeginn) auch amerikanischer Großbomber auf deutsche Städte nehmen immer mehr zu. Waren die Ziele bis zum Jahresende 1941 vor allem Militär- und Industrieanlagen, so gelten die Nachtangriffe nun den Wohngebieten. Am 30./31. Mai zerstören tausend alliierte Flugzeuge in einem Flächenbombardement Köln. Ähnliche Angriffe erfolgen auf Lübeck, Bremen, Wilhelmshaven, Mainz, Kassel, Düsseldorf. Selbst bis Augsburg, Nürnberg und München dringen die Flugzeuge vor. Wieder ist eine NS-Propagandablase zerplatzt. Die Unbesiegbarkeit der deutschen Luftwaffe und Überlegenheit der Flugabwehr hat sich als frommer Wunsch herausgestellt. Eine tiefe Angst vor dem weiteren Verlauf des Krieges breitet sich aus. Mit einem Ende in absehbarer Zeit rechnet kaum noch jemand. Am 26. Mai 1942 wird der sog. Reichsprotektor von Böhmen und Mähren, Reinhard Heydrich, durch ein Bombenattentat tschechischer Widerstandskämpfer beseitigt. Die Anteilnahme in der Bevölkerung ist gering, ein Aufatmen geht um. Heydrich, Chef des Sicherheitsdienstes und der Gestapo sowie Leiter des Reichssicherheitshauptamtes, dem die gesamte Polizei untersteht, zählt zu den am meisten gehaßten Figuren des NS-Regimes.

Zweifel

Obwohl Hans, Alex und Christoph bemüht sind, die Flugblattaktion gegenüber Familienangehörigen und auch vor den Freunden geheimzuhalten, entdecken einige doch bald, wer die Urheber der »Blätter der Weißen Rose« sind. Traute Lafrenz berichtet später: »Anfang Juni 1942 bekamen meine Hausleute die erste Folge der ›Weißen Rose‹ mit der Post zugesandt. Aus Text, Art des Satzbaus, bekannten Stellen aus Goethe, Laotse erkannte ich sofort, daß das Blatt von ›uns‹ verfaßt sein mußte, war aber noch im Zweifel, ob Hans selber es getan hat.« Als weitere Flugblätter erscheinen, ist sich Traute schließlich sicher: »In einer der nächsten Folgen erkannte ich an einem Zitat aus dem Prediger, das ich Hans einmal gegeben, daß er selber der Verfasser sein mußte. Ich fragte daraufhin Hans, er antwortete, es sei falsch, immer nach dem Urheber zu fragen, das gefährde diesen nur, die Zahl der direkt Beteiligten müsse eine ganz, ganz kleine bleiben und es sei besser für mich, wenn ich möglichst wenig wisse.«[2] Auch Sophie kommt dahinter, daß ihr Bruder beteiligt ist. In der Universität werden die »Blätter der Weißen Rose« heimlich unter den Studenten weitergereicht. Sophie nimmt eins mit nach Hause. Im Zimmer ihres Bruders entdeckt sie einen altmodischen Klassikerband, in dem Hans einige Passagen angestrichen hat. Es ist Friedrich Schillers »Die Gesetzgebung des Lykurgus und Solon«, aus dem im Flugblatt breit zitiert wird. Die angestrichenen Passagen stimmen wörtlich überein. Sophie erinnert sich der vielfachen Äußerung ihres Bruders über die Notwendigkeit von Widerstandsaktionen und an sein Interesse für einen Vervielfältigungsapparat. Sie stellt ihren Bruder zur Rede. Hans streitet eine Beteiligung ab. Sie spricht mit Alex und Christoph, macht allen dreien den Vorwurf, leichtsinnig zu handeln. Eine illegale Tätigkeit verlangt entsprechende Kenntnisse und Vorsicht. Warum überlassen sie derartige Aktionen nicht Menschen mit der notwendigen Erfahrung und Routine? Sophie erinnert ihren Bruder an die Verhaftung des Vaters. Die Familie sei dadurch bei der Gestapo bekannt und bereits äußerst gefährdet. Hans widerspricht seiner Schwester heftig. Die Machtübernahme Hitlers sei nicht zuletzt durch das Versagen der Intelligenz, durch die Sympathie zahlreicher Akademiker ermöglicht worden. Jetzt, wo auch der Letzte langsam begreifen würde, daß der Faschismus in einer Niederlage enden werde und jeder neue Tag des Krieges neue sinnlose Opfer verlangt, sei es die Pflicht besonders der gebildeten Schichten des Bürgertums, laut die Stimme zu erheben. Man müsse diese aufrütteln, um nicht noch einmal so kläglich zu versagen. Christoph pflichtet ihm bei. »Wir müssen dieses Nein riskieren gegen eine Macht, die sich anmaßend über das Innere und Heiligste des Menschen stellt und die Widerstrebenden ausrotten will. Wir müssen es tun um des Lebens willen – diese Verantwortung kann uns niemand abnehmen.«[3] Alex beruhigt Sophie. Die Empfänger der Flugblätter seien willkürlich aus dem Telefonbuch ausgewählt worden, die Beschaffung des Papiers, der Umschläge und Briefmarken sei von langer Hand vorbereitet, es sei fast unmöglich, daß die Gestapo den Weg zurück zu den Absendern rekonstruieren könnte. Sophie fühlt sich innerlich zerrissen. Grundsätzlich kann sie den Zielen ihres Bruders und seiner Freunde zustimmen, doch werden die drei diese gefährliche Arbeit auch durchstehen? Sind sie nicht zu wenige? Nach langem Überlegen entschließt sich Sophie, ihren Bruder zu unterstützen.

»Ein jeder ist schuldig!«

In den folgenden Wochen werden noch drei weitere Flugblätter hergestellt, verschickt und verteilt. In der zweiten Flugschrift wird über die Ausrottungspolitik der Nationalsozialisten in den besetzten Gebieten des Ostens berichtet. So sei »die gesamte polnische adlige Jugend ... in Konzentrationslager nach Deutschland zur Zwangsarbeit und ... in die Bordelle der SS verschleppt« worden. Die Nationalsozialisten hätten »seit der Eroberung Polens 300000 Juden in diesem Land auf bestialische Art ermordet«. Heftig wendet sich das Flugblatt gegen jene, die von allem nichts gewußt haben wollen. »Ein jeder will sich von einer Mitschuld freisprechen. Ein jeder tut es und schläft dann wieder mit ruhigstem besten Gewissen. Aber er kann sich nicht freisprechen. Ein jeder ist schuldig, schuldig, schuldig!« Mit diesem Vorwurf trifft die »Weiße Rose« viele der Angesprochenen sehr empfindlich. Seitdem im Oktober 1941 aus allen deutschen Städten Massendeportationen der deutschen Juden in das sog. Generalgouvernement vorgenommen wurden, klammern sich viele Volksgenossen an die NS-Propaganda, den Juden würden im Osten neue Städte errichtet werden. Schnell verdrängt man die Erlebnisse während der »Reichskristallnacht«: die brennenden Synagogen, geplünderten Läden, die erschlagenen Menschen. Auch als in München seit Kriegsbeginn die jüdischen Mitbürger nach und nach aus ihren Wohnungen vertrieben werden und die Stadtverwaltung sie in einem im Norden liegenden Barackenlager zusammenpfercht, halten viele dies für einen »unschönen, aber kaum vermeidbaren Vorgang«. Der Gedanke, wohin eine derartige Politik führt, wird schnell beiseite geschoben, und so »überhören« zahlreiche Volksgenossen Hitlers Ankündigung, man werde »die jüdische Rasse« ausrotten. Als ausländische Sender seit dem Frühjahr 1942 Meldungen über Massenerschießungen von Juden bringen, hält man dies für »Greuelpropaganda des Feindes«.

Sabotage!

Auch das dritte Flugblatt stellt für viele, die es lesen, eine Provokation dar. Es wendet sich an diejenigen, die den Nationalsozialismus zwar ablehnen, aber der Meinung sind, erst müsse der Krieg gewonnen werden (vor allem gegen die Sowjetunion), dann könne man weitersehen. »Ein Sieg des faschistischen Deutschland in diesem Krieg hätte unabsehbare fürchterliche Folgen«, erklärt die »Weiße Rose«. Hitler würde noch fester im Sattel sitzen als vorher, deshalb darf »nicht der militärische Sieg über den Bolschewismus die erste Sorge für jeden Deutschen sein, sondern die Niederlage der Nationalsozialisten«. Es müsse alles getan werden zur »Verhinderung des reibungslosen Ablaufs der Kriegsmaschine«. Dies sei nur möglich durch Sabotage oder passiven Widerstand: »Sabotage in rüstungs- und kriegswichtigen Betrieben, Sabotage in Universitäten, Hochschulen, Laboratorien, Forschungsanstalten, technischen Büros ... die für eine Fortführung des gegenwärtigen Krieges tätig sind ... Sabotage in allen Zeitungen, die im Solde der ›Regierung‹ stehen.« Wer zu derartigen Maßnahmen aktiven Widerstands keine Möglichkeit besitzt, wird zur Verweigerung aufgeruen. Er soll an keinen kulturellen Veranstaltungen teilnehmen, die dem Ansehen der Faschisten dienen, soll Geldspenden für NS-Straßensammlungen ablehnen, die politischen Versammlungen und Kundgebungen boykottieren und aus den NS-Organisationen austreten. Sich den Nationalsozialisten zu verweigern, das ist für viele, die die Flugblätter lesen, durchaus nachvollziehbar. Doch den Aufruf zur Sabotage empfinden sie als Landesverrat, wird doch damit die Kampfkraft der eigenen Soldaten geschwächt, der Feind begünstigt und die militärische Niederlage Deutschlands angestrebt.

Mut zum Kämpfen

Das vierte Flugblatt richtet sich vor allem an die Christen. Es ruft sie auf, nicht zu warten, »daß ein anderer die Waffen erhebt ... hat dir nicht Gott selbst die Kraft und den Mut gegeben zu kämpfen? Wir *müssen* das Böse dort angreifen, wo es am mächtigsten ist. Und es ist am mächtigsten in der Macht Hitlers.« »Nach Beendigung des Krieges muß ein Exempel statuiert werden«, fordert die »Weiße Rose«. Alle Parteimitglieder und Helfershelfer müssen bestraft werden. »Vergeßt auch nicht die kleinen Schurken dieses Systems, merkt euch die Namen, auf daß keiner entkomme! Es soll ihnen nicht gelingen, in letzter Minute noch nach diesen Scheußlichkeiten die Fahne zu wechseln und so zu tun, als ob nichts gewesen wäre!«

Werner Stocker, Oliver Siebert, Ulrich Tukur

Mehrere hundert Flugblätter werden hergestellt. Die Arbeit ist anstrengend und zeitraubend. Die Druckmaschine, ein handbetriebenes, vorsintflutliches Gerät, geht oft kaputt. Druckpapier, Umschläge und Briefmarken müssen vorsichtig und in kleinen Mengen zusammengekauft werden. Gedruckt wird meist nachts im Keller des Ateliers Eickemeyer. Wiederum werden die Flugblätter mit der Post verschickt und in der Universität in leeren Hörsälen und Gängen abgelegt. Neben all dieser Tätigkeit muß das Studium fortgesetzt werden;

um Freunde und Kommilitonen nicht aufmerksam werden zu lassen, gilt es, die Appelle in der Studentenkompanie wahrzunehmen und für Eltern und Zimmerwirtinnen Ausreden zu finden. Das doppelte Leben, das Hans, Sophie, Alex und Christoph gezwungen sind zu führen, zehrt an den Nerven. Vorsichtig versuchen sie, Unterstützer zu gewinnen. Zuerst wird Manfred Eickemeyer, als er wieder in München weilt, eingeweiht. Er findet die Aktion der »Weißen Rose« richtig, übt aber Kritik an den Flugblättern. Sie sind ihm zu akademisch, sollten viel mehr aufklären und Informationen geben wie der Bericht über die Massenmorde im besetzten Polen. Eickemeyer ist damit einverstanden, daß sein Atelier weiter benutzt wird, und gibt Geld für neues Druckmaterial.

Bereits nach wenigen Gesprächen ist Hans der Überzeugung, daß Willi Graf die Arbeit der »Weißen Rose« unterstützen würde. Er spricht ihn direkt darauf an. Willi ist erstaunt. Er kennt zwar eines der Flugblätter, hat aber nicht vermutet, daß Hans damit etwas zu tun haben könnte. Willi will Einzelheiten wissen, läßt sich mit seiner Entscheidung Zeit. Schließlich stimmt er zu.

Innerlichkeit und Flucht?

Im Gespräch über weitere Unterstützer kommen Hans und Willi auf Professor Huber. Auch Sophie, die wie Willi regelmäßig an dessen Vorlesungen teilnimmt, hat mit ihrem Bruder schon mehrmals über Huber gesprochen. Ende Juni wird Hans zu einem literarischen Gespräch bei einer Frau Doktor Mertens eingeladen. Anwesend sind Freunde aus der Studentenkompanie: Hubert Furtwängler, Ottmar Hammerstein, Wolf Jäger.

Neben dem Verleger Dr. Ellermann, dem Schriftsteller Sigismund von Radecki, dem Musikwissenschaftler Trasybulos Georgiades nimmt auch Professor Huber an der Versammlung teil. Man spricht über religiöse und historische Themen. Schließlich beginnt, sehr zum Entsetzen der Gastgeberin, ein offener Disput über aktuelle politische Fragen. Es wird beklagt, daß der Nationalsozialismus zu einer »Zerstörung der inneren Werte« geführt habe. Man spricht über Möglichkeiten, dem entgegenzuwirken. Es wird die These aufgestellt, die Vertreter des geistigen Lebens, besonders die Studenten hätten die Aufgabe, für geistige Gegenwehr zu sorgen. Ein direkter äußerer Widerstand gegen den Nationalsozialismus aber sei sinnlos. Hans ist damit nicht einverstanden. Spöttisch wirft er ein: »Wir mieten uns eine Insel in der Ägäis und machen weltanschauliche Kurse!« Erregt pflichtet ihm Professor Huber bei. Gegen einen Staat, der jede freie Meinungsäußerung knebelt, die Wissenschaft unterdrückt und in Europa ein Blutbad anrichtet, sei geistiger Widerstand sinnlos. »Man muß etwas tun, und zwar heute noch.« Die Anwesenden sind über Hubers Radikalität erstaunt oder erschrocken. Hans unterstützt ihn.

Um weiter im Gespräch mit Kurt Huber bleiben zu können, laden Alex und Hans den Philosophieprofessor zu einem ihrer Treffen im Hause Schmorell ein. Zugleich schicken sie ihm ein Flugblatt zu. Professor Huber berichtet später, »ich wurde von Scholl ... zu einer Zusammenkunft ... geladen ... einige Tage vorher hatte ich ein Flugblatt ›Weiße Rose‹ zugeschickt erhalten ... daß Scholl der Verfasser war, konnte ich damals nicht wissen. Schmorell, in dessen Villa die Zusammenkunft stattfand, kannte ich noch gar nicht. Eine mir unbekannte Studentin, Frl. Lafrenz, die mit Scholl und mir herausgefahren war, fragte mich kurz vor der Ankunft in der Villa Schmorell, ob ich auch ein Flugblatt ›Weiße Rose‹ erhalten habe, was ich bejahte.«[4] Traute, die inzwischen an der illegalen Arbeit teilnimmt, und Hans sprechen mit Huber über das Flugblatt, geben sich aber nicht als Verfasser zu erkennen. Huber äußert sich nur vorsichtig. Er bezweifelt die Wirksamkeit derartiger Appelle und meint, daß die Gefährdung der Verfasser im Vergleich zu einem möglichen Ergebnis viel zu hoch sei. Auch während der Diskussion im Hause Schmorell hält sich Huber sehr zurück. Er beklagt zwar die Unterdrückung der wissenschaftlichen Arbeit an den Universitäten und das niedrige Niveau, das dort inzwischen durch die nationalsozialistische Ideologie erreicht worden sei, äußert sich sonst aber nicht weiter darüber, wie deren Einfluß zurückgedrängt werden könnte. Hans, Alex und Traute sind von Huber enttäuscht. So oft es möglich ist, nehmen sie trotzdem in den folgenden Wochen an den Vorlesungen Hubers teil. Am 22. Juli findet die vorerst letzte Zusammenkunft der Freunde im Atelier in der Leopoldstraße statt. Neben Hans, Sophie, Alex, Willi, Christoph und Traute nehmen Manfred Eickemeyer und Prof. Huber teil. Auch dessen Assistentin, Katharina Schüddekopf, und der Oberschüler Hans Hirzel, der in Ulm die Predigten Galens verschickt hatte, sind anwesend. Wiederum geht es zuerst über Fragen der Kunst und der Literatur. Am Schluß wird die aktuelle politische Lage erörtert. Alex spricht sich offen für passiven Widerstand gegen den Nationalsozialismus aus. Im Gegensatz zur letzten gemeinsamen Diskussion beteiligt sich Huber wieder direkt und engagiert. Er gibt Alex recht, ein aktiver offener Widerstand sei unmöglich, »wir sind keine Industriearbeiter«. Man könne nicht wie diese streiken oder auf die Straße gehen. Aber welche Mittel würden statt dessen einem Wissenschaftler an der Universität übrigbleiben? Huber bezweifelt, ob das mehr sein könnte, als sich dem faschistischen Ungeist zu verweigern und abzuwarten. Hans widerspricht ihm. »Nicht durch individuelle Gegnerschaft, in der Art verbitterter Einsiedler, wird es möglich werden, den Boden für einen Sturz dieser Regierung reif zu machen oder gar den Umsturz möglichst bald herbeizuführen, sondern nur durch die Zusammenarbeit vieler überzeugter tatkräftiger Menschen.«[5] Die Diskussion wird heftiger. Man spricht über die fortschreitende Zerstörung der Städte durch die Bombenangriffe. Was würde da noch von der kulturellen Tradition, die man gegen die Nationalsozialisten verteidigen wolle, übrigbleiben? Sei da geistiger Widerstand nicht völlig sinnlos? Huber gerät in Erregung. Natürlich wären die Mittel, die man zur Verfügung habe, im Gegensatz zu dem, was – möglichst schnell – erreicht werden müßte, begrenzt, stellt er fest. Wahrscheinlich würde nur eins übrigbleiben: illegale Propaganda, Sabotage in jeder Form und Attentate, fügt er zur Überraschung der Anwesenden plötzlich hinzu.

Kurt Huber ist noch unentschlossen. Die jahrelange Isolation, in der er sich an der Universität befindet, ist nicht spurlos an ihm vorübergegangen. Ein Leben unter fanatischen NS-Parteigängern und karrierebewußten Opportunisten hat tiefe Resignation hinterlassen. Hans und Alex zögern, mit Huber über die »Weiße Rose« zu sprechen und sich ihm zu erkennen zu geben. Fürchten sie doch, eine Absage zu erhalten.

Momente der Ruhe

Neben Studium, Kaserne und illegaler Tätigkeit bleibt wenig freie Zeit. Um so intensiver wird sie von den Mitgliedern der »Weißen Rose« genutzt. Hans und Alex sind auf Vermittlung von Carl Muth oft in der Klosterbibliothek St. Bonifaz, lesen in Schriften von Thomas von Aquin und der Kirchenväter. Da neue Übergriffe der Nationalsozialisten auf die Klöster befürchtet werden, helfen sie, wertvolle Bücher beiseitezuschaffen und an sicheren Orten zu deponieren. Sophie Scholl ist oft bei Carl Muth, unterstützt den alleinstehenden 71jährigen. Die eingeschränkte Versorgung mit Lebensmitteln macht ihm besonders schwer zu schaffen; Sophie besorgt Nahrungsmittel aus Ulm. Christoph fährt, so oft es geht, zu seiner Familie. Alex ist nur noch zu den unbedingt notwendigen Kursen in der medizinischen Fakultät. Er hat sich immer stärker auf die Malerei und das Bildhauern konzentriert. Oft schließt er sich tagelang ein und arbeitet an einer Skulptur. »Ohne Arbeit (unter Arbeit verstehe ich nur die bildhauerische) ist hier in Deutschland für mich der unerträglichste Zustand, den ich mir nur vorstellen kann«,[6] schreibt er. »Fürchterliche Unruhe ist dann mein hartnäckigster Begleiter. Nur Arbeit ist meine Ruhe.«

Zusammen mit einer Freundin, der Tanz- und Kunststudentin Lilo Ramdohr, nimmt Alex an Zeichenkursen teil. Oft laden beide eines der Modelle, einen Münchner Stadtstreicher, in die Wohnung Lilos ein, um dort ungestört weiterzeichnen zu können. Willi ist in diesen Wochen oft in der Oper und im Konzert. Manchmal trifft er sich auch mit den anderen aus der »Weißen Rose«, und es wird, da jeder ein Instrument spielt, musiziert. Der Sommer lädt zu nächtlichen Feiern im Englischen Garten ein, oder man fährt für einige Stunden aufs Land.

Abreise zur Ostfront, Juli 1942: Hubert Furtwängler, Hans Scholl, unbekannt, Sophie Scholl, Alex Schmorell

Mitte Juli bestätigen sich die Gerüchte, daß die Studentenkompanie während der Semesterferien zum Fronteinsatz abkommandiert wird. Hans, Alex, Willi und Hubert Furtwängler sollen als Sanitäter und Hilfsärzte an die Ostfront. Christoph wird nach Innsbruck versetzt. Alle sind sehr niedergeschlagen, spüren, daß dies das Ende der »Weißen Rose« bedeuten könnte. Hans, Alex und Willi wollen versuchen, zusammenzubleiben. Die Gruppe beschließt, im Winter ihre Arbeit fortzusetzen.

Michael Schech, Wulf Kessler, Oliver Siebert, Lena Stolze

Marschmusik

Am 23. Juli 1942 verlassen Hans, Alex, Willi und Hubert mit einem Truppentransport München. Drei Tage später sind sie in Warschau, machen Zwischenstation. Sie gehen durch die Stadt und kommen zum Jüdischen Ghetto. Das Elend dort ist noch größer, als es Willi ein Jahr zuvor erlebt hat. Seit ungefähr drei Wochen ist die SS dabei, das Ghetto zu räumen. Ein langer Zug verhungerter Männer, Frauen und Kinder bewegt sich durch die Stadt zum Bahnhof. Die Deportationen in die Vernichtungslager von Auschwitz, Treblinka, Maidanek und Sobibor beginnen. Ende September sind von ehemals 350000 Bewohnern des jüdischen Ghettos nur noch 60000 übrig. Willi schreibt: »Am Spätnachmittag gehen wir in die Stadt. Das Elend sieht uns an ... hoffentlich sehe ich Warschau nicht mehr unter diesen Vorzeichen und Bedingungen.« Willi und seine Freunde werden zum Mittelabschnitt der Front vor Moskau abkommandiert, kommen nach Gshatsk, das Willi drei Monate zuvor verlassen hat. Willi notiert in sein Tagebuch: »1.8.42. Am Nachmittag Wjasma. Elender Weitermarsch zur Frontsammelstelle. Erste Verteilung, Unterbringung im Quartier. Wir schlendern zu fünft durch die Stadt, Schmutz, Elend, deutsche Marschmusik. Auf dem Hügel inmitten der Häuser und Trümmer die Kirche. 2.8.42. Einteilung: wir bleiben zusammen und kommen zur 252. Division. Das sind alte Bekannte. Am Nachmittag sind wir kurze Zeit auf dem russischen Markt, wo seltsame Dinge feilgeboten werden. Das Elend ist schon selten so kraß hervorgetreten. Brot bricht alle Grenzen und wird von allen gesucht. Abfahren nach Gshatsk. Die Reise ist voller Abwechslung, selten bot sich das Land in solcher Schönheit, der Mond geht genau über den Gleisen auf im blutroten Glanz. Bei Dunkelheit sieht man das Mündungsfeuer der Front. Leuchtfallschirme. Gegen 10 Uhr in Gshatsk. Wieder ein endloser Gang durch die Stadt mit allem Gepäck. Gespenstisch ragen die Ruinen der hohen Häuser in der Beleuchtung des Mondes. Russische Artillerie schießt in die Stadt, Flucht in die Häuserwinkel. Es gibt doch einige Aufregung. Doch schlafen wir gut mitten im Dreck. 3.8.42. Wir bleiben zusammen, sind bei der bespannten Sanitätskompanie 252, die in Gshatsk liegt im Waldlager, ganz in der Nähe vom Flughafen, wo ich damals wegflog. 4.8.42. Einweisung. Wir werden verteilt. Ich komme mit Hans auf die Seuchenabteilung.«[7]

Die vier Freunde bleiben für die ersten vier Wochen des Fronteinsatzes zusammen. Dann kommen Willi und Hubert zum Infanterieregiment 461 unmittelbar an die Kampflinie. Sowjetische Einheiten versuchen dort, ab Mitte September, die bei Rshew weit vorgeschobenen Wehrmachtsverbände vom Hinterland abzuschneiden. Mit Ausnahme dieser Wochen herrscht sonst eine relative Ruhe. Die eigentlichen Kämpfe finden an der Südfront, Richtung Stalingrad, statt. Dennoch

Willi Graf, Wulf Kessler, Oliver Siebert

gibt es zahlreiche Verwundete zu versorgen, treffen Transporte vor allem aus dem Süden ein. Zwischenzeitlich herrschen oft Leerlauf und Routine.

Freunde

Hans, Willi und Hubert bekommen durch Alex direkten Kontakt zur Bevölkerung. Da er perfekt Russisch spricht und es jeden sofort merken läßt, daß er das Land als seine Heimat begreift, ist die Distanz, die die Menschen sonst den Besatzungssoldaten entgegenbringen, schnell überwunden. Die Freunde sind oft in den Bauernhäusern, hören den Liedern zu, die gesungen werden, und beobachten die Tänze. Kleine Feste werden gefeiert, und man nimmt am russisch-orthodoxen Gottesdienst teil. Krankenbesuche werden gemacht, Medikamente verteilt. Es ist nicht leicht, diese Kontakte und Hilfe aufrechtzuerhalten, denn eine »Verbrüderung mit dem Gegner« ist strikt untersagt, Versammlungen und Feste der Bevölkerung sind nach Einbruch der Dunkelheit verboten. Einen besonderen Eindruck hinterläßt die gemeinsame Lektüre von Dostojewskis »Schuld und Sühne«. »Vor allem war Dostojewski zu diesem Zeitpunkt wichtig für mich,

136

weil ich in den vergangenen Wochen einige russische Menschen näher kennenlernte«, schreibt Willi. »Durch das Zusammensein mit Alex eröffnete sich mir erst so recht dieses Land, das mir vorher fast unbekannt, zumindest unverständlich geblieben war. Er erzählte uns viel von der russischen Literatur, und zu den Menschen findet man doch einen ganz anderen Zugang, wenn man sich verständigen kann. Wir haben oft bei den Bauern gesessen und gesungen und ließen uns die wundervollen alten Lieder vorspielen. Man vergißt dann manchmal für kurze Zeit all das Traurige und Entsetzliche, das sich hier um uns ereignet. Herrliche Nachmittage und Abende verbrachten wir bei den Russen – während in der Ferne die Geschütze und Gewehre nur selten verstummten und wir die Kranken und Verwundeten versorgen. Zwei Welten um uns.«[8] Dieses Leben in »zwei Welten« wird zu einer »ungeheuren Zerreißprobe«, wie Hans an seine Eltern schreibt. Begeisterung über die Schönheit der Natur und die unvorstellbare Weite und Größe des Landes – Erschrecken und Wut über die Brutalität des Krieges, beides prallt aufeinander und muß ausgehalten werden.

Zwischen den Fronten

Für Alex ist die Belastungsprobe noch größer. Seine Stimmung ist meist geprägt von Euphorie und Begeisterung. Erlebt er doch eine Natur und Landschaft, die er als seine Heimat begreift, kann endlich in der Sprache reden, die er als seine Muttersprache empfindet. Um so stärker ist die Empörung über den Krieg der Nationalsozialisten gegen dieses Land, über die brutale Besatzungspolitik. Er will in diesem Land leben und weiß, daß dies nur möglich ist nach der Niederlage des Naziregimes. Er weigert sich, die Waffe gegen die Menschen dieses Landes zu erheben, überlegt mehr als einmal, ob er desertieren soll. Verwirft diesen Gedanken aber wieder, da es ihm ebenso unmöglich erscheint, auf Deutsche zu schießen. Die Zeit an der Ostfront bestätigt nicht nur Alex, sondern auch Hans und Willi darin, die Aktivitäten der »Weißen Rose« fortzusetzen.

Gnade?

Hans ist gerade in Gshatsk eingetroffen, da erhält er von zu Hause die Nachricht, daß der Vater wegen seiner Äußerung, Hitler sei eine Gottesgeißel, von einem Sondergericht zu vier Monaten Gefängnis verurteilt worden ist. Hans informiert seinen Bruder Werner, der durch Zufall wenige Kilometer entfernt im gleichen Frontabschnitt stationiert ist. Beide beratschlagen, ob man, wie die Mutter angefragt hat, ein Gnadengesuch für den Vater einreichen soll. Beide sind sich einig, daß dies der Haltung des Vaters widersprechen würde. Er habe nichts Unrechtes getan und brauche daher auch nicht um Gnade zu bitten.

Spuren verwischen

Am gleichen Tag, als der Prozeß gegen Robert Scholl stattfindet, trifft Sophie in Ulm ein. Als sie von der Verurteilung des Vaters erfährt, setzt sich Sophie sofort in den nächsten Zug nach München. Sie befürchtet, daß die Gestapo nun nach der Methode der Sippenhaft vorgehen und auch die Zimmer ihres Bruders sowie ihr eigenes durchsuchen könnte. Obwohl zu Semesterende alles, was auf die »Weiße Rose« hinweisen könnte, beseitigt wurde, untersucht Sophie zusammen mit Traute die Zimmer noch einmal nach möglichen Anhaltspunkten und räumt auf.

»Die Gedanken sind frei . . .«

Nach Ulm zurückgekehrt, unterstützt Sophie die Mutter, die von der Verhaftung des Vaters sehr mitgenommen ist. Der Kontakt mit dem Vater ist sehr schwierig, da die Gefängnispost zensiert wird. Doch durch die Feldpost-Korrespondenz mit Fritz Hartnagel hat sie gelernt, so zu schreiben, daß zwischen den Zeilen gelesen werden kann. Sie spielt auf des Vaters Vorliebe für das Hören von »Feindsendern« an und, um ihm Mut zu machen, auf eines der Volkslieder (»Die Gedanken sind frei«), das er am liebsten mag: »Nun, da Du nicht mehr da bist, der uns auf dem laufenden hält, höre ich gewissenhaft die Nachrichten und stehe oft vor der Karte Europas . . . aus dem Felde kommen immer nur gute Nachrichten. Von vielen Freunden, denen ich von Dir schrieb, soll ich Dich grüßen. Sie bauen alle an der Mauer von Gedanken, die um Dich sind. Du spürst doch, daß Du nicht allein bist. Denn unsere Gedanken, die reißen die Schranken und Mauern entzwei, die Gedanken . . .! Deine Sophie.«[9]

Die Rüstung sabotieren!

Anfang August 1942 wird Sophie zum Kriegshilfsdienst eingezogen. Sie soll in einem Rüstungsbetrieb arbeiten und versucht, dies durch Hinweis auf die kranke Mutter, die sie unterstützen muß, zu verhindern, kann aber nichts erreichen. Nach den ersten vier Wochen schreibt sie an ihre Freundin: »Meinen Fabrikdienst finde ich entsetzlich. Diese geist- und leblose Arbeit, dieser reine Mechanismus, dieses winzige Stückchen Teilarbeit, deren Ganzes unbekannt ist, deren Zweck mir schrecklich ist. Sie greift nicht nur körperlich an, sondern vor allem seelisch. Auch der ewige Maschinenlärm, das erschreckende Geheul der Freizeitsirene, das entwürdigende Bild des Menschen an der Maschine, als hätte sie ihn in ihrer vollen Gewalt, tragen nicht zu einer Stärkung der Nerven bei. Wie schön dagegen ist die Arbeit eines Bauern, eines Handwerkers, ja sogar eines Straßenkehrers. Das erquickendste ist noch das Putzen der Maschine am Samstag. Da hat man doch ein Ziel und eine ganze Arbeit, nämlich die Maschine schön blank zu reiben, was eine ähnliche Freude auslösen kann wie die der Hausfrau an ihrer blitzsauberen Küche.«[10] Noch mehr allerdings macht ihr die Tatsache zu schaffen, daß sie nun Hitlers Krieg unterstützt und zu verlängern hilft. Sophie sucht nach Mitteln des Widerstandes. Doch die Arbeit wird genau kontrolliert, die einzige Chance besteht darin, so wenig wie möglich zu produzieren. Sophie entschließt sich, besonders langsam zu arbeiten. Bei Beschwerden der Meister täuscht sie Ungeschicklichkeit vor.[11]

Lena Stolze

Sklaven für den Profit

In allen großen Betrieben, vor allen Dingen in den für die Rüstung wichtigen, arbeiten zu diesem Zeitpunkt Kriegsgefangene und Fremdarbeiter, die aus den von der Wehrmacht besetzten Gebieten verschleppt wurden. Sie werden von den Unternehmen wie Sklaven gehalten: hinter Stacheldraht in überfüllten Baracken, mit Wassersuppen verpflegt, ohne ausreichende ärztliche Versorgung, von Seuchen und Krankheit bedroht. Die wöchentliche Arbeitszeit beträgt für alle rüstungswichtigen Betriebe 1942 durchschnittlich 60 Stunden. Kriegsgefangene und Zwangsarbeiter müssen oft bis zu 70 Stunden arbeiten. In der Fabrik, in der Sophie Kriegshilfsdienst leisten muß, sind russische Zwangsarbeiterinnen tätig. Sophie ist über deren Lage bestürzt und empört. Sie werden oft, nicht nur von den Meistern, wie Vieh behandelt. Obwohl jeder Kontakt verboten ist, freundet sich Sophie mit einem russischen Mädchen an. Sie versucht, sich mit den wenigen Worten, die sie von Alex gelernt hat, zu verständigen. Sie steckt dem Mädchen Brot und Lebensmittel zu.

Solidarität

Hans, Alex, Willi und Hubert werden für das Wintersemester zum Studium beurlaubt. Für Alex ist die Rückkehr allerdings gefährdet. Er hat in einem nahegelegenen Lager einen deutschen Wachposten mit heftigen Worten zur Rede gestellt, weil dieser einen russischen Kriegsgefangenen wegen einer Kleinigkeit blutig geschlagen hatte. Alex droht deswegen ein Verfahren vor einem Kriegsgericht. Durch verschiedene Fürsprachen kann dies schließlich abgewendet werden. Anfang November treten die vier die Rückreise an. In der Frontsammelstelle erleben sie, wie ein russischer Soldat am Ende einer vorbeiziehenden Kolonne von Kriegsgefangenen zusammenbricht. Er wird von einem Wachposten beschimpft und mißhandelt. Diesmal ist es Hans, der nicht an sich halten kann. Er knöpft sich den Wachposten vor und »scheißt ihn zusammen«, wie Hubert Furtwängler später berichtet. Da Hans Feldwebel ist, kann er sich das erlauben. Es kommt zu einem gefährlichen Streit mit anderen Unteroffizieren, der nur mit Mühe beigelegt werden kann.

Ein neuer Treffpunkt

Anfang November 1942 ist die »Weiße Rose« wieder in München versammelt. Hans und Sophie beziehen eine neue gemeinsame Wohnung in der Franz-Josef-Straße 13, die zum Treffpunkt für die gesamte Gruppe wird. Willis Schwester Anneliese, die ihr Studium zum Wintersemester in München fortsetzt, wohnt einige Zeit bei Hans und Sophie, ohne aber in die illegale Arbeit eingeweiht zu werden. Christoph versucht, wieder nach München zurückversetzt zu werden, um dadurch auch näher bei seiner Familie sein zu können. Sein Antrag wird abgelehnt, und er muß in Innsbruck bleiben. So kann er nur noch unregelmäßig an den Treffen und Aktivitäten der »Weißen Rose« teilnehmen, was für die Gruppe ein großer Verlust ist. Christophs besonnene Art, Stellung zu nehmen, wirkt zusammen mit Willis Wortkargheit und Ruhe wie ein ausgleichender Gegenpol zu der großen Begeisterungsfähigkeit, die von Hans und Alex ausgeht.

Den Widerstand ausweiten!

Die Gruppe beschließt, ihre Widerstandsarbeit fortzusetzen. Die groß angekündigte Sommeroffensive der Wehrmacht ist an der Ostfront längst festgefahren, die Rote Armee bei Charkow zu erfolgreichen Gegenangriffen übergegangen. Hans, Alex und Willi wissen aus eigener Erfahrung, wie wenig die NS-Propaganda von der militärischen Überlegenheit der deutschen Truppen noch der Wirklichkeit entspricht. Der »Landser« ist müde, der Verlust an Waffen und Munition kann nur langsam ausgeglichen werden, es fehlt an Treibstoff. Zum gleichen Zeitpunkt hat die Aufrüstung der USA noch längst nicht ihren Höhepunkt erreicht, und dennoch sind die deutschen Städte bereits in einem ungeheuren Ausmaß zerstört. Die Invasion der Alliierten im Westen ist nur noch eine Frage der Zeit. »Mit mathematischer Sicherheit führt Hitler das deutsche Volk in den Abgrund. Hitler kann den Krieg nicht gewinnen, nur noch verlängern.«[12] Doch zahlreiche Volksgenossen haben nicht den Mut, sich dies einzugestehen. Deshalb ist es um so notwendiger, Mut zu machen, laut zu sagen, was viele nur hinter vorgehaltener Hand flüstern.
Die Mitglieder der »Weißen Rose« entschließen sich, die Widerstandtätigkeit auszuweiten. Hans, Sophie, Traute, Alex, Willi und Christoph wollen ein Netz von Gruppen errichten, das die »Blätter der Weißen Rose« in anderen Städten weiterverteilt und schließlich eigene erstellt. Ein derartiges Netz soll durch die Kontakte ausgebaut werden, die jeder einzelne in der Gruppe besitzt. Traute will den Widerstandskreis um Heinz Kucharski in Hamburg ansprechen, Willi entschließt sich, in Münster, Bonn, Saarbrücken und Freiburg bei seinen zahlreichen Freunden aus dem »Neudeutschland« und dem »Grauen Orden« um Unterstützung zu werben. Hans weiß, daß Hel-

mut Hartert, mit dem er im Sommersemester 1939 zusammenge-
wohnt hat, inzwischen in Berlin studiert. Gemeinsam mit Alex spricht
er Jürgen Wittenstein an, den sie seit einigen Jahren aus der Studentenkompanie kennen und der auch mit Helmut Hartert befreundet
ist. Wittenstein soll versuchen, seinen Freund für den Aufbau einer
Gruppe in Berlin zu gewinnen. Am weitesten vorangeschritten sind
die Kontakte in Ulm. Dort hat sich Hans Hirzel schon im Sommersemester zur Mitarbeit bereiterklärt und daraufhin von Sophie Geld zur
Beschaffung eines Vervielfältigungsapparates erhalten. Außerdem
hat Hirzel zwei Mitschüler, Franz Müller und Heinrich Guter, in die
Pläne eingeweiht. Bereits in zahlreichen Gesprächen an der Ostfront
herrschte zwischen Hans, Alex und Willi Übereinstimmung, daß das
Verteilen von Flugschriften, auch wenn es gleichzeitig von vielen
Gruppen in verschiedenen Städten erfolgt, nur ein erster Schritt sein
kann auf dem Weg zu einem wirkungsvollen Widerstand. Die »Weiße
Rose« müßte Kontakt finden zu Widerstandskreisen, die in völlig anderen Bereichen tätig sind. Doch wie soll das geschehen? Ein Zufall
kommt den Münchner Studenten zur Hilfe.

Die »Rote Kapelle«

Im August und September verhaftet die Gestapo in Berlin über hundert Mitglieder einer weitverzweigten Widerstandsgruppe. Ihre führenden Mitglieder sind der Oberleutnant Harro Schulze-Boysen vom
Reichsluftfahrtministerium und der Oberregierungsrat Arvid Harnack aus dem Reichswirtschaftsministerium. Die Gruppe stellt eine
illegale Zeitschrift her, führt Arbeitskreise durch, in denen vor allem
Schriften der marxistischen Theorie gelesen werden, und macht Flugblattaktionen. Verbindungen bestehen zu zahlreichen Widerstandsgruppen der illegalen KPD in der Berliner Metallindustrie und unter
den Fremdarbeitern. Mit Hilfe der vielfältigen Kontakte im Luft-
fahrt- und im Wirtschaftsministerium, zum Luftwaffenführungsstab,
zum Oberkommando der Wehrmacht und der Marine sammelt ein
kleiner Kreis um Schulze-Boysen und Harnack Informationen für die
Sowjetunion über die NS-Kriegsführung und Wirtschaftsplanung.
Die Gruppe ist damit Teil eines bis nach Paris, Brüssel, Amsterdam
und in die Schweiz reichenden Spionageringes der Sowjetunion, dem
die Nazis später den Namen »Rote Kapelle« geben.

Kontakte nach Berlin

Während eines Besuches bei Lilo Ramdohr erfahren Hans und Alex,
daß diese seit mehreren Jahren mit dem Regisseur und Dramaturgen

Dr. Falk Harnack

Falk Harnack befreundet ist. Aus verschiedenen Nachrichten der »Feindsender«, die Hans und Alex regelmäßig hören, wissen sie von der Verhaftung der Widerstandsgruppe um Arvid Harnack und Harro Schulze-Boysen in Berlin. Sie hoffen, von Falk Harnack, dem Bruder des Verhafteten, Näheres darüber erfahren zu können, und bitten Lilo Ramdohr um die Vermittlung eines Gesprächs. Harnack ist einverstanden und lädt Hans und Alex nach Chemnitz ein, wo er als Soldat stationiert ist. Hans und Alex zögern. Ohne Urlaubsschein der Kompanie, der ihnen verweigert wird, dürfen sie München nicht weiter als 50 Kilometer verlassen. In den Zügen finden regelmäßig Kontrollen der Feldpolizei, der Kriminalpolizei und der Gestapo statt. Wer als Soldat ohne Urlaubsschein und Fahrerlaubnis angetroffen wird, gilt als Deserteur. Hans und Alex entschließen sich, dennoch zu fahren. Vielleicht können sie über Harnack Kontakte zu Widerstandskreisen in Berlin bekommen. »In einem kleinen Hotel ›Sächsischer Hof‹ fand die erste grundlegende Besprechung statt«, berichtet Falk Harnack. »Entgegen der üblichen illegalen Gepflogenheiten sprachen wir sofort sehr offen, da wir gegenseitig wußten, wen wir vor uns hatten. Sie legten mir ihre bisher veröffentlichten Flugblätter als Diskussionsbasis

143

vor.«[13] Harnack kritisiert an den Flugblättern, daß sie zu philosophisch ausgeschmückt, zu schöngeistig sind. Grundsätzlich begrüßt er aber die Aktionen der »Weißen Rose«. Hans berichtet über die zukünftige Arbeit. Es sei ihr Ziel, »an allen deutschen Universitäten illegale studentische Zellen zu errichten, die schlagartig übereinstimmende Flugblattaktionen durchführen sollten«. Im weiteren Gespräch geht es um grundsätzliche Fragen des Widerstandes. Harnack ist der Meinung, daß es notwendig sei, eine »breite antifaschistische Front aufzubauen, ausgehend vom linken (kommunistischen) Flügel über die liberale Gruppe bis zur konservativen militärischen Opposition«. Hans und Alex stimmen zu. Auch die »Weiße Rose« sucht nach Möglichkeiten, ihre »Widerstandsorganisation auf eine breitere Basis stellen zu können«. Hans und Alex wollen Näheres wissen über den Berliner Widerstand. Gibt es tatsächlich eine militärische Opposition? Wie groß ist sie? Wie stark sind die anderen Kreise? Was ist geplant?

Ein Putsch wird vorbereitet

Harnack hält sich zurück, beschränkt sich, um niemanden zu gefährden, auf Andeutungen und einige wenige Informationen. Er berich-

Peter Kortenbach als Falk Harnack, Wulf Kessler, Oliver Siebert

tet, daß zwischen den verschiedenen Gruppen innerhalb und außerhalb der Wehrmacht Kontakte bestehen und daß bestimmte Kreise der militärischen Opposition einen Putsch gegen Hitler vorbereiten.[14] Diese Mitteilungen übertreffen alle Erwartungen von Hans und Alex. Zwar haben sie schon mehrmals innerhalb der Gruppe darüber gesprochen, daß letztlich nur die Wehrmacht über die notwendigen Mittel verfügen würde, die Nationalsozialisten zu stürzen, doch das waren eben nur allgemeine Überlegungen. Wenn nun wirklich ein Putsch geplant sei, würde das auch ihrer eigenen Arbeit eine neue Zielrichtung geben. Sie bitten Harnack, ihnen »eine Verbindung zu den Zentralstellen der Widerstandsbewegung in Berlin«[15] herzustellen, um eine Zusammenarbeit zu ermöglichen. Harnack erklärt sich dazu bereit.

Den Umsturz unterstützen!

Als Hans und Alex nach München zurückgekehrt sind, werden die Vorbereitungen für den Aufbau weiterer Gruppen energisch vorangetrieben. Alle sind sich einig, daß die Zeit drängt, daß es nun darum gehen muß, mit den Flugblättern auf einen möglichen Putsch psychologisch vorzubereiten und diesen im entscheidenden Moment durch eigene Aktionen abzusichern. Die verschiedenen Gruppen erhalten dadurch eine neue, doppelte Funktion. Sie müssen nicht nur politische Aufklärung leisten und Gleichgesinnte auffordern, sich zusammenzuschließen, sondern sie müssen ebenso darum bemüht sein, Leute zu sammeln, die zu direkten Aktionen in der Lage sind. Heinz Bollinger, ehemaliges Mitglied von »Neudeutschland« und von Willi zum Aufbau einer Gruppe in Freiburg gewonnen, berichtet über die Pläne der »Weißen Rose«: »Der Krieg an der Front müsse zu Ende gehen, indem die Generäle sich mit den Alliierten verständigten und in Richtung Heimat marschierten, um die Nazis zu überwinden. Das sei dann die Stunde der örtlichen Widerstandsgruppen, die überall sofort die Nazibefehlszentralen beseitigen müßten, was aber sorgfältig, auch psychologisch (deshalb die Flugblätter) vorbereitet werden müsse.«[16]

Ein neues Mitglied

Die letzten sechs Wochen des Jahres 1942 werden dazu genutzt, den Kreis der »Weißen Rose« auszuweiten und die Kontakte in andere Städte herzustellen. Gisela Schertling, die zusammen mit Sophie beim Reichsarbeitsdienst war, ist zum Wintersemester nach München gekommen. Sie studiert Deutsch, Geschichte und Kunstgeschichte. Sophie freut sich, wieder mit ihrer Freundin zusammen sein zu können. Gisela ist oft zu Gast in der Franz-Joseph-Straße. Sie kennt Hans noch von ihren Besuchen in Ulm, und zwischen beiden beginnt bald eine intensive Beziehung. Die Geschwister weihen Gisela in die illegale Tätigkeit ein.

Zustimmung

Hans und Alex besuchen Kurt Huber. Von Gshatsk aus haben sie ihm mehrmals in Briefen ihre Eindrücke von der Situation an der Ostfront mitgeteilt. Nach einigen Gesprächen Ende November und Anfang Dezember geben sie sich endlich als »Weiße Rose« zu erkennen und berichten über die geplante Ausweitung der Gruppe. Huber bezweifelt, ob Flugblätter in der gegenwärtigen Situation überhaupt noch sinnvoll sind. Ihre Wirkung sei im Vergleich zu dem, was erreicht werden müßte, viel zu gering. Er meint, daß nur die Wehrmacht in der Lage sei, dem ganzen Spuk ein Ende zu bereiten. Daraufhin erzählt Hans von den Kontakten der Gruppe nach Berlin. Huber ist erstaunt und will Einzelheiten wissen. Über einen Bekannten, den Rechtsan-

Wulf Kessler, Martin Benrath

walt Dr. F. J. Berthold, der mit Ulrich von Hassell in Berlin befreundet ist, weiß er, daß es innerhalb und außerhalb der Wehrmacht Widerstandskreise gibt. Da Hans und Alex aber von Falk Harnack noch keine neue Nachricht erhalten haben, können sie Huber nur ganz allgemein mitteilen, daß die Militäropposition in Berlin einen Putsch gegen Hitler plant. Kurt Huber ist über diese Mitteilung, wie seine Frau später berichtet, sehr froh. Er entschließt sich, die »Weiße Rose« zu unterstützen.

Unterstützung

Bereits am Ende des Sommersemesters hat Hans den Buchhändler Josef Söhngen für eine Mitarbeit gewinnen können. Söhngen besitzt eine Buchhandlung am Maximiliansplatz, die unter den Nazigegnern als Geheimtip gilt. Wer ein Buch von Heinrich Mann, Stefan Zweig, Franz Kafka oder einem anderen verbotenen Dichter sucht, bekommt es garantiert bei Söhngen. Außerdem findet man im Laden stets Gleichgesinnte, mit denen ein Gespräch möglich ist oder von denen man Neuigkeiten erfahren kann. Hans bittet Söhngen darum, bei Luftangriffen die Druckmaschine der »Weißen Rose« im Keller der Buchhandlung verstecken zu können. Da die Luftangriffe immer häufiger werden, wird es Hans zu riskant, das Gerät im Atelier Eickemeyer zu lassen. Er meint, eine Druckmaschine im Keller einer von Bomben zerstörten Buchhandlung sei weniger auffällig als in der Ruine eines Wohnhauses. Söhngen willigt ein. Hans berichtet ihm über die Ausweitung der Kontakte und trifft auf große Zustimmung. Söhngen will versuchen, zwischen seinem Freund Giovanni Stepanov, einem italienischen Kunsthistoriker, und der »Weißen Rose« eine Verbindung herzustellen. Stepanov hat in Italien Kontakte zu Widerstandskreisen. Auch mit der weiteren Zielsetzung der »Weißen Rose« ist Josef Söhngen einverstanden. Der Sturz des Hitlerregimes könne letztlich nur mit Gewalt herbeigeführt werden. »Auf alle Fälle«, berichtet Söhngen später, »ging es nicht darum, nur Zeugnis abzulegen. Das war uns allen zu wenig. Wenn ich mein Leben riskiere, muß es schon härter zugehen.«

Geld

Ende November fahren Hans und Alex nach Stuttgart und besuchen den Wirtschaftsprüfer Eugen Grimminger, einen Freund Robert Scholls und überzeugten Gegner der Nationalsozialisten. Hans und

Alex schildern ihm die Tätigkeit der »Weißen Rose«, legen ihm Flugblätter vor und berichten von den weiteren Plänen, ein großes Netz von Widerstandsgruppen aufzubauen. Grimminger ist davon beeindruckt. Hans bittet ihn um Geld für die weitere Arbeit. Nach einigen Tagen Bedenkzeit schreibt Grimminger einen Scheck über 500 Reichsmark aus – mehr als das Doppelte eines durchschnittlichen Lohns zu dieser Zeit.

Ein neuer Zweig der »Weißen Rose«

Zur gleichen Zeit fährt Traute nach Hamburg. Der Freundeskreis um Heinz Kucharski und Greta Rothe, dem sie bis zum Sommersemester 1939 angehörte, hat sich inzwischen erweitert. Die Gruppe trifft sich zu literarisch-politischen Lese- und Diskussionsabenden und ähnelt darin den frühen Zusammenkünften der Münchner Freunde im Hause Schmorell. Man beschränkt sich auf eine intellektuelle Auseinandersetzung mit dem Nationalsozialismus. An eine Widerstandstätigkeit ist nicht gedacht. Nur Heinz Kucharski und Greta Rothe sind bereits einen Schritt weiter gegangen. Sie haben Zettel mit der Aufschrift »Gegen Hitler und Krieg« und den Sendefrequenzen ausländischer Radiostationen hergestellt und in Hamburg verteilt. Traute berichtet ihnen von der Arbeit der »Weißen Rose«. Sie hat einige Flugblätter mitgebracht. Man spricht über die Möglichkeit, die in Zukunft geplanten Flugschriften in Hamburg und Norddeutschland zu verteilen. Heinz und Greta sagen grundsätzlich zu, geben aber Traute zu verstehen, daß es dazu noch einer Klärung innerhalb ihrer Hamburger Gruppe bedarf, die sicher einige Zeit in Anspruch nehmen wird. Heinz bittet Traute darum, ihm ein weiteres Flugblatt zuzusenden. Nach München zurückgekehrt, hat Traute Schwierigkeiten, eines der älteren »Blätter der Weißen Rose« aufzutreiben, da im Sommer alles Material beseitigt wurde, um eine mögliche Spur zu verwischen. Traute besucht ihre Freundin Katharina Schüddekopf, die inzwischen auch von der illegalen Tätigkeit weiß, und erhält von ihr ein Flugblatt, das sie nach Hamburg schickt.

»Der Front nicht in den Rücken fallen . . .«

Jürgen Wittenstein spricht in Berlin mit Helmut Hartert. Dieser ist zwar grundsätzlich bereit, die Münchner Gruppe zu unterstützen, möchte aber eigene Flugblätter verfassen, da er eine andere Einschätzung über die notwendigen Aktionen des Widerstands besitzt. Mit den Aufrufen an Gleichgesinnte, sich gegen die Nationalsozialisten zusammenzuschließen, meint er, dürfe nicht der Eindruck erweckt werden, als wolle man der Front in den Rücken fallen. Die Widerstandtätigkeit dürfe auf keinen Fall zu Lasten der Sicherheit Deutschlands und der kämpfenden Truppe gehen. Hartert artikuliert damit die Skrupel, die die konservative, an den vermeintlichen Idealen der Wehrmacht ausgerichtete Opposition hat. Zusammen mit einem Freund besorgt er eine Vervielfältigungsmaschine und Material, was sehr schwierig ist und einige Wochen in Anspruch nimmt.[18]

Ablehnung

Willi bemüht sich, seine Freunde aus dem »Grauen Orden« für die Arbeit der »Weißen Rose« zu gewinnen. Doch mit wem er auch spricht in München, ob mit Fritz Leist, Adalbert Grundl oder Hermann Krings, stets trifft er auf Skepsis und Ablehnung. Er notiert am 5. Dezember 1942 in sein Tagebuch: »Am Abend bei A. G. Das Gespräch ist sehr ergiebig, fast grundsätzlich. Bei ihm das Moment, ob man es verantworten könne, solange nicht ganz klar sei, was später komme.«[19] Willis Freunde aus dem »Grauen Orden« sind noch immer der Überzeugung, daß die Gefahren einer direkten Widerstandstätigkeit in keinem Verhältnis stünden zu den Ergebnissen, die man damit erzielen könnte. Außerdem lehnen sie einen Widerstand mit gewaltsamen Mitteln durch Sabotage, Attentat oder einen (militärischen) Putsch aus theologischen Gründen ab. Man dürfe sich auf keinen Fall auf eine Ebene mit »dem Bösen«, dem »Antichrist Hitler« begeben. Dessen Mittel seien nicht die der Christen. Man müsse lernen, ausharren zu können, denn der Nationalsozialismus würde, wie der Verlauf des Krieges zeige, früher oder später sowieso zusammenbrechen. Willi ist von der Haltung seiner Freunde enttäuscht, stehen sie ihm doch, nicht nur durch die gemeinsame Vergangenheit, besonders nahe. Mindestens einmal die Woche trifft er sich mit ihnen zu theologischen Gesprächen, zum Gebet oder um mit ihnen gemeinsam Madrigale zu singen. Der »Graue Orden« ist für Willi eine zentrale Stütze seiner religiösen Existenz.

Neue Gruppen

Während der Weihnachtsferien setzt Willi seine Bemühungen fort. Er nimmt in Saarbrücken bei einem Treffen von ehemaligen »Neudeutschland«-Mitgliedern teil. Einige der Anwesenden sind Offiziere der Wehrmacht. Im Verlauf des Gesprächs über die gegenwärtige politische und militärische Situation vertreten die meisten die Auffassung, daß zuerst der Krieg gewonnen werden müsse, dann könne man etwas gegen die Nationalsozialisten unternehmen. Willi ist enttäuscht. Doch einer der Gesprächsteilnehmer scheint auf seiner Seite zu stehen: Heinz Bollinger, Assistent für Philosophie in Freiburg. Willi besucht ihn zwei Tage später. »Wir verstanden uns sofort«, berichtet Heinz Bollinger. Sie sind sich einig, »daß der Krieg schon verloren sei und daß der Krieg nicht gewonnen werden dürfe, daß aktiver und passiver Widerstand geleistet werden müsse, entgegen der Auffassung der Kirchen, Untertan sein zu müssen gegenüber der obrigkeitlichen Gewalt, auch wenn sie böse ist«.[20] Heinz Bollinger berichtet, daß er in Freiburg Kontakt zu verschiedenen antinationalsozialistisch eingestellten Professoren besitzt und mit seinem Freund Helmut Bauer begonnen hat, einen kleinen Kreis von Gleichgesinnten zu versammeln. Auch ein Vervielfältigungsapparat sei bereits vorhanden. Heinz macht Willi mit seinem Bruder Willi Bollinger bekannt, der Sanitätssoldat in einem Saarbrücker Reservelazarett ist. Willi Bollinger erklärt sich bereit, in Saarbrücken die Flugblätter der »Weißen Rose« in anonymen Briefen weiterzuverbreiten. Er könne dabei auf Unterstützung durch Nazigegner unter den Offizieren seines Lazaretts rechnen. Wie Heinz Bollinger später berichtet, beginnt sein Bruder gleichzeitig damit, Offiziers- und Maschinenpistolen beiseitezuschaffen. Da Willi Graf zum Jahresbeginn wieder in der Münchner Studentenkompanie antreten muß, verschiebt er seine Reise zu anderen Bekannten aus dem »Neudeutschland« in Münster, Bonn und Köln auf den Januar.

»Hitler kann den Krieg nicht gewinnen«

In den ersten Januartagen schreiben Hans, Alex und Willi ein neues Flugblatt: »Aufruf an alle Deutsche!« Da es das erste Flugblatt sein wird, das in verschiedenen Städten und von unterschiedlichen Gruppen verteilt werden soll, erscheint es unter der Überschrift »Flugblätter der Widerstandsbewegung in Deutschland«. Die Münchner Freunde begreifen sich nun als Teil einer breiten Bewegung. Die Phase der »Weißen Rose« ist für sie beendet, der Name taucht auf keinem der folgenden Flugblätter mehr auf. Hans und Alex legen ihren Entwurf Kurt Huber vor. Huber empfiehlt einige Korrekturen am Text und wendet sich gegen die Bezeichnung »Widerstandsbewegung in Deutschland«, ohne die beiden jedoch mit seiner Kritik überzeugen zu können. Der »Aufruf an alle Deutsche!« beginnt mit der Feststellung: »Hitler kann den Krieg nicht mehr gewinnen, nur noch verlängern!« Heftig wendet sich das Flugblatt gegen die NS-Propaganda, die systematisch Ängste vor den vermeintlich über Deutschland hereinbrechenden »bolschewistischen Horden« züchtet und damit nichts anderes beabsichtigt, als sich selbst als Retter anzubieten und den Menschen zu suggerieren, das Überleben Deutschlands sei unlösbar mit dem Weiterbestehen der nationalsozialistischen Herrschaft verbunden. »Glaubt nicht der nationalsozialistischen Propaganda, die Euch den Bolschewistenschreck in die Glieder gejagt hat. Glaubt nicht, daß Deutschlands Heil mit dem Sieg des Nationalsozialismus auf Gedeih und Verderb verbunden sei.« Zugleich wird damit der Auffassung vieler Nazigegner widersprochen, das erste Ziel müsse ein Sieg an der Ostfront sein, dann erst könne die Beseitigung Hitlers angegangen werden. »Der Krieg geht seinem sicheren Ende entgegen. Mit mathematischer Sicherheit führt Hitler das deutsche Volk in den Abgrund. Trennt Euch *rechtzeitig* von allem, was mit dem Nationalsozialismus zusammenhängt. Nachher wird ein schreckliches, aber gerechtes Gericht kommen.« Das Flugblatt endet mit Vorschlägen für die politische Neuordnung nach dem Kriege: Abkehr vom »imperialistischen Machtgedanken« und »preußischen Militarismus«, Aufbau eines »föderalistischen Deutschlands« in einem ebenso »föderalistischen Europa«, Schaffung eines »vernünftigen Sozialismus«. »Freiheit der Rede, Freiheit des Bekenntnisses, Schutz des einzelnen Bürgers vor Willkür.«

Eine »Ausstellung«

Die Beschaffung des Materials zum Druck der Flugblätter nimmt wieder viel Zeit in Anspruch und verlangt äußerste Vorsicht. Sophie und Traute besorgen Briefumschläge und Briefmarken. Genügend Druckpapier zu erhalten ist aufgrund der verschärften Rationierungen fast unmöglich. Kurt Huber gelingt es unter einem Vorwand über den Ehemann einer Kommilitonin, der in der Stadtverwaltung tätig ist, an Papier heranzukommen. Wieder wird im Keller des Atelier Eickemeyer gedruckt. Eickemeyer, der gerade in München ist, gibt zur Beschaffung weiteren Druckmaterials eine größere Geldsumme. Seit Anfang des Jahres ist ein Freund der Familie Scholl, der von den Nazis verpönte Ulmer Maler Wilhelm Geyer, bei dem Sophie das Zeichnen gelernt hat, in München und arbeitet in den Räumen Eickemeyers. Um die häufigen Diskussionsabende, an denen er teilnimmt, und die illegale Tätigkeit der Gruppe, von der er weiß, nach außen zu tarnen, hängt Geyer ein Plakat aus, das auf eine Kunstausstellung in den Atelierräumen hinweist.

Ulrich Tukur, Werner Stocker, Lena Stolze, Anja Kruse, Wulf Kessler, Oliver Siebert

Flugblätter im Rucksack

Vom »Aufruf an alle Deutsche« werden mehrere tausend Exemplare hergestellt. Hans und Alex verteilen sie, meist nachts, in der Stadt in Telefonzellen, Kinos, Theatern und Bahnhöfen. Als Hans Flugschriften in der Universität ablegt, wird er, wie Clara Huber später berichtet, von einer Reinemachefrau entdeckt und versucht zu entkommen. Zu Hans' Erstaunen ruft ihm die Frau, das Flugblatt lesend, hinterher: »Gut so! Das wurde schon Zeit, daß wieder mal so was kommt!« Die Verschickung der Flugblätter per Post geschieht nach einem neuen System. Um der Gestapo die Nachforschungen zu erschweren, werden die Briefe nie in derselben Stadt aufgegeben, in der auch die Empfänger wohnen. Das allerdings macht umfangreiche Reisen notwendig, die aufgrund der verschärften Kontrollen, die die Feldpolizei und die Gestapo in den Zügen durchführt, äußerste Vorsicht verlangen. Wer Briefe und Flugblätter mit sich führt, deponiert den jeweiligen Koffer oder Rucksack im entgegengesetzten Ende des Waggons oder in einem anderen Abteil. Ohne Urlaubsschein oder Fahrerlaubnis der Studentenkompanie ist eine derartige Reise noch zusätzlich

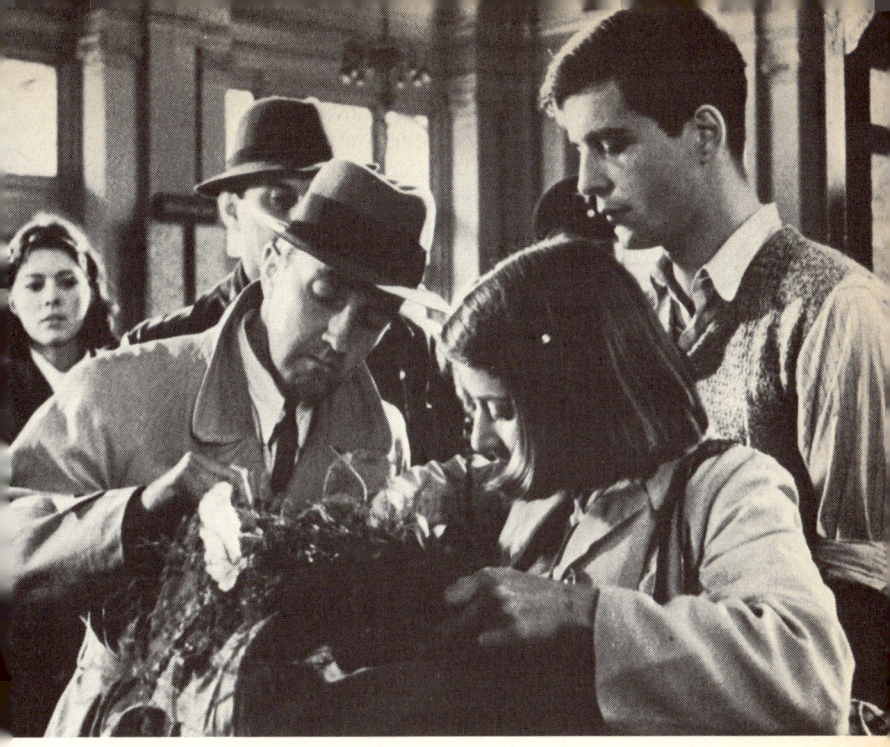

erschwert, da Zivilstreifen frühzeitig erkannt werden müssen und den Kontrollen ausgewichen werden muß. Mitte Januar unternimmt Alex verschiedene Fahrten nach Salzburg, Linz und Wien. Insgesamt verschickt er von und in diese Städte 1400 Briefe. In Wien gibt er 400 Briefe nach Frankfurt am Main auf. Zur gleichen Zeit fährt Sophie nach Augsburg und Stuttgart und verschickt von dort ungefähr 800 Briefe. Außerdem schafft sie einige hundert Flugblätter nach Ulm zu Hans Hirzel. Zusammen mit Franz Müller adressiert Hirzel in der Kirche seines Vaters in einem kleinen Raum unterhalb der Orgel einige hundert Kuverts, um die Flugblätter in Ulm und Stuttgart weiterzuverbreiten. Im selben Raum steht die Druckmaschine, mit der in Zukunft die Flugschriften aus München vervielfältigt werden sollen. Hirzel bringt den Hauptteil der Briefe nach Stuttgart und verschickt sie von dort mit Hilfe seiner Schwester Susanne nach Ulm.

Sobald Sophie bei ihren Eltern in Ulm ist, läßt sie sich nichts von ihrer illegalen Tätigkeit anmerken. Einmal allerdings unternimmt sie den Versuch, wie ihre Schwester Inge berichtet, vom Vater eine Stellungnahme zu erhalten: »Eines Tages brachte meine Schwester eines der

Flugblätter der ›Weißen Rose‹ aus München mit. Sie legte es dem Vater vor und sah ihn mit gespannten Augen an. Sie dachte, er würde sich über ein Zeichen des Widerstands freuen, und das tat er auch. Doch plötzlich fragte er: ›Sophie, ihr habt doch hoffentlich nichts damit zu tun!‹ Da schaltete sie ganz schnell und reagierte entrüstet: ›Wie kannst du so etwas überhaupt vermuten? Bei uns in München brodelt es an allen Ecken. Aber bei solchen Dingen machen wir nicht mit.‹ Damit konnte sie ihn beruhigen.«[21] Um die Familie nicht zu gefährden, bleiben Hans und Sophie bei ihrer Übereinkunft, zu Hause nichts von ihrer Widerstandtätigkeit zu erzählen.

Gefährliches Reisen

Die umfangreichste Fahrt unternimmt Willi. Ohne Urlaubsschein und Fahrerlaubnis startet er am 20. Januar 1943 in Uniform Richtung Köln. Neben zahlreichen Exemplaren des »Aufrufs an alle Deutsche« führt er eine Druckmaschine mit sich. Das Gerät soll dem Aufbau einer neuen Gruppe dienen. Willi gelingt es mehrmals, der Feldpolizei, die die Züge kontrolliert, zu entkommen. In Köln hat er am 21. Januar ein Gespräch mit einem Freund aus dem ehemaligen »Neudeutschland«, ohne diesen aber für eine Mitarbeit gewinnen zu können. »Es ist hier doch schwieriger«, notiert Willi in sein Tagebuch. Am Nachmittag fährt er nach Bonn, um sich mit seinem Freund Hein Jacobs zu treffen. Zu Willis Enttäuschung lehnt auch Jacobs eine Unterstützung der Münchner Gruppe ab. Jacobs Frau berichtet später: »Mein Mann hat die Absicht, durch Druckschriften einen Umsturz herbeizuführen, scharf mißbilligt und hielt es für so riskant, daß dadurch mehr geschadet würde als genützt. Ich war damals sehr wütend, daß er Nurmi (Willi) unverrichteter Dinge hatte gehen lassen; ich brannte darauf, ›irgend etwas‹ zu tun.«[22] Wie Willis Freunde aus dem »Grauen Orden«, so ist auch Hein Jacobs der Meinung, daß die Tage der Nazis letztlich gezählt sind: »Wir waren überzeugt, daß sie verschwinden würden, weil das ›Gute‹ eben siegen würde«, berichtet Marita Jacobs. Willi ist enttäuscht. Er will nach Münster weiterreisen, erfährt aber, daß der dortige Kontaktmann aus dem »Neudeutschland« gerade nicht da ist. So fährt Willi am 22. Januar weiter nach Saarbrücken zu Willi Bollinger. Wieder gilt es, die Kontrollen zu überwinden und die Druckmaschine sicher zu verbergen. Bollinger erhält einige Exemplare des »Aufruf« sowie das Vervielfältigungsgerät, das er in seinem Dienstzimmer deponiert. Um Willi eine sichere Weiterreise zu ermöglichen, organisiert Bollinger Urlaubs- und Fahrscheine, versieht sie ohne viel Um-

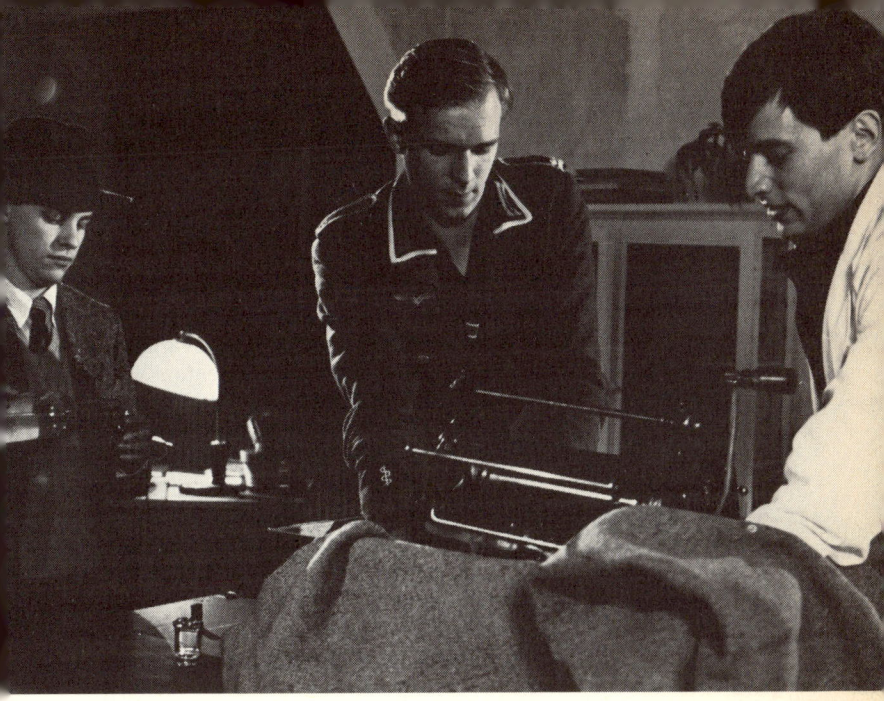

Jean-Paul Raths (Heinz Bollinger), Ulrich Tukur, Joachim Rebscher
(Willi Bollinger)

schweife mit Stempeln seiner Dienststelle und gibt ihm zahlreiche
Blankoformulare mit für die Münchner Gruppe. Wenige Tage, nachdem Willi über Straßburg nach Freiburg weitergereist ist, beginnt
Bollinger mit dem Druck der Flugblätter und verschickt sie anschließend mit der Post. In Freiburg hofft Willi Heinz Bollinger anzutreffen, doch dieser ist gerade in Ulm. Willi kann Heinz' Freund Helmut
Bauer ausfindig machen und übergibt ihm die Flugblätter mit dem
»Aufruf«. Sie führen ein langes Gespräch. Am 24. Januar fährt Willi
weiter. »Um neun Uhr über Titisee nach Ulm gefahren. Die Klippe
einer Kontrolle wird gut überwunden. Am frühen Nachmittag bin
ich in Ulm, treffe Heinz, dann seinen Bekannten (den Philosophie-
dozenten Max Müller, M. K.).«[23] Heinz Bollinger sagt zu, das Flugblatt so schnell wie möglich zu vervielfältigen und in Freiburg weiterzureichen. »Interessante Gespräche, die viele Dinge neu beleuchten.
Dann spielen wir Schach, eine Partie ist sehr ordentlich, aber ich bin
nicht ganz bei der Sache. Spät in der Nacht fahre ich los und bin
dann gegen vier Uhr in München.« Kaum ist Willi in München ein-

getroffen, da müssen bereits neue Flugblätter gedruckt werden, die zur Hamburger Gruppe gehen und von Wittenstein nach Berlin zu Hartert gebracht werden.

Anspannung und Sensibilität

Die ersten Wochen des neuen Jahres sind für alle Mitglieder der Gruppe äußerst anstrengend. Neben dem mühevollen nächtlichen Drucken der Flugblätter und den nervenaufreibenden Fahrten muß das Studium fortgesetzt und an den Appellen der Studentenkompanie teilgenommen werden. Oftmals ist im Anschluß daran noch ein Strafexerzieren angesetzt. Immer häufiger finden sich in Willis Tagebuch die Eintragungen: »die Nacht sieht mich spät im Bett« oder »die Hetze der Stadt beginnt«. Neben dieser ständigen Anstrengung wird jede freie Minute zu Gesprächen, zum Lesen, zum Musizieren und Feiern genutzt. Wie um neue Kraft zu finden, sitzen die Freunde, oft mehrmals die Woche, in den Münchner Konzertsälen, nehmen an den Proben des »Bach-Chors« teil, treffen sich zu Diskussionsabenden im Atelier (auf denen Theodor Haecker aus seinem Buch »Schöpfer und Schöpfung« liest). Oder sie genießen in langen Nächten den durch die

Reinhold Olszewski als Gauleiter

Rationierungen immer seltener werdenden Wein. Die fortwährende nervliche Anspannung schlägt sich nicht nur in einem latenten Gefühl innerer Unruhe nieder, sondern bringt zugleich eine erhöhte Sensibilität und eine erweiterte geistige Aufnahmebereitschaft mit sich. Hinzu kommt die Gewißheit, daß die illegale Tätigkeit nicht sinnlos ist, als sich mit dem langsamen Aufbau anderer Gruppen erste Erfolge zeigen. Vor allem die völlig unerwartet aufbrechende Revolte Münchner Studenten gegen den Gauleiter Paul Giesler bestärkt die Gruppe in ihrer Arbeit.

Revolte

Am 13. Januar 1943 findet im Großen Saal des Deutschen Museums eine Feier zum 450jährigen Bestehen der Münchner Universität statt. Der Gauleiter Paul Giesler hält die Festrede. Er betont, daß die Universität ein Teil der nationalsozialistischen Gesellschaft ist und diejenigen ausbildet, »die in Kürze auf den Kommandobrücken des gesamten deutschen Lebens stehen werden und einen Lebensdienst an unserem Volk zu leisten haben«. Deshalb müsse die Staatsführung dafür sorgen, »daß auf den Hohen Schulen unseres Reiches keine verbogenen Gesinnungen großgezogen werden. Wir wollen nicht, daß falsche Werte aufgerichtet werden.« Heftig wendet sich Giesler gegen »alle Voreingenommenheiten eines verbildeten Intellekts und einer falschen Klugheit«, die vielerorts an den Universitäten den Blick für das »echte Leben« verstellen würden. »Echtes Leben vermittelt uns einzig und allein Adolf Hitler mit seiner hellen, freudigen, das Leben bejahenden Lehre.« Vor allem angesichts des Krieges würde sich zeigen, wer die Aufgaben der Zeit begriffen habe. »Was der Heimat in diesem Krieg als Aufgabe und Forderung gestellt ist, macht vor den Portalen der Hohen Schule nicht halt.« Giesler lobt diejenigen Studentinnen und Studenten, die sich durch Rüstungs- bzw. Fronteinsatz »mitten in die Brandung und den Wellenschlag unserer großen Zeit zu stellen wissen«. Demgegenüber glaubt er, vor allem unter den Studentinnen, viele zu entdecken, »die ohne Talent und Eignung den ernsthaft Studierenden den Platz im Hörsaal und das möblierte Zimmer wegnehmen« würden. »Die Universitäten sind keine Rettungsstationen für höhere Töchter, die sich den Pflichten des Krieges entziehen wollen.«[24]
An dieser Stelle der Rede werden die Zwischenrufe aus dem Publikum, die bereits vereinzelt die schwülstigen Ausführungen des Gauleiters begleitet haben, zahlreicher und lauter. Vor allem vom Rang, auf dem die Studentinnen sitzen, kommt heftiger Protest. Das aller-

dings bringt den NS-Bonzen erst richtig in Fahrt: Der natürliche Platz der Frau sei nicht in der Universität, sondern in der Familie an der Seite des Mannes, ruft er den empörten Studentinnen entgegen. Sie sollten sich, statt zu studieren, lieber ihrer Aufgaben und Pflichten als Mütter erinnern und »dem Führer« in jedem Jahr ein Kind schenken. Denjenigen unter den Studentinnen, die nicht hübsch genug seien, einen Mann abzubekommen, würde er gern einige seiner Adjutanten zuweisen und könne ihnen dann ein freudiges Erlebnis versprechen. Die letzten Worte des Gauleiters gehen bereits in den empörten Rufen aus dem Publikum unter. Im Saal bricht ein Tumult aus. Giesler wird niedergeschrien und am Weiterreden gehindert. Mitglieder der NS-Studentenschaft nehmen daraufhin mit Unterstützung der Polizei auf der Empore über 20 Kommilitoninnen fest. Die restlichen Studentinnen und Studenten werden von Braunhemden, von Polizei und SS aus dem Saal gedrängt. Es kommt zu heftigen Schlägereien. Aus Mitgliedern der Studentenkompanie bildet sich ein Stoßtrupp, um die verhafteten Kommilitoninnen zu befreien. Ein NS-Studentenführer wird als Geisel genommen. Die Polizei ist gezwungen, die Verhafteten freizulassen. In diesem Moment trifft Verstärkung ein. Doch die vor dem Deutschen Museum anrückenden neuen Polizeikräfte werden nach heftigen Schlägereien durch die Studenten abgedrängt und ziehen sich zurück.[25]

Obwohl Erscheinungspflicht herrscht, haben Hans, Sophie, Willi und Alex an der NS-Feier im Deutschen Museum nicht teilgenommen. Durch Willis Schwester Anneliese, durch Katharina Schüddekopf und Gisela Schertling erfahren sie, was nach der Rede des Gauleiters passiert ist. Sie sind begeistert. Offensichtlich haben ihre Flugblätter eine Wirkung hinterlassen. In den Seminaren der Universität, in der Mensa und in den Studentenkompanien – überall wird in den nächsten Tagen über den »Sieg« der Studenten gesprochen. Hans, Sophie, Willi und Alex sehen sich darin bestätigt, mit dem Aufbau weiterer Gruppen und der Veröffentlichung neuer Flugblätter fortzufahren. Eilig wird der »Aufruf an alle Deutsche« nachgedruckt und in einer Auflage von mehr als 1300 Exemplaren überall im Münchner Stadtgebiet verteilt.[26] Doch Christoph, der nur noch selten von Innsbruck nach München kommt, weil seine Frau Herta ihr drittes Kind erwartet, mahnt seine Freunde zur Vorsicht. Ende Januar findet eine zweite Veranstaltung unter Führung des Gauleiters statt. Zwar muß sich Giesler für seine Ausfälle entschuldigen, gleichzeitig droht er aber damit, die Universität zu schließen, die Studenten zur Front und die Studentinnen zum Rüstungseinsatz abzukommandieren, wenn die Unruhe weiter anhält.

Stalingrad

Wenige Tage später wird die Bevölkerung von einer Nachricht überrascht, die große Bestürzung auslöst. Am 3. Februar 1943 meldet der Großdeutsche Sender: »Der Kampf von Stalingrad ist zu Ende. Ihrem Fahneneid bis zum letzten Atemzug getreu, ist die 6. Armee unter der vorbildlichen Führung des Generalfeldmarschalls Paulus der Übermacht des Feindes und der Ungunst der Verhältnisse erlegen. Generale, Offiziere, Unteroffiziere und Mannschaften fochten Schulter an Schulter bis zur letzten Patrone. Sie starben, damit Deutschland lebe.«[27] Eine dreitägige Staatstrauer wird angeordnet.

Bereits seit Ende Dezember kursieren aufgrund von Meldungen der »Feindsender« Gerüchte in der deutschen Bevölkerung, daß die Wehrmachttruppen vor Stalingrad von der Roten Armee eingeschlossen sind. Während sonst jeder kleinste Vorfall in den deutschen Meldungen groß herausgebracht wird, schweigt sich die NS-Propaganda über die Vorgänge an der Südostfront aus.

Noch im September, als der Angriff der 6. Armee auf Stalingrad beginnt, wird der Kampf zur Entscheidungsschlacht hochstilisiert, die mit der »Niederlage der Bolschewisten« enden wird. Am 18. September heißt es dazu in den Zeitungen, die Stunde sei nahe, »in der die Stadt Stalins mit ihren eingeschlossenen großen Sowjetarmeen und der Unmenge von Kriegsmaterial dem Untergang geweiht sein wird. Das Finale eines der größten Heldenlieder der deutschen Kriegsgeschichte hat begonnen.«[28] Doch Mitte November geht die Rote Armee zur Gegenoffensive über und kesselt die Wehrmachtstruppen, insgesamt 250 000 Mann, nach wenigen Tagen ein. Die deutsche Öffentlichkeit erfährt davon offiziell nichts. Nur vereinzelte Meldungen berichten von einer »unerwarteten Widerstandskraft« der Russen. Statt einen Ausbruchversuch zu unternehmen, beugt sich die Wehrmachtsführung der sinnlosen Anweisung Hitlers, die Stellung bis zur letzten Patrone zu halten. Weihnachten 1942 ist die Lage für die deutschen Truppen völlig hoffnungslos. Mitte Januar beginnt die letzte Offensive der Roten Armee. Noch immer ist die deutsche Öffentlichkeit über die reale Lage vor Stalingrad nicht informiert. Am 31. Januar 1943, auf den Tag zehn Jahre nach Hitlers Ernennung zum Reichskanzler, kapituliert die 6. Armee. 90 000 Soldaten gehen in Gefangenschaft. Die NS-Propaganda hat sich in eine fatale Situation gebracht. Erst drei Tage später meldet sie die Niederlage vor Stalingrad, schweigt sich aber über die Tatsache aus, daß die Reste der 6. Armee in Gefangenschaft geraten sind.

Die Nachricht löst in der Bevölkerung einen großen Schock aus. Die Stimmung hat »einen bisher nicht gekannten Tiefstand erreicht«, melden die Spitzel des Sicherheitsdienstes. Man fühlt sich getäuscht und ist aufgebracht. Das Vertrauen in Hitler und die Wehrmachtsführung ist tief erschüttert. Kritik wird laut. Das »Finale eines der größten Heldenlieder der deutschen Kriegsgeschichte« hat, in anderer Weise als von der NS-Führung propagiert, begonnen. Die Mehrheit der Bevölkerung empfindet Stalingrad als die große Wende des Krieges. Da Hitler als der Verantwortliche für die Niederlage der 6. Armee angesehen wird, findet in bürgerlichen Kreisen die Vorstellung immer mehr Anhänger, die Wehrmacht müsse nun die Nationalsozialisten beseitigen und die Staatsführung übernehmen.

»Führer, wir danken dir!«

Am 5. Februar 1943 schreibt Christoph an seine Stiefmutter: »Auch Du wirst von den Ereignissen, besonders wie sie sich in Stalingrad vollzogen, erschüttert sein. Es ist eine apokalyptische Zeit, und wir müssen wohl alle noch bis ins Innerste erschüttert werden, bis endlich Friede einzieht in diese halbzerstörte Welt. Aber die Hoffnung bleibt und wird stärker.«[29] Christoph spürt, daß die Zeit der Faschisten zu Ende geht. Daß die Nazigegner mit ihrer Kritik und ihren Aufrufen auf immer größere Zustimmung und Bereitschaft stoßen. Bei einem kurzen Besuch in München schreibt er ein Flugblatt, in dem dazu aufgerufen wird, die Forderung nach einem sofortigen Waffenstillstand zu unterstützen.

Ein Tag nach der Stalingrad-Nachricht nimmt Kurt Huber in seiner Vorlesung kritisch zu den Vorgängen Stellung, und unter Anspielung auf das Pathos der NS-Propaganda und die verordnete Staatstrauer stellt er fest: »Wir gedenken heute der Opfer von Stalingrad. Die Zeit der Phrasen ist vorbei.« Einige Tage später verfaßt Kurt Huber ebenfalls ein Flugblatt. Es beginnt mit den Worten »Kommilitonen! Kommilitoninnen! Erschüttert steht unser Volk vor dem Untergang der Männer von Stalingrad. Dreihundertdreißigtausend deutsche Männer hat die geniale Strategie des Weltkriegsgefreiten sinn- und verantwortungslos in Tod und Verderben gehetzt. Führer, wir danken dir! Es gärt im deutschen Volk: Wollen wir weiter einem Dilettanten das Schicksal unserer Armeen anvertrauen? Wollen wir den niederen Machtinstinkten einer Parteiclique den Rest der deutschen Jugend opfern? Nimmermehr! Der Tag der Abrechnung ist gekommen.« Im weiteren Verlauf des Flugblatts geht Huber auf die Vorfälle während der 450-Jahr-Feier der Universität ein. Er setzt sich mit der Rede des Gauleiters zur Funktion der Hochschulen auseinander, wendet sich gegen die Methode der »weltanschaulichen Schulung«, mit der die Nazis jedes »aufkeimende Selbstdenken in einem Nebel leerer Phrasen zu ersticken« versuchen. Huber ruft dazu auf, sich der »rücksichtslosen Knebelung jeder freien Meinungsäußerung« zu widersetzen. Die Revolte der Studenten gegen den Gauleiter sei eine »würdige Antwort« gewesen, »das ist ein Anfang zur Erkämpfung unserer freien Selbstbestimmung, ohne die geistige Werte nicht geschaffen werden können«. »Es gibt für uns nur eine Parole: Kampf gegen die Partei! Heraus aus den Parteigliederungen, in denen man uns weiter politisch mundtot halten will. Heraus aus den Hörsälen der SS-Unter- und -Oberführer und Parteikriecher! Es geht uns um wahre Wissenschaft und echte Geistesfreiheit!« Und unmittelbar gegen den Gauleiter gewendet, fährt Huber fort: »Kein Drohmittel kann uns schrekken, auch nicht die Schließung unserer Hochschulen.«

»Nieder mit Hitler!«

In der Nacht vom 3. auf den 4. Februar 1943, unmittelbar nach Bekanntgabe der Stalingrad-Nachricht, malen Hans, Alex und Willi mit Hilfe von Schablonen und Ölfarbe die Parolen »Freiheit« und »Nieder mit Hitler« an zahlreiche Anschlagsäulen und Hauswände der Innenstadt, insbesondere an die Universität und verschiedene öffentliche Gebäude in der Ludwigstraße. Die drei Freunde bringen die Parolen sogar an der Feldherrnhalle an, in unmittelbarer Nähe der von SS-Ehrenwachen flankierten Gedenktafel für die dort beim Marsch auf München 1921 »gefallenen alten Kämpfer der NSDAP«.[30] Neben den Aufschriften prangt ein Hakenkreuz, das mit roter Farbe

Oliver Siebert, Wulf Kessler

durchgestrichen ist. Obwohl die Straßen wegen der Luftschutzver-
dunkelung nicht beleuchtet sind, müssen Hans, Alex und Willi vorsichtig vorgehen. Während zwei von ihnen die Parolen anmalen, hält
der dritte mit entsicherter Pistole Wache.
Aufschriften dieser Art mitten in der Innenstadt hat es seit zehn Jahren in München nicht mehr gegeben. Am nächsten Morgen bilden
sich kleine Menschenansammlungen. Gestapo und Polizei reagieren
äußerst nervös; die Hauseigentümer werden sofort angewiesen, die
Parolen zu beseitigen. Während auch an der Universität eine große
Aufregung herrscht, zeigt Hans eine fast von Übermut getragene Ruhe, wie Traute Lafrenz berichtet: »Ich ging zur Universität und sah
Hans von der anderen Seite mir entgegenkommen. Nichts, kein Sei-
tenblick, kein Umherspähen verriet ihn. Mit großen Schritten, ein
wenig vornübergeneigt, ging er an den sich anstoßenden, hindeuteln-
den Menschen vorbei – nur ein kleines, fast übermütiges Lächeln lag
über den sehr wachen Zügen. Als wir dann in die Universität hinein-
gingen, an Scharen von Reinemachefrauen vorbei, die mit Eimern

und Besen und Bürsten die Schrift von der Steinmauer abkratzen wollten, da verstärkte sich dieses Lächeln, und als dann ein aufgeregter Student auf uns zugelaufen kam, ›habt ihr schon gesehen?‹, da lachte Hans laut heraus und sagte: ›Nein, was ist denn?‹«[31]

»Eine breite antifaschistische Front herstellen!«

Vier Tage nach dieser Aktion trifft Falk Harnack in München ein. Es kommt zu einem ausführlichen Gespräch, an dem Hans, Alex, Willi und Kurt Huber teilnehmen. Harnack berichtet, daß in kürzester Zeit mit einem Putsch gerechnet werden könne. Außerdem würde man im Militär von einer bevorstehenden Invasion der Alliierten ausgehen. Darüber hinaus habe die Opposition aus der Sowjetunion die Zusage für einen Waffenstillstand erhalten, für den Fall, daß Hitler gestürzt werde. Die Widerstandskreise in Berlin seien an einer Zusammenarbeit mit der »Weißen Rose« sehr interessiert. Es müsse darum gehen, »eine breite, überparteiliche antifaschistische Front herzustellen«. Ohne direkt Namen zu nennen, lädt Harnack Hans und Alex zu einem Gespräch am 25. Februar nach Berlin ein. Man will sich um 18 Uhr vor der Gedächtniskirche treffen, als Ersatzzeit wird 19 Uhr festgelegt.
Über die Herstellung der Kontakte zum Berliner Widerstand berichtet Harnack später: »Ende 1942 war ich mehrfach in Berlin, um mei-

nem Bruder, meiner Schwägerin und den verhafteten Freunden, die im Reichssicherheitshauptamt der SS gefangen saßen, beizustehen. Bekanntlich durften Häftlinge dieser Institution keinen Rechtsbeistand haben; nur Familienangehörigen gelang unter größten Schwierigkeiten, eventuell zu ihnen vorzudringen. Anläßlich eines Besuches im Reichssicherheitshauptamt der SS durfte ich meinen Bruder sehen, der mir in versteckter Form den Auftrag gab, sogleich mit der Widerstandsgruppe, die heute der ›20. Juli‹ heißt, in Verbindung zu treten. Gleichen Tages noch suchte ich Pfarrer Dietrich Bonhoeffer und Rechtsanwalt Klaus Bonhoeffer auf, sprach mit ihnen über die Rettungsaktion für die Widerstandsorganisation Harnack/Schulze-Boysen, über die Münchner Studentengruppe und entscheidend über einen Zusammenschluß aller deutschen Widerstandsorganisationen. Die Brüder Bonhoeffer, selbst der konservativen resp. liberalen Widerstandsorganisation angehörend, führten aus, daß die Organisation Harnack/Schulze-Boysen unter allen Umständen gerettet werden müsse und daß ihre Organisation alle Mittel dafür einsetzen werde. Gleichzeitig begrüßten sie es auf das wärmste, wenn ich einen Kontakt mit den Münchner Studenten herstellen würde. Auch glaubten sie mir die Versicherung geben zu können, daß die oppositionellen Militärs in der deutschen Wehrmacht in Kürze losschlagen werden würden. In tragischer Weise griff die Entscheidung Hitlers diesem Beschluß (alles zur Rettung der Gruppe Harnack/Schulze-Boysen zu tun, M. K.) vor, als am 22. Dezember 1942 die ersten dreizehn führenden Kämpfer der Widerstandsorganisation Harnack/Schulze-Boysen, darunter auch mein Bruder, in Berlin-Plötzensee durch den Strang hingerichtet wurden.«[32]

»Den Krieg so schnell wie möglich beenden!«

Im weiteren Verlauf des Gespräches zwischen Harnack und der Münchner Gruppe geht es um die anstehenden Aufgaben des Widerstands. Falk Harnack betont, »daß es für die illegale Arbeit dringend notwendig sei, eine absolut zuverlässige, weit verzweigte und gut gesicherte Organisation aufzubauen«. Dabei müßten alle antifaschistischen Kräfte überparteilich zusammenarbeiten. Man ist sich darin einig, daß die Flugblätter und Aufrufe in Zukunft drei wichtige Punkte enthalten sollten: »Erstens: Der Krieg ist für Deutschland verloren. Zweitens: Hitler und seine Clique setzen den Krieg nur für ihre persönliche Sicherheit fort und sind dafür bereit, das deutsche Volk zu opfern. Drittens: Alle oppositionellen Kräfte sind zu mobilisieren, um den Krieg so schnell wie möglich zu beenden.«[33]

Lena Stolze, Martin Benrath, Peter Kortenbach, vorn: Ulrich Tukur,
Oliver Siebert, Wulf Kessler

Auch über die Schritte, die nach einem erfolgreichen Putsch unternommen werden müßten, herrscht Übereinstimmung. Strenge Verfolgung und Bestrafung aller Nazi-Aktivisten, Aberkennung des
Wahlrechts für alle NS-Parteigenossen, Zulassung von höchstens drei
Parteien, einer marxistischen, einer liberalen und einer christlichen.
»Ebenfalls bestand in der Diskussion Einmütigkeit über die zukünftige Struktur des Deutschen Reiches. Alle traten für die Zentralgewalt
ein, allerdings mit Ausnahme von Professor Huber, der als Beispiel
den Schweizer Föderalismus anführte. In ökonomischer Hinsicht er-
blickte man die einzige Rettung Deutschlands vor einer Wirtschafts-
katastrophe in der Planwirtschaft. Scholl und Huber opponierten gegen die sozialistische Planwirtschaft, und zwar Scholl nur in bezug auf
die Agrarwirtschaft, während Professor Huber prinzipiell jede Planwirtschaft ablehnte und dafür das englische liberale Wirtschaftssy-
stem für einzig möglich hielt.«[34] Die Differenzen werden tiefer, als es
um die außenpolitische Orientierung eines neuen Deutschlands geht.
»War die konservative Widerstandsbewegung nahezu rein westlich
orientiert und hatte daher auch ständigen Kontakt und Verbindung zu
London«, berichtet Harnack, »so war die Widerstandsbewegung Har-

165

nack/Schulze-Boysen, da selbst sozialistisch, an einer Freundschaft mit der Sowjetunion – unter völliger Wahrung der deutschen Souveränität – grundlegend interessiert. War bis zu diesem Zeitpunkt eine Verständigung möglich gewesen, so erklärte nunmehr Professor Huber, daß er eine Freundschaft mit der Sowjetunion ablehne und nur den liberalen Individualismus als die gemäße Lebensform für Deutschland anerkennen könne. Hier griffen Scholl und Schmorell ein. Insbesondere Schmorell führte aus, daß es politisch absolut kurzsichtig sei, sich nur auf den Westen festzulegen. Obwohl er nicht Kommunist sei, glaube er aber, daß die Sowjetunion eine neue Gesellschafts- und Wirtschaftsform gefunden habe, die unzweifelhaft die stärksten politischen Kräfte in der Zukunft stellen würde.« Aufgrund der sozialistischen Vorstellungen Harnacks wendet sich Kurt Huber, nachdem dieser gegangen ist, deutlich gegen eine weitere Zusammenarbeit mit ihm. Doch Hans, Alex und Willi widersprechen ihm. Sie beschließen, daß Alex am 25. Februar zum Treffen nach Berlin fährt. Huber legt seinen Flugblattentwurf vor. Er findet große Zustimmung. Über den Schluß des Flugblatts kommt es allerdings zu einem heftigen Streit. Huber schlägt als Aufruf an die Studenten den Satz vor: »Unterstellt Euch unserer herrlichen Wehrmacht!« Hans, Alex und Willi sind damit nicht einverstanden. Aufgrund ihrer Erfahrungen als Soldaten sind sie der Meinung, daß die Wehrmacht längst zu einer Stütze des Nationalsozialismus geworden ist. Sie können an der Wehrmacht nichts »Herrliches« finden. Eine Zusammenarbeit sei allenfalls mit einzelnen zum Widerstand zählenden Soldaten möglich. Auch Sophie kann an der Wehrmacht nichts »Herrliches« finden. Huber möchte daraufhin den Entwurf zurückziehen, doch die Gruppe besteht darauf, das Flugblatt – ohne den Schlußsatz – zu veröffentlichen. Verärgert verläßt er die Besprechung.

Wie in der Nacht zuvor ziehen Hans, Alex und Willi wiederum mit Farbe und Schablonen durch die Innenstadt und bringen Parolen an. Mitglieder der NS-Studentenschaft haben in Zusammenarbeit mit der Gestapo einen Streifendienst aufgestellt. Doch es gelingt ihnen nicht, die »Maler« zu fassen.

»Hauptstadt der Gegenbewegung«

Die Revolte der Studenten gegen den Gauleiter, der Unmut über die Katastrophe von Stalingrad, der überall zu spüren ist, und die Informationen Harnacks bestärken die Münchner Gruppe in der Auffas-

sung, daß ihre illegale Tätigkeit nun in eine entscheidende Phase eintritt. Es wird beschlossen, zuerst das Flugblatt Hubers zu drucken und in der Universität zu verteilen. Anschließend soll Christophs Entwurf vervielfältigt werden, da er allgemeiner verfaßt ist und deshalb besser geeignet erscheint für die Verbreitung außerhalb der Universität, für die Verschickung in andere Städte und die Übernahme durch andere Gruppen.

Daß die Stimmung in München in diesen Tagen »auf Sturm steht«, müssen selbst die Spitzel des Sicherheitsdienstes melden. In Würzburg gehen Gerüchte um, der Hitler-Gruß sei in München »verpönt«, aus der früheren »Hauptstadt der (NS-)Bewegung« sei längst eine »Hauptstadt der Gegenbewegung« geworden.[35] Auch in Oberbayern kursieren Gerüchte, daß sich derjenige, der in München mit »Heil Hitler« grüßt, Ohrfeigen einhandeln würde. »Es sei zur Zeit überhaupt nicht sehr ratsam, in München das Parteiabzeichen zu tragen.« Vielfach ist man der Ansicht, »in München könnte über kurz oder lang die Revolution ausbrechen, zumindest wäre von dort bald mehr zu hören«.[36]

Entdeckt

Am 18. Februar 1943 gehen Hans und Sophie mit einem Koffer voll Flugblätter, insgesamt sind es 1800 Exemplare, in die Universität. Während der Vormittagsvorlesungen verteilen sie Kurt Hubers Aufruf »Kommilitonen! Kommilitoninnen!« in den menschenleeren Gängen. Da noch einige Exemplare übriggeblieben sind, beschließen sie auf dem Rückweg am Hauptportal, auch diese Flugblätter noch in der Universität zu lassen. Wenige Sekunden vor Ende der Vorlesungen legen sie die Blätter oberhalb des Lichthofes auf die Balustrade des zweiten Stockwerks. Dabei fallen einige in die Halle hinunter. In diesem Moment öffnen sich die Türen der Vorlesungssäle, und zahlreiche Studenten strömen heraus. Hans und Sophie wollen unter den Kommilitonen untertauchen, doch der Hausmeister der Universität, Jakob Schmied, hat sie beobachtet, läuft ihnen nach, hält sie fest und bringt sie zum Rektor, den SS-Oberführer Prof. Dr. Wüst. Dieser ordnet die sofortige Schließung aller Eingänge an. Die Gestapo wird benachrichtigt. Bei einem ersten Verhör durch die Gestapo noch im Zimmer des Rektors bestreiten Hans und Sophie, mit den Flugblättern etwas zu tun zu haben. Zur gleichen Zeit drängen sich im Lichthof und den Gängen der Universität Studenten und Professoren, unter ihnen Professor Huber. Niemand darf das Haus verlassen. Die Gestapo sammelt die ausgelegten Flugblätter ein. Sie passen alle in

den leeren Koffer. Bei einer Leibesvisitation wird bei Hans der Flugblattentwurf von Christoph gefunden. Zwar versucht Hans, das Manuskript zu zerreißen und herunterzuschlucken, doch die Gestapo ist
schneller. Hans und Sophie werden in das Wittelsbacher Palais, die
Gestapoleitstelle, gebracht.[37]

Warnungen

Trotz umfangreicher Nachforschungen war es der Gestapo seit dem
Sommer 1942 nicht gelungen, Hinweise auf die Urheber der zahlreichen Flugblätter zu finden. Als Anfang Februar 1943 Parolen an den
Hauswänden auftauchen, glaubt die Gestapo an einen Zusammen-
hang mit den Vorfällen bei der Rede des Gauleiters und setzt intern
unter dem Universitätspersonal eine Belohnung zur Ergreifung der
»Schmierer« aus. Daß man dabei auch auf die Urheber der Flugblätter stoßen könnte, wird kaum erwartet. Die Ulmer (Außen-)Dienst-
stelle der Gestapo wird allerdings bereits im Herbst 1942 auf Hans
Scholl aufmerksam. Über ihn existieren noch Unterlagen über die

Beteiligung an den »bündischen Umtrieben« der dj. 1.11. im Jahre 1937. Auch die Verurteilung des Vaters, Robert Scholl, ist noch in Erinnerung. Im November 1942 gerät Hans Hirzel bei der Suche nach Unterstützern, ohne es zu wissen, an einen Mitschüler, der als Spitzel für die Gestapo arbeitet. Während des Gesprächs fallen die Namen Hans Scholl und Eugen Grimminger. Als Hirzel im nachhinein vor dem Mitschüler gewarnt wird, trifft er sich erneut mit ihm, spielt die Sache herunter. Ein Freund hilft und stellt Hirzel als »Spinner« dar. Gleichzeitig wird Hans in München gewarnt. Doch die Ulmer Gestapo unternimmt keine weiteren Nachforschungen. Als Hirzel einige Wochen später zwei Freunde in Stuttgart für eine Mitarbeit gewinnen möchte, gerät er wiederum bei einem der beiden an den Falschen. Der Freund zeigt ihn an. Am 17. Februar wird Hirzel deshalb von der Gestapo vernommen. Es gelingt ihm wieder, die Gestapo zu täuschen. Die Vernehmer lassen ihn laufen. Sofort bittet Hirzel Inge Scholl, an Hans ein Code-Wort zu übermitteln, das für den Fall einer Gefahr vereinbart wurde. Ohne im einzelnen zu wissen, worum es geht, versucht Inge Scholl, ihren Bruder zu benachrichtigen. Doch sie kann ihn nicht erreichen. Am 18. Februar 1943 werden Hans und Sophie dann durch Zufall vom Hausmeister der Münchner Universität entdeckt.[38]

Hausdurchsuchung

Kurz nach der Verhaftung durchsucht die Gestapo die Wohnung der Geschwister in der Franz-Joseph-Str. 13. Otl Aicher wird dabei unfreiwillig zum Zeugen. Er ist gerade für einige Tage bei Carl Muth zu Besuch, da wird er von Inge Scholl telefonisch gebeten, Hans eine Nachricht, das Code-Wort, zu überbringen. Otl Aicher fährt zur Wohnung von Hans und Sophie. »Um 11 Uhr fand ich die Wohnung verschlossen. Nach einer halben Stunde kam ich wieder. Mich empfing die Gestapo. Ich wurde untersucht, war dann etwa eine Stunde Zeuge, wie die Gestapo die Wohnung durchsuchte. Was als interessant empfunden wurde, brachte man mit mir zusammen ins Auto. Wir fuhren ins Wittelsbacher Palais. Nichts konnte ich entdecken, was mich auf den Gedanken gebracht hätte, Hans und Sophie hätten Flugblätter herstellen können. Weder Farben noch Hektographierapparat waren unter den mitgenommenen Objekten.«[39]

»Ich würde alles genau noch einmal so machen«

Hans und Sophie werden durch die Gestapo mehrere Stunden verhört. Wie einer der Vernehmer später berichtet, verteidigen sie sich

Wilfried Klaus, Franz Rampelmann, Wulf Kessler

dabei so geschickt, daß der Gestapo Zweifel kommen. Man glaubt, die Falschen verhaftet zu haben. Da die Hausdurchsuchung keine Anhaltspunkte erbracht hat, spielt man mit dem Gedanken, die beiden am Nachmittag zu entlassen. Eine zweite Durchsuchung der Wohnung findet statt. Dabei entdeckt die Gestapo eine große Anzahl von Briefmarken. Aufgrund der Überwachung von Postämtern liegt bereits seit mehreren Wochen eine Meldung über einen jungen Mann vor, der in der Ludwigstraße, unweit von der durchsuchten Wohnung, eine große Anzahl von Briefmarken gekauft hat. Außerdem findet die Gestapo bei der Durchsuchung der Wohnung Briefe von Christoph Probst. Durch einen Schriftvergleich kann sie diesen als Verfasser des handgeschriebenen Flugblattentwurfs identifizieren, den Hans Scholl bei der Verhaftung beseitigen wollte. Die Vernehmungen werden die ganze Nacht über fortgesetzt. Um den Verdacht von Christoph abzulenken, legen Hans und Sophie schließlich, unabhängig

171

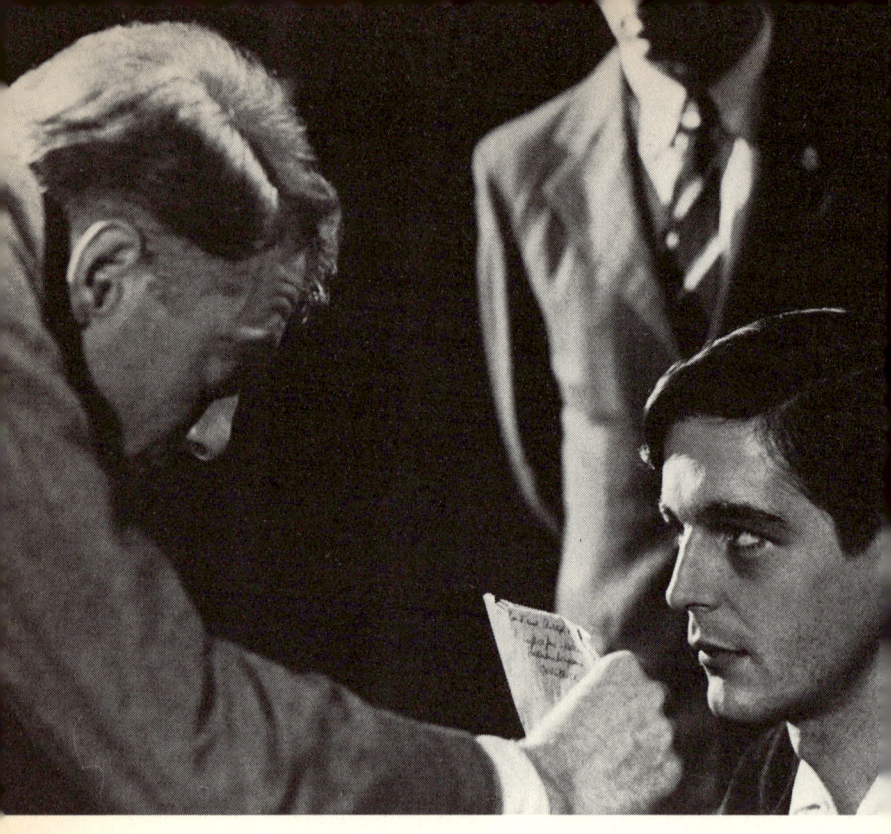

voneinander, ein Geständnis ab. Trotz eines verschärften Verhörs gelingt es der Gestapo nicht, weitere Namen in Erfahrung zu bringen. Hans und Sophie bleiben fest bei ihrer Behauptung, für die Herstellung der Flugblätter allein verantwortlich zu sein. Sie bekennen sich offen zu den Zielen ihrer illegalen Tätigkeit und verteidigen diese so konsequent und überzeugend, daß selbst die Gestapo beeindruckt ist. »Sophie und Hans Scholl bewahrten beide eine Haltung, die als einmalig bezeichnet werden muß. Übereinstimmend erklärten sie dem Sinne nach, sie hätten durch ihr Vorgehen nur das eine Ziel im Auge gehabt, ein noch größeres Unglück für Deutschland zu verhindern und in ihrem Teil vielleicht dazu beizutragen, Hunderttausenden von deutschen Soldaten und Menschen das Leben zu retten, denn wenn das Glück oder Unglück eines großen Volkes auf dem Spiele stehe, sei kein Mittel oder Opfer zu groß«, berichtet später einer der Vernehmer. Hans und Sophie hätten »die ungeteilte Sympathie und Hochachtung, wenn nicht Wertschätzung aller Beteiligten genossen«. Einer der Nazi-Beamten bekennt: »In Hans Scholl bin ich einer Intelligenz begegnet, wie sie mir bis dahin in solch prägnanter Form fast fremd war«, und vermag in seiner politischen Beschränktheit zur Lage der beiden Geschwister nichts weiteres festzustellen, als daß mit Hans Scholl ein »Volksführer« verlorengehen würde, »wie wir ihn vielleicht in der Zukunft notwendig brauchen können«.[40] Alle Versuche, die Geschwister gegeneinander auszuspielen, Sophie als naive Schwester abzustempeln, die sich vom älteren Bruder zu unbedachten Schritten hat hinreißen lassen, scheitern. »Sie täuschen sich, ich würde alles genau noch einmal so machen«, erklärt Sophie ihren Vernehmern.[41]

Verhaftet

Am Freitag, dem 19. Februar 1943, einen Tag nach der Festnahme von Hans und Sophie, wird Christoph Probst in Innsbruck im Büro der Studentenkompanie verhaftet, als er nichtsahnend seinen wöchentlichen Wehrsold abholen will. Christoph wird ebenfalls nach München ins Wittelsbacher Palais gebracht. Bei den Verhören bekennt er sich zu seinem handschriftlichen Entwurf. Da Hans und Sophie weiterhin behaupten, die Flugblattaktionen allein getragen zu haben und Hans darüber hinaus den Entwurf als politischen Gedankenaustausch deklariert, der nur an ihn persönlich gerichtet gewesen sei, kann die Gestapo Christoph nichts weiteres nachweisen. Er rechnet deshalb, wie er in einem Brief an seine Frau Herta andeutet, allenfalls mit einer Gefängnisstrafe. Als Sophie von der Verhaftung ihres Freundes erfährt, ist sie bestürzt. Die Münchner Gruppe war immer wieder bemüht, Christoph aus der direkten illegalen Tätigkeit herauszuhalten, um ihn und seine junge Familie – am 21. Januar 1943 wird das dritte Kind, Katja, geboren – nicht zu gefährden. Sophie hofft, daß die Anschuldigungen nur zu einer Gefängnisstrafe für ihn führen werden, zugleich rechnet sie mit der Invasion der Alliierten innerhalb der nächsten zwei Monate, wie sie ihrer Zellengenossin Else Gebel, ebenfalls politische Gefangene, mitteilt: »Dann wird es Schlag auf Schlag gehen, und wir werden endlich von dieser Tyrannei befreit sein.«[42]

»Verbrecher wird gesucht«

Bereits am Tag zuvor hat die Gestapo in der Münchner Studentenkompanie Nachforschungen angestellt. Dort benennt man den NS-

Fahndern Alexander Schmorell und Willi Graf als Freunde des verhafteten Hans Scholl.

Alex hat durch Zufall vor der Universität den Abtransport seiner Freunde durch die Gestapo beobachtet. Er hinterläßt sofort eine verschlüsselte Nachricht in Willis Wohnung. Für den Fall einer Entdeckung ist innerhalb der Gruppe ein Treffpunkt am Starnberger Bahnhof zur gemeinsamen Flucht vereinbart. Alex ruft im Hause seiner Eltern an und bekommt angedeutet, daß dort bereits die Gestapo anwesend ist. Er fährt zu seiner Freundin Lilo Ramdohr und versteckt sich in deren Wohnung.

Da Willi den ganzen Tag über in der Universitätsklinik ist, hat er von der Verhaftung der Freunde nichts erfahren. Noch am Morgen sind ihm Hans und Sophie kurz begegnet, und sie haben sich für den Abend verabredet. Als Willi in seine Wohnung kommt, wartet dort bereits die Gestapo und nimmt ihn fest. Zusammen mit seiner Schwester Anneliese wird er ins Wittelsbacher Palais gebracht.

Da Alex am nächsten Morgen nicht zum Appell in der Studentenkompanie erscheint, läßt die Gestapo nach ihm fahnden. Unter der Überschrift »Verbrecher wird gesucht. Tausend Mark Belohnung« veröffentlichen die Zeitungen in den nächsten Tagen einen Fahndungsaufruf samt Photo.

Der Chef der Studentenkompanie hat inzwischen heftig dagegen protestiert, daß die Gestapo unter Umgehung geltender Gesetze in seinem Bereich Verhaftungen vorgenommen hat. Für die Verfolgung der Straftaten von Soldaten sind allein die entsprechenden Wehrmachtsstellen zuständig. Bei der Vernehmung von Jürgen Wittenstein, Hubert Furtwängler und Wolf Jaeger ist er daraufhin anwesend. Furtwängler und Jaeger wissen zwar von der illegalen Tätigkeit ihrer Kameraden, haben sich aber an deren Aktionen nicht beteiligt. Da sie darüber schweigen, verlaufen die Verhöre für die Vernehmer ergebnislos. Auch Jürgen Wittenstein gelingt es, die Gestapo zu täuschen. Hinzu kommt, daß sich der Kompaniechef, aus dem Bestreben, den Kreis der Betroffenen in seinem Bereich so klein wie möglich zu halten, persönlich für die drei verbürgt.

Flucht

Seit dem Herbst 1942 unterstützt Lilo Ramdohr die illegale Tätigkeit ihres Freundes. Sie gibt Geld zur Beschaffung von Druckmaterial und deponiert Papier und fertiggestellte Flugblätter in ihrer Wohnung. Als Alex sie nach der Verhaftung von Hans und Sophie um Hilfe bittet, ist sie sofort dazu bereit. Lilo besorgt von einem russischen

Freund der Familie Schmorell, der seit mehreren Jahren als jugosla-
wischer Staatsbürger in Deutschland lebt, dessen Paß. Zusammen mit
einer Nachbarin, die Buchdruckerin ist, fälscht sie die Papiere. Alex
will mit Hilfe des Passes in die Schweiz fliehen. Wie Jürgen Wittenstein später berichtet, hat die Münchner Gruppe mit seiner Unterstützung für den Fall einer Entdeckung einen Fluchtweg mit Unter-
schlupfmöglichkeiten in Südwürttemberg festgelegt. Am nächsten
Morgen, es ist der 19. Februar 1943, begibt sich Alex zum Starnberger
Bahnhof. Er hofft, dort, entsprechend der Abmachungen, den von
ihm benachrichtigten Willi zu treffen, um gemeinsam mit ihm zu fliehen. Lilo begleitet ihren Freund: »Ich wartete in einiger Entfernung
vor dem Bahnhof auf ihn. Alex kam sehr schnell zurück zu mir. Willi
sei nicht da. Der ganze Bahnhof sei gespickt mit Gestapoleuten und
Spitzeln. Sie würden Paßkontrollen durchführen.« Beide gehen in Lilos Wohnung zurück. Alex will versuchen, auf andere Art unterzutauchen. Er wechselt seine Kleider, Lilo hilft mit anderen Sachen aus,
begibt sich am Abend erneut zum Starnberger Bahnhof, kommt aber
dort nicht weiter, da die Kontrollen immer noch stattfinden. Am
nächsten Morgen gelingt es ihm, mit dem Zug Innsbruck zu erreichen.
Er ruft von dort eine ukrainische Bekannte in München an, die den
russischen Leiter eines bei Innsbruck gelegenen Kriegsgefangenenla-
gers kennt. Alex will sich dort verbergen. Die Bekannte besorgt bei
Hubert Furtwängler Geld, verfehlt Alex aber beim gemeinsamen
Treff in Innsbruck. Dieser will daraufhin versuchen, über die Berge in
die Schweiz zu gelangen. Bei einem Bekannten in Schloß Elmau/Mit-
tenwald findet er Unterschlupf, wird dort allerdings von einer An-
wohnerin an die Polizei verraten. Zwei Landpolizisten überprüfen
den auf einen russischen Namen lautenden Paß, halten ihn für echt
und lassen Alex laufen. Wegen eines Schneetreibens muß er allerdings seinen Fluchtplan aufgeben und kehrt nach München zurück.
Am 24. Februar 1943 sucht Alex eine Studienkollegin auf, trifft diese,
weil Fliegeralarm ist, zusammen mit Anwohnern im Luftschutzkeller
an. Da am selben Tag in den Zeitungen ein Photo von Alex mit erneu-
tem Fahndungsaufruf veröffentlicht ist, bekommt es die Studienkollegin mit der Angst zu tun, vertraut sich den Nachbarn an, die daraufhin
Alex bis zum Eintreffen der von ihnen benachrichtigten Gestapo festhalten.

Angst

Die Verhaftung von Hans und Alex löst unter den Studenten nicht nur
Betroffenheit aus, sondern ein Gefühl der Lähmung und Angst. Die

Lena Stolze, Wulf Kessler

Erfahrungen während der Revolte gegen den Gauleiter scheinen wie weggewischt. Es stellt sich heraus, daß sich viele, die daran beteiligt waren, dennoch als loyale »Volksgenossen« begreifen, denen es nur darum gegangen ist, einen über sein Ziel hinausschießenden NS-Führer in seine Schranken zu weisen. Diejenigen, die dagegen längst mit den Nazis gebrochen haben, sind von der Verhaftungsaktion eingeschüchtert. »Eine große Menge von Studenten sammelte sich am Hauptausgang zur Ludwigstraße, vor dem bereits die Wagen der SS und Gestapo standen«, berichtet ein Augenzeuge. »Man tuschelte untereinander, aber sonst geschah nichts. Auch nicht, als ein junges Mädchen von zwei Gestapobeamten, deren Beruf schon aus ihren Visagen erkenntlich war, durch die Menge hindurch abgeführt wurde. Ich kochte vor Wut, Zorn und Haß, war aber zu feig, auch nur den Mund aufzumachen. Ich war auch erschüttert über die trostlose Passivität der anwesenden Studenten, die schweigend und wartend herumstanden und die unbegreifliche Blödheit hatten, den kurz darauf erscheinenden Rektor, der eine aufklärende Ansprache hielt und etwas von Hochverrätern usw. faselte, zu betrampeln.«[43] Wenige Tage später findet eine »Treue-Kundgebung« in der Universität statt. Der Gaustudentenführer beschimpft die Verhafteten. »Die Kundgebung im Auditorium Maximum gehört zu den schauerlichsten Erinnerungen, die mir aus jenen Tagen geblieben sind. Hunderte von Studenten johlten und trampelten dem Denunzianten und Pedell der Uni Beifall, und dieser nahm ihn stehend und mit ausgestrecktem Arm entgegen.«[44]

»... aber Ihre Köpfe rollen auch noch!«

Bereits vier Tage nach der Verhaftung von Hans, Sophie und Christoph findet am 22. Februar 1943 vor dem (extra aus Berlin angereisten) Volksgerichtshof unter der Leitung von Roland Freisler der Prozeß statt. Angesichts des deutlichen Stimmungsumschwungs in der Bevölkerung nach Stalingrad hält es die Naziführung für notwendig, einem aufkeimenden Widerstand sofort und mit brutalsten Mitteln zu begegnen. Der Schock über die Größe und Verbreitung der im Herbst in Berlin aufgedeckten Gruppe von Harnack und Schulze-Boysen sitzt noch immer tief. Um ein Ausbreiten der Revolte gegen den Gauleiter unter den Münchner Studenten zu verhindern, soll hart durchgegriffen werden. Der Prozeß dauert von zehn Uhr morgens bis um halb zwei. Die Anklage lautet für alle drei auf »landesverräterische Feindbegünstigung, Vorbereitung zum Hochverrat und Wehrkraftzersetzung«. Es wird die Todesstrafe gefordert. Angeklagt und entschieden wird nach Gesetzen, die fast ausschließlich vor der Zeit der nationalsozialistischen Machtergreifung entstanden sind. Der Ablauf der Verhandlung ist von der Willkür des Volksgerichtshofspräsidenten Freisler geprägt, »tobend, schreiend, bis zum Stimmüberschlag brüllend, immer wieder explosiv aufspringend«, wie ein Teilnehmer an der Verhandlung, der Gerichtsreferendar Dr. Leo Samberger, später berichtet. Freisler, »der sich in der ganzen Verhandlung nur als Ankläger aufspielte und nicht als Richter zeigte«, sei es einzig darum gegangen, »terroristischen Schrecken mit nachhaltiger Breitenwirkung zu erzeugen, um die Gefühle all derer zu unterdrücken, denen die mutige Tat der Angeklagten bewundernswert und großartig erschienen war«. Er beschimpft und verhöhnt die Angeklagten, schneidet ihnen das Wort ab, doch Hans, Sophie und Christoph lassen sich nicht einschüchtern. »Das ist ja das reinste Affentheater hier«, bemerkt Hans zu seiner Schwester. Sophie verteidigt ihre Flugblattaktionen: »Einer muß ja doch mal schließlich damit anfangen«, und fügt hinzu: »Was wir sagten und schrieben, denken ja so viele, nur wagen sie nicht, es auszusprechen.« Freislers Verhandlungsführung deutet sehr schnell darauf hin, daß für ihn die Urteile längst feststehen. Sophie ruft ihm entgegen:»Unsere Köpfe rollen heute, aber Ihre rollen auch noch.« Die Anwälte, staatlich bestellte Pflichtverteidiger, machen keine Anstalten, für die Angeklagten Partei zu ergreifen. »Der Verteidiger Hans Scholls etwa beteuerte«, berichtet Samberger, »daß man einfach nicht verstehe, wie Menschen derartiges machen könnten, dessen man sich schämen sollte.«[45]

Durch Traute Lafrenz, Otl Aicher – der von der Gestapo wieder entlassen wird – und Jürgen Wittenstein erfahren die Eltern Scholl am 19. Februar 1943 von der Verhaftung. Zusammen mit Werner, der gerade Heimaturlaub hat, fahren sie am Tag des Prozesses nach München. Es gelingt ihnen, in den Gerichtssaal vorzudringen – gerade in dem Moment, als die »Verteidiger« ihr Plädoyer beendet haben. »Nach dem Versagen der Verteidigung drängte sich ein Mann in mittleren Jahren erregt auf dem Gang durch die Zuschauerreihen nach vorne und versuchte, zunächst durch Vermittlung des Pflichtverteidigers, und als dies mißlang, selbständig sich zu Wort zu melden. Es war der Vater der Geschwister Scholl.« Doch Roland Freisler läßt ihn nicht zu Wort kommen. Wachtmeister drängen die Familie aus dem Saal. Nach einer kurzen Beratungspause verkündet der Volksgerichtshof das Urteil: »Die Angeklagten haben im Krieg in Flugblättern zur Sabotage der Rüstung und zum Sturz der nationalsozialistischen Lebensform unseres Volkes aufgerufen, defaitistische Gedanken propagiert und den Führer aufs gemeinste beschimpft und dadurch den Feind des Reiches begünstigt und unsere Wehrkraft zersetzt. Sie werden deshalb mit dem Tode bestraft.« Hans, Sophie und Christoph werden sofort nach der Verhandlung in das Vollstreckungsgefängnis München-Stadelheim gebracht. Mit Hilfe von Dr. Samberger reicht Robert Scholl ein Gnadengesuch ein und erhält sogar, was völlig unüblich ist, eine Besuchserlaubnis. Zur gleichen Zeit werden jedoch im Gefängnis Stadelheim alle Vorbereitungen für die Hinrichtung von Hans, Sophie und Christoph getroffen, ohne daß diese oder ihre Angehörigen davon etwas wissen. So wird das Gespräch von Hans, Sophie, ihren Eltern und Werner zur letzten Begegnung. Christoph hat keine Gelegenheit mehr, mit einem seiner Familienangehörigen zu sprechen.

Hans Scholl, Sophie Scholl und Christoph Probst werden am 22. Februar 1943 um 17 Uhr in München-Stadelheim enthauptet.

»Hochverrat! Hochverrat! Hochverrat!«

Am 27. Februar 1943 verhaftet die Gestapo Professor Kurt Huber. In den folgenden Wochen werden Traute Lafrenz, Katharina Schüddekopf und Gisela Schertling festgenommen. Außerdem Susanne und Hans Hirzel, Franz Müller, Heinrich Guter aus Ulm, Eugen Grimminger aus Stuttgart, Heinz Bollinger und Helmut Bauer aus Freiburg und Falk Harnack. Lilo Ramdohr wird nach einigen Verhören wieder freigelassen. Gegen alle anderen erhebt die Staatsanwaltschaft Anklage wegen »Vorbereitung zum Hochverrat, Feindbegünstigung und Wehrkraftzersetzung«. Die Familien Scholl und Schmorell werden in Sippenhaft genommen. Ebenso ergeht es Frau Huber und Willis Schwester Anneliese. Am 19. April 1943 findet in München, wiederum vor dem Volksgerichtshof unter Roland Freisler, der zweite Prozeß gegen die »Weiße Rose« statt. Er beginnt um 9 Uhr und dauert 14 Stunden. »Die Verhandlung rollte dahin in einem einzigen Monolog Freislers«, berichtet Katharina Schüddekopf, »die Fragen an die Angeklagten beantwortete er meist selbst. Seine Stärke lag im Überschreien, nicht im Überzeugen. Hochverrat! Hochverrat! Hochverrat! Das Anwenden von Zitaten aus Aristoteles ›Ethik‹ und Platons ›Staat‹ im Gegensatz zur Parteiformulierung war ›Hochverrat‹. Das Lesen von Flugblättern ›Beihilfe zum Hochverrat‹. Das Weitergeben von Flugblättern wiederum ›Hochverrat‹. Das Hören ausländischer Sender im Rundfunk ›Feindbegünstigung‹. Die Würfel waren gefallen, noch ehe das Urteil verkündet war. Hatte mir nicht der Gestapobeamte nach dem letzten Verhör gesagt, ich würde ›rasiert‹ und ›mit dem Kopf unter dem Arm‹ heimgehen. Gegen Freisler wirkten gerade die drei Hauptangeklagten Schmorell, Huber, Graf seltsam ruhig, nüchtern, höflich.«[46] Soweit es unter diesen Bedingungen überhaupt möglich ist, versuchen die Angeklagten, ihre Widerstandtätigkeit zu begründen. Kurt Huber gelingt es, eine längere Verteidigungsrede zu halten. »Als deutscher Staatsbürger, als deutscher Hochschullehrer und als politischer Mensch erachte ich es als Recht nicht nur, sondern als sittliche Pflicht, an der Gestaltung der deutschen Geschicke mitzuarbeiten, offenkundige Schäden aufzudecken und zu bekämpfen. Was ich bezweckte, war die Weckung der studentischen Kreise nicht durch eine Organisation, sondern durch das schlichte Wort, nicht zu irgendeinem Akt der Gewalt, sondern zur sittlichen Einsicht in bestehende schwere Schäden des politischen Lebens. Rückkehr zu klaren sittlichen Grundsätzen, zum Rechtsstaat, zum gegenseitigen Vertrauen von Mensch zu Mensch . . .« Es sei ihm darum gegangen, die Stimme zu erheben gegen die »Herrschaft der bloßen Macht über das Recht, der bloßen Willkür über den Willen des sittlich Guten«; gegen einen »Staat, der jegliche freie Meinungsäußerung unterbindet und jede berechtigte Kritik, jeden Verbesserungsvorschlag als Vorbereitung zum Hochverrat unter die furchtbarsten Strafen stellt«.[47]

Nach kurzer Beratung gibt gegen 21 Uhr Freisler den Beschluß des Volksgerichtshofs bekannt. Alex Schmorell, Willi Graf und Kurt Huber werden zum Tode verurteilt. Eugen Grimminger erhält eine Zuchthausstrafe von 10 Jahren, Heinz Bollinger und Helmut Bauer von 7 Jahren. Hans Hirzel und Franz Müller werden zu 5 Jahren Gefängnis verurteilt, ihr Mitschüler Heinrich Guter bekommt 18 Monate Gefängnis, Susanne Hirzel 6 Monate. Gisela Schertling, Katharina Schüddekopf und Traute Lafrenz werden mit einem Jahr Gefängnis bestraft. Aufgrund einer geheimen Absprache zwischen der Gestapo und dem Volksgerichtshof wird Falk Harnack freigesprochen. Harnack soll überwacht und beschattet werden. Die Gestapo vermutet, daß noch weitere oppositionelle Kreise, vor allem in Berlin, existieren, die sie auf diese Weise aufzudecken hofft. Doch Falk Harnack durchschaut diese Absicht und vermeidet jede Kontaktnahme mit all jenen, von denen er weiß, daß sie dem Widerstand angehören. Acht Monate später ergeht durch den Reichsführer der SS, Heinrich Himmler, der Befehl, Falk Harnack, der gerade als Soldat in Griechenland stationiert ist, wegen mangelnder Hilfe bei der Aufklärung des Falles seines Bruders und Verwicklung in die Sache »Weiße Rose« in ein SS-Sicherheitslager zu überführen und dort zu liquidieren. Harnack wird von seinem Vorgesetzten, dem Leutnant Gerhard Fauth, gewarnt, desertiert und taucht unter.

Unterstützung

Da die Münchner Universität Kurt Huber den Professoren- und Doktortitel aberkennt und aus dem Kollegium ausschließt, steht Frau Huber mit ihren Kindern ohne jede materielle Versorgung da. Der Student Hans Leipelt, bis zum Herbst 1942 Mitglied im Hamburger Freundeskreis um Heinz Kucharski und Greta Rothe und inzwischen am Chemischen Institut der Münchner Universität, beginnt daraufhin unter Freunden und Kommilitonen mit einer Geldsammlung für Frau Huber. Das Chemische Institut ist unter der Leitung von Professor Wieland zu einer Zufluchtstätte für jene geworden, die als sogenannte »Halbjuden« – ein Elternteil ist »nichtarisch« – durch die NS-Rassegesetze bedroht sind. Durch die Sammlung kommen im Institut monatlich 250 RM zusammen.[48] Frau Huber berichtet später, daß sie durch weitere anonyme Geldspenden, die sie in ihrem Briefkasten findet, insgesamt 3000 RM bekommt. Hans Leipelt schafft das letzte Flugblatt der »Weißen Rose« nach Hamburg, wo es von der Gruppe um Heinz Kucharski und Greta Rothe an zahlreiche andere oppositionelle Kreise weitergereicht wird. Er drängt seine Freunde, die Ar-

beit der »Weißen Rose« weiterzuführen. Als erste Schritte in diese
Richtung unternommen werden, gelingt es der Gestapo durch zwei
Spitzel, die verschiedenen Widerstandszirkel nach für nach aufzudek-
ken. Im Oktober 1943 werden Hans Leipelt und acht weitere Mitglieder des Chemischen Instituts in München verhaftet. Einen Monat
später nimmt die Gestapo in Hamburg Heinz Kucharski und Greta
Rothe fest und inhaftiert dort bis zum März 1944 insgesamt 22 Nazigegner.[49] Gegen Leipelt und Kucharski ergehen Todesurteile. Während Kucharski auf einem Gefangenentransport fliehen kann, wird
Hans Leipelt am 29. Januar 1945 in München-Stadelheim hingerichtet.[50]

». . . Du mögest dafür sorgen, daß dies Andenken lebendig bleibt!«

Unmittelbar nach der Verurteilung reichen Clara Huber und die Familien Schmorell und Graf Gnadengesuche ein. Vier Wochen später
wird Clara Huber die Ablehnung ihres Gesuchs mitgeteilt. Am
26. Juni 1943 trifft vom Oberkommando der Wehrmacht aus dem
Führerhauptquartier folgende Nachricht ein: »Betrifft Gnadensache
der wegen Hochverrats, Feindbegünstigung und Zersetzung der
Wehrkraft vom Volksgerichtshof 1. Senat am 19. April 1943 zum Tode
verurteilten Sanitätsfeldwebel Alexander Schmorell und Wilhelm
Graf von der 2. Studentenkompanie München. Ich lehne einen Gna-
denerweis ab. Unterschrift: Adolf Hitler.«
Am 13. Juli 1943 werden Kurt Huber und Alexander Schmorell in
München-Stadelheim hingerichtet.
Da die Gestapo die Absicht hat, über Willi Graf oppositionelle Kreise in der katholischen Jugend aufzudecken, bewirkt sie eine Ver-
schiebung seiner Hinrichtung. »Willi hatte nun das ungewöhnlich
schwere Schicksal, noch monatelang in Einzelhaft unter starken see-
lischen Belastungen ausharren zu müssen«, berichtet seine Schwester Anneliese. »Er wurde fortwährend weiteren Verhören ausgesetzt, weil man noch Namen von Freunden und Mitwissern aus ihm
herauspressen wollte. Aber er blieb standhaft und schwieg. Manche
seiner Freunde verdanken seinem Schweigen ihr Leben.« Am 12.
Oktober 1943 wird Willi Graf durch das Fallbeil hingerichtet. In seinem Abschiedsbrief an die Schwester schreibt er: »Du weißt, daß ich
nicht leichtsinnig gehandelt habe, sondern aus tiefster Sorge und in
dem Bewußtsein der ernsten Lage. Du mögest dafür sorgen, daß
dies Andenken in der Familie und bei den Freunden lebendig und
bewußt bleibt.«[51]

Anmerkungen

1. Ausgangspunkte

1 Inge Scholl, Die weiße Rose, Frankfurt 1978, S. 13.
2 Lebenslauf, angefertigt im Auftrag der Gestapo 1943.

2. 1933–1936: Erste Erfahrungen

1 Inge Scholl, S. 20 f.
2 Bericht von Helmut Gressung, in: Vielhaber, Hanisch, Knoop-Graf, Gewalt und Gewissen, Willi Graf und die Weiße Rose, Freiburg 1964, S. 44.
3 Vielhaber u. a., S. 44.
4 Ders., S. 46.
5 Ders., S. 45.
6 Hermann Vinke, Das kurze Leben der Sophie Scholl, Ravensburg 1980, S. 24 und 26.

3. 1936–1939: Verweigerung

1 Christian Petry, Studenten aufs Schafott, München 1968, S. 170.
2 Clara Huber (Hg.), Kurt Huber zum Gedächtnis, Regensburg 1947, S. 15.
3 Der Text wurde uns von Günter Schmich zur Verfügung gestellt (entnommen aus: Blätter für die Schule, München 1935).
4 Wolfgang Paul, Das Feldlager. Jugend zwischen Langemarck und Stalingrad, Esslingen 1978, S. 126 f.
5 Ernst Bloch, Das Prinzip Hoffnung, Bd. 2, Frankfurt 1969, S. 686.
6 Wolfgang Paul, S. 126 f.
7 Ders., S. 169.
8 Mitteilung von Inge Scholl.
9 Hans Scholl, Brief vom 14. 3. 1938, zit. bei: Richard Hanser, Deutschland zuliebe. Leben und Sterben der Geschwister Scholl, München 1980, S. 80.
10 Hans Scholl, Brief vom 28. 6. 1938.
11 Brief vom Juli 1942, zit. bei: Christian Petry, S. 20 f.
12 Mitteilung von Inge Scholl, in: Hermann Vinke, S. 53.
13 Zit. bei: Hermann Vinke, S. 63.
14 Zit. bei: Vinke, S. 29.
15 Richard Hanser, a. a. O.
16 Mitteilung von Inge Scholl und Fritz Hartnagel.
17 Sophie Scholl an Fritz Hartnagel, zit. bei: Hermann Vinke, S. 67.

4. 1939–1941: Krieg

1 Hitlers Zweites Buch, hg. v. G. L. Weinberg, Stuttgart 1961, S. 81, zit. bei: Martin Broszat, Zweihundert Jahre deutsche Polenpolitik, Frankfurt ²1978, S. 279.
2 Jürgen Wittenstein, Die Münchner Studentenbewegung, maschinenschriftl. Manuskript, Institut für Zeitgeschichte, München, Sammlung Auerbach, S. 2.

3 Vielhaber, Knoop-Graf, Hanisch, S. 25.
4 Brief v. 23. 10. 1939, eig. Sammlung, zur Verfügung gestellt v. Frau A. Knoop-Graf.
5 S. Mitteilung v. Prof. Dr. med. H. Hartert, v. 18. 12. 1981.
6 Ders.
7 Brief v. 20. 6. 1940, zit. bei: Vinke, S. 68.
8 Brief v. 22. 8. 1940, zit. bei: Vinke, S. 69.
9 Mitteilung von Fritz Hartnagel, vgl. auch Vinke, S. 69.
10 Brief v. 23. 9. 1940, zit. bei: Vinke, S. 69.
11 Zit. bei: Vinke, S. 71 und S. 73.
12 Zit. bei: Vinke, S. 67.
13 Brief v. 20. 5. 1940, eig. Sammlung.
14 A. a. O.
15 Brief v. 29. 5. 1940, z. T. zit. bei: Hanser, S. 98.
16 Mitteilung von Inge Scholl.
17 Brief v. 28. 6. 1940, zit. bei: Hanser, S. 97.
18 Brief v. 20. 5. 1940, eig. Sammlung.
19 Mitteilung von Inge Scholl.
20 Mitteilung von Dr. med. H. Furtwängler.
21 Auch Christophs Schwager Klaus Dohrn ist der Verfolgung durch die Nazis ausgesetzt. Als Herausgeber einer katholischen Zeitschrift in Wien muß er vor der 1938 einrückenden Wehrmacht fliehen, da er auf der Liste der Gestapo steht. Wenige Monate später muß er von Prag nach Paris überwechseln. Als Hitlers Armee ein Jahr später auch diese Stadt besetzt, verliert sich die Spur von Klaus Dohrn.
22 Brief v. 13. 6. 1936, Sammlung M. Probst.
23 Zit. bei: Vinke, S. 79.
24 Zit. bei: Vinke, S. 82.
25 Zit. bei: Vinke, S. 82.
26 M. Broszat, S. 292.
27 Zit. bei: Broszat, S. 296.
28 Brief v. 12. 6. 1941, eig. Sammlung, zit. auch bei: Vielhaber, Knoop-Graf, Hanisch, S. 57.
29 Brief v. 10. 3. 1941, eig. Sammlung, zit. auch bei: Vielhaber, Knoop-Graf, Hanisch, S. 57.
30 Brief v. 26. 5. 1941, eig. Sammlung.
31 Brief v. 15. 6. 1941, eig. Sammlung.
32 Zit. bei: Ian Kershaw, Der Hitler-Mythos, Stuttgart 1980, S. 141.
33 Zit. bei: Kershaw, S. 140.
34 Zit. bei: Kershaw, S. 151.
35 Z. B. die »Kontinentale Öl AG«, beteiligt sind die Chemie-Unternehmens-gruppe IG Farben (Hoechst, Bayer, BASF) sowie Großbanken; oder die »Berg- und Hüttenwerksgesellschaft m. b. H. Ost«, beteiligt sind Flick, Krupp, Poensgen.
36 Tagebucheintragung von Generalstabschef Franz Halder nach Vortrag Hitlers vor Generalität am 30. 3. 1941, zit. bei: Christian Streit, Keine Kameraden. Die Wehrmacht und die sowjetischen Kriegsgefangenen 1941–1945, Stuttgart 1978, S. 34.
37 Ders., S. 34.
38 Zit. bei: Streit, S. 32.

183

39 In zahlreichen bundesdeutschen Veröffentlichungen der fünfziger und sechziger Jahre wird der Barbarossa-Befehl nur am Rande oder überhaupt nicht erwähnt, obwohl er viel weitreichender ist, was die Aufhebung der Regeln herkömmlicher Kriegsführung betrifft, als etwa der Kommissarbefehl. Der Grund dafür liegt darin, daß von den ehemaligen Wehrmachtsgenerälen, vor allem von denen, die die Bundeswehr aufbauten, eifrig an der Legende gestrickt wurde, daß nur die »politischen Soldaten«, d. h. nur die Nazis im Oberkommando der Wehrmacht und vereinzelt in der Truppe, den »weltanschaulichen Vernichtungskampf« gegen die Sowjetunion unterstützt hätten. Der Historiker Christian Streit hat in seinem Buch »Keine Kameraden« als erster ausführlich nachgewiesen, daß das »unpolitische« Oberkommando des Heeres an der Ausarbeitung der verbrecherischen Befehle eigeninitiativ und verantwortlich beteiligt war und daß alle Heeresgruppen die Befehle auch befolgt und ausgeführt haben. Die vermeintlichen »Nur-Soldaten« waren an der NS-Ausrottungspolitik ebenso beteiligt wie die Parteigänger. Streit weist ebenfalls nach, daß der Kommissarbefehl nur deshalb im Frühjahr 1942 wieder aufgehoben wurde, weil in der deutschen Rüstungsindustrie Arbeitskräfte fehlten und die sowjetischen Kriegsgefangenen dringend benötigt wurden. Aus diesem Grunde wurde auch die Versorgung der Kriegsgefangenen insgesamt verbessert. Prof. Manfred Messerschmidt vom Militärgeschichtlichen Forschungsamt der Bundeswehr hat Streits Thesen bestätigt (Süddeutsche Zeitung v. 21./22.2.1981).
40 Zit. bei: Streit, S. 41f.
41 Zit. bei: Streit, S. 48.
42 Zit. bei: Streit, S. 49.
43 Bericht des Ministerialrats Xaver Dorsch, zit. bei: Streit, S. 131.
44 Bericht der SS-Einsatzgruppe B aus Smolensk, zit. bei: Streit, S. 164.
45 Richtlinien für das Verhalten der Truppe in Rußland, zit. bei: Streit, S. 49.
46 Zit. bei: Streit, S. 113.
47 Streit, S. 371, Anm. 214.
48 Tagebuch, abgedr. bei Vielhaber, Knoop-Graf, Hanisch, S. 59.
49 A. a. O., S. 60.
50 A. a. O., S. 61.
51 A. a. O., S. 60.
52 Brief v. 1.2.1942, eig. Sammlung.
53 Brief v. 16.1.1942, eig. Sammlung und a. a. O., S. 61.
54 Brief v. 30.1.1942, eig. Sammlung und a. a. O., S. 62.
55 Zit. bei: Kershaw, S. 144.
56 Zit. bei: Martin Broszat, Elke Fröhlich, Falk Wiesemann (Hg.), Bayern in der NS-Zeit, München 1977, S. 600.
57 Broszat, Fröhlich, Wiesemann, S. 607.
58 Zit. bei: Kershaw, S. 145.
59 Bericht des SD aus Würzburg, zit. bei: Broszat, Fröhlich, Wiesemann, S. 600f.
60 Zit. bei: Kershaw, S. 154.
61 Bischof Michael Rackl, zit. bei: Kershaw, S. 155.

5. 1941–1942: Auf der Suche nach Gleichgesinnten

1 Th. Haecker, Tag- und Nachtbücher, S. 134.
2 Ders., S. 130.

3 Ders., S. 243.
4 Bericht v. Angelika Probst, Institut f. Zeitgeschichte, Sammlung Auerbach.
5 Vgl. Th. Haecker, S. 73, 78, 110, 135, 202, 204 f., 213, 236.
6 Vgl. das 3. Flugblatt der »Weißen Rose«.
7 Vgl. das 4. Flugblatt und das 2. Flugblatt der »Weißen Rose«.
8 Mitteilung von Inge Scholl, zit. bei: Vinke, S. 125.
9 Brief v. Christoph an Schwester, 6. 11. 1941, Sammlung M. Probst.
10 Vgl. Anmerkung 5 und S. 155 f., 168.
11 Zit. bei: Hanser, S. 118.
12 Zit. bei: Hanser, S. 119.
13 Zit. bei: Inge Scholl, S. 29 f.
14 Zit. bei: Inge Scholl, S. 31.
15 Zit. bei: Vinke, S. 73 f.
16 Zit. bei: Inge Scholl, S. 31.
17 Verordnung des Reichspräsidenten »zur Abwehr heimtückischer Angriffe gegen die Regierung der nationalen Erhebung« vom 21. 3. 1933, abgedruckt bei
   Walther Hofer (Hg.), Der Nationalsozialismus, Frankfurt 1957, S. 55 f.
18 Mitteilung von Inge Scholl.
19 Briefe v. 31. 5. 1941, 15. 7. 1942, 18. 10. 1942, Sammlung M. Probst.
20 Bericht (maschinenschriftl.) v. Traute Lafrenz, Institut für Zeitgeschichte,
   Sammlung Auerbach.
21 Tagebuch, Vielhaber, Knoop-Graf, Hanisch, S. 64.
22 A. a. O., S. 64.
23 Clara Huber (Hg.), Kurt Huber zum Gedächtnis, S. 83.
24 Brief v. 6. 6. 1942, eig. Sammlung, und Vielhaber u. a., S. 67.
25 Brief v. 25. 6. 1942, eig. Sammlung, und a. a. O., S. 70.
26 A. a. O., S. 66.

6. 1942–1943: Widerstand

1 Im August 1941 tauchten in München und Umgebung kleine Flugzettel mit der
   Aufschrift »Hitler verrecke« oder »Vernichtet den Faschismus« auf, meist an
   Hauswänden festgeklebt. Im September 1941 nahm die Gestapo einen 50jäh-
   rigen Mann als vermeintlichen Täter fest. Vgl. Broszat, Fröhlich, Wiesemann,
   S. 300.
2 Bericht v. Traute Lafrenz, a. a. O.
3 Zit. bei: Inge Scholl, S. 54.
4 Verteidigungsrede Kurt Hubers vor dem Volksgerichtshof, in: Petry, S. 184.
5 Vgl. 3. Flugblatt der »Weißen Rose«.
6 Zit. in: Lebensbericht A. Schmorell, verfaßt von der Familie Dr. med. E.
   Schmorell, maschinenschriftl. Manuskript.
7 Tagebuch, Vielhaber u. a., S. 73 f.
8 Brief v. 24. 9. 1942, eig. Sammlung, und bei: Vielhaber u. a., S. 78.
9 Zit. bei: Vinke, S. 112.
10 Zit. bei: Vinke, S. 113.
11 Mitteilung von Gisela Schertling.
12 Vgl. das 5. Flugblatt der »Weißen Rose«.
13 Falk Harnack, Es war nicht umsonst, maschinenschriftl. Manuskript, Institut
   für Zeitgeschichte, S. 1 f.
14 Durch die Offiziere von Tresckow und von Gersdorff (Heeresgruppe Mitte)

wurden – mit Kenntnis der führenden Leute des Widerstandes (Gruppe Beck/
Goerdeler, Abwehr, Kreisauer Kreis, Bekennende Kirche) – seit Sommer 1942
und verstärkt ab Jahreswende 1942/43 Vorbereitungen für einen (Sprengstoff-)
Anschlag auf Hitler getroffen, der das Fanal für den (seit 1938 immer wieder
veränderten) Plan eines militärischen Putsches sein sollte (vgl. Peter Hoff-
mann, Widerstand, Staatsstreich, Attentat, S. 320ff.). Durch die vielfältigen
verwandtschaftlichen Beziehungen zwischen den Familien Bonhoeffer (Abwehr, Bekennende Kirche), Dohnanyi (Abwehr, Kontakt zu Tresckow/Gers-
dorff, Beck, Moltke/Kreisauer Kreis) und Harnack (sog. »Rote Kapelle«) war
Dr. Falk Harnack über die Vorgänge in den Berliner Widerstandskreisen gut
informiert.

15 Falk Harnack, a. a. O.
16 Bericht v. Heinz Bollinger an Anneliese Knoop-Graf, in: Vielhaber u. a., S. 29.
   Prof. Bollinger hat diese Zielsetzung der »Weißen Rose« in einem Gespräch
   mit M. Verhoeven und mir noch einmal bestätigt (M. K.).
17 Zit. bei: Petry, S. 98.
18 Vgl. Petry, S. 95f.
19 Tagebuch, Vielhaber u. a., S. 30.
20 Bericht H. Bollinger, zit. bei: Vielhaber u. a., S. 29.
21 Vinke, S. 125.
22 Petry, S. 96.
23 Vielhaber u. a., S. 94.
24 Alle Zitate aus: Petry, S. 170f.
25 Bericht von Annemarie Farkasch, in: Sammlung Auerbach/IfZ, Wittenstein-
   Bericht daselbst, Augenzeugenberichte durch Katharina Schüddekopf, Anneliese Knoop-Graf, Gisela Schertling und Dr. Hubert Furtwängler gegenüber
   M. Verhoeven und mir (M. K.).
26 Mitteilung des Generalstaatsanwalts, München, an den Reichsjustizminister,
   abgedruckt bei: Petry, S. 173.
27 Abgedr. bei: Kershaw, S. 168.
28 Aus: Augsburger National-Zeitung, bei: Kershaw, S. 167.
29 Brief vom 5. 2. 1943, Sammlung M. Probst.
30 Vgl. Mitteilung des Generalstaatsanwalts, a. a. O., und Bericht Traute Lafrenz, in: Sammlung Auerbach/IfZ, S. 4.
31 Bericht Traute Lafrenz, ebd., S. 4.
32 Bericht Dr. Falk Harnack, in: Sammlung Auerbach/IfZ, S. 2f.
33 A. a. O., S. 3, S. 5.
34 A. a. O., S. 4.
35 SD-Bericht aus Würzburg v. 15. 3. 1943, bei: Kershaw, S. 171.
36 Bericht der SD-Außenstelle Berchtesgaden v. 25. 2. 1943, in: Broszat u. a.,
   Bayern in der NS-Zeit, S. 634.
37 Vgl. die Angaben, die Sophie Scholl über ihre Verhaftung gegenüber ihrer Zellengenossin Else Gebel gemacht hat: Else Gebel, Dem Andenken an Sophie
   Scholl, Sammlung Auerbach/IfZ, z. T. abgedruckt in: Vinke, S. 149ff.
38 Vgl. die sich z. T. widersprechenden Mitteilungen von K. H. bei: Petry, S.
   117f., in: Brief/Gespräch, Sammlung Auerbach/IfZ, sowie Mitteilungen von
   Inge Aicher-Scholl, in: Vinke, S. 146. Darüber hinaus liegt mir dazu ein Zei-
   tungsinterview mit Hans Hirzel vom 24. 2. 1968 vor (M. K.).
39 Vinke, S. 147.
40 Petry, S. 124f.

41 Vgl. Bericht Else Gebel, a. a. O.
42 Bei: Vinke, S. 153.
43 Petry, S. 121 f.
44 A. a. O., S. 122.
45 Bericht Sambergers, bei: Vinke, S. 160 ff.
46 Vielhaber u. a., S. 101 ff.
47 Clara Huber, S. 25 f.
48 Hochmuth/Meyer, Streiflichter aus dem Hamburger Widerstand, Frankfurt 1981, S. 408.
49 A. a. O., S. 413, S. 414.
50 Hingerichtet wurden außerdem Margarethe Mrosek und Kurt Ledien. Greta Rothe, Friedrich Geussenhainer, Reinhold Meyer und Elisabeth Lange kommen durch die NS-Haftbedingungen um. Hans Leipelts Mutter wird im Gefängnis Hamburg-Fuhlsbüttel in den Freitod getrieben. Traute Lafrenz wird im Rahmen der Prozesse gegen die Hamburger Widerstandsgruppen zu einer weiteren Haftstrafe verurteilt.
   Der im zweiten Prozeß gegen die »Weiße Rose« am 19. 4. 1943 verurteilte Helmut Bauer zieht sich im Zuchthaus Hohen-Asperg bei der medizinischen Betreuung von Mitgefangenen eine schwere Tbc zu und stirbt daran 1952.
51 Vielhaber u. a., S. 123.

Die Flugblätter der »Weißen Rose« sind in dem Buch »Die weiße Rose« von Inge Scholl nachzulesen (Fischer Taschenbuch, Band 88).

Michael Verhoeven

Annäherung

Vorbemerkung

Jetzt, da die Arbeit an meinem Film »Die Weiße Rose« beendet, wenn auch nicht abgeschlossen ist, gilt mein erster Dank Mario Krebs, der mir geholfen hat, das umfangreiche historische Material zusammenzutragen und zu sichten. Fünf Jahre des gemeinsamen Sammelns und Vergleichens von Aussagen und Dokumenten, der Entwicklung verschiedener Drehbuchversuche, der oftmaligen Entmutigung!

Dank auch all denen, die durch ihre Geduld in unzähligen Stunden ausführlicher Gespräche und durch wichtige Informationen und Überlassung von Unterlagen und Dokumenten unsere Arbeit möglich gemacht haben: Inge Aicher-Scholl, Elisabeth Hartnagel-Scholl, Fritz Hartnagel, Anneliese Knoop-Graf, Dr. Erich Schmorell, Herta Siebler-Probst, Dr. Michael Probst, Clara Huber, Birgit Weiß-Huber, Lieselotte Fürst-Ramdohr, Günther Schmich, Dr. Falk Harnack, Dr. Traute Lafrenz-Page, Prof. Dr. Heinz Bollinger, Otl Aicher, Dr. Bernhard Knoop, Dr. Helmut Hartert, Hans Hirzel, Franz Müller, Heinrich Guter, Dr. Wilfried C. Muth, Dr. Fritz J. Berthold, Thorsten Müller, Dr. Anton Wagner, Dr. Hermann Kurz, Dr. Katharina Schüddekopf, Gerhard Siebler, Marguerite Knittel-Furtwängler, Dr. Hubert Furtwängler, Prof. Dr. Wolfgang Jaeger, Dr. George J. Wittenstein, Hellmuth Auerbach, Hertha Schmorell, Gisela Schertling, Barbara Probst u. a.

Vorurteile

Mein erster Annäherungsversuch an das Thema »Weiße Rose« – das war 1968, ich hatte seit drei Jahren eine eigene Filmproduktion – blieb in der Fülle des äußerst widersprüchlichen Materials stecken. Meine Schulkenntnisse waren gleich Null. Was ich aus Zeitungen, aus Gedenkreden und der mir bekannten Literatur über die jungen Studen-

189

ten der »Weißen Rose« wußte, machte mir den Eindruck, sie seien heroisch-idealistische Schwärmer gewesen. Plätze sind nach ihnen benannt, Straßen, Schulen. Sie waren als Helden vorstellbar, aber nicht als Menschen.

Aber da war der Hauptwiderspruch, der mein Interesse weckte: Wenn es – wie ich aus der Literatur den Eindruck hatte – in erster Linie religiöse Motive waren, die ihr Handeln bestimmten, wie kam es, daß Millionen ihrer ebenfalls religiös motivierten Zeitgenossen und selbst die offiziellen Kirchen ganz anders gehandelt hatten, nämlich angepaßt oder opportunistisch-fügsam oder abwartend-ängstlich und autoritär-unterwürfig. Von den aktiven Nazis, deren Christentum ihrer begeisterten Teilnahme am organisierten Ausrottungs- und Vernichtungsapparat nicht im Weg war, gar nicht zu reden.

Ich sah ein, daß ich einen Film über die »Weiße Rose« nicht aufgrund der bekannten feierlichen Darstellungen machen konnte, sondern nur gegen sie. Für dieses Projekt brauchte ich viel Zeit. Es war damals für mich nicht durchführbar.

Danach und davor sind diverse Versuche anderer Autoren und Produzenten, das Thema zu realisieren, gescheitert. Der Regisseur Falk Harnack, der bewegenden Anteil an den Verbindungen der »Weißen Rose« zu Widerstandskreisen innerhalb des Militärs hatte, scheiterte am Einspruch der betroffenen Familien. Angelika Probst, Christophs Schwester, hinterließ eine Art Vermächtnis, daß dieses Thema nicht »verfilmt« werden könne:

»Das Wesentliche jener Vorgänge reicht in Tiefen, die dem Film – auch dem allerbesten – für immer verschlossen bleiben.«

Inge Aicher-Scholl erklärte mir ihre Weigerung so: Die Vorstellung sei ihr unerträglich gewesen, die sterile schauspielerische Attitüde der fünfziger Jahre mit dem neuen Pathos des »Nie wieder!« könnte die wirklichen Ereignisse und Personen wie unter einem »gläsernen Sarkophag« begraben.

Volker Schlöndorff hat mir von seinem nicht zustandegekommenen Projekt erzählt. Sein Co-Autor sollte damals – gleich nach dem »Törleß« – Erich Kuby sein.

In den fünfziger Jahren hat Axel Eggebrecht für Artur Brauner ein Drehbuch geschrieben. Brauner hat es mir zum Lesen gegeben. Kein Film für mich. Ein anderes Drehbuch, ebenfalls von Brauner in Auftrag gegeben, hat Günther Weisenborn geschrieben. Gustav Ehmck drehte in den siebziger Jahren einen Film über die »Weiße Rose«, dessen Aufführung aber nicht zustande kam.

Hans Geissendörfer hat 1980 nach vielen Monaten Vorarbeit sein Filmvorhaben »Weiße Rose« aufgegeben, als er in Erfahrung brachte, daß ich ebenfalls an dem Thema arbeitete. Wir haben überlegt, ob eine Zusammenarbeit möglich wäre, sie war aber aus vielen Gründen nicht zu machen.

1977, nach dem beträchtlichen kommerziellen Erfolg unseres Films »Gefundenes Fressen« (mit Heinz Rühmann und Mario Adorf), sah ich mich materiell in der Lage, mein Projekt »Weiße Rose« erneut anzugehen.

Ich trat mit Angehörigen und Überlebenden aus dem Kreis der »Weißen Rose« und ihrer Freunde in Briefwechsel. Die Zeit der Recherchen begann. Die persönliche Unterredung mit den Angehörigen half, das falsche Bild, das ich mir gemacht hatte, allmählich zu korrigieren. Zum Beispiel Professor Huber.

Wie kommt ein deutscher Hochschullehrer in einem Kollegium, das überwiegend gegen die Nazis stillhält, dazu, Widerstand zu machen. In den Gedenkreden ist Kurt Huber nur der edle Mensch, einer, dem wir alle nicht das Wasser reichen können, der Übervater. In Wirklichkeit ist er widersprüchlicher, lebendiger, interessanter.

Birgit Weiß, die Tochter von Kurt Huber, schildert ihren Vater als autoritär, liebevoll-zärtlich und absolut cholerisch. Die Mutter mußte oft das Fenster schließen, wenn er schrie. Im Haus Huber gab es seit der Naziherrschaft kein Radio. Nicht aus Armut, die in der Familie herrschte, sondern um den »Ungeist« fernzuhalten. Den Kindern war es verboten, Zeitung zu lesen. Birgit mußte sich für das von der Schule vorgeschriebene »politische Heft« die notwendigen Bilder und Zeitungsausschnitte für ihr Taschengeld (heimlich) von Schulkollegen einhandeln.

Er hat nie viel erklärt, er hat bestimmt. Die zwölfjährige Birgit durfte nie mitmachen, was »die anderen glaubten und liebten«. Auch katholische Zusammenkünfte waren ihr verboten: »Jeder ideologische Klüngel war ihm zuwider.«

Nach Ansicht von Clara Huber, seiner Witwe, war er »ironisch aus Formulierungsfreude«. In Gesellschaft mußte sie ihn immer bremsen. In der Vorlesung machte er waghalsige, kabarettreife Bemerkungen über die Nazis.

Unpolitische Menschen waren für ihn eine »Enttäuschung«. Die Familie bedeutete ihm alles. Der an sich konservativ-autoritäre Huber war ein zärtlicher Vater, der mit den Kindern am Fußboden herumtollte. Körperliche Nähe war ihm selbstverständlich, er lief vor den Kindern nackt herum. Prüderie kannte er nicht.

Intime Freundschaften außerhalb der Familie pflegte Huber nicht. Er blieb fast mit allen Freunden »per Sie«, auch mit den Studenten der »Weißen Rose«.

Ich hatte zunächst große Scheu, mit den Angehörigen über die privaten Beziehungen zu sprechen. Ihnen wurden diese Gespräche schwer, legten Unverheiltes bloß.

Mit Dr. Michael Probst, dem Sohn von Christoph Probst, habe ich in München vor Jahren studiert. Obwohl wir fast täglich zusammen waren, habe ich damals nicht gewußt, daß Christoph Probst sein Vater ist. Über dieses Thema hat er nie gesprochen.

Michael Probst ist Arzt in Herrsching am Ammersee. Er hat enorme Ähnlichkeit mit seinem Vater, Bekannte sagen, auch in seinem Wesen. Als Christoph Probst ermordet wurde, war Michael zweieinhalb Jahre alt. Mit seinem Studium der Medizin, seiner Religiosität und Naturverbundenheit, vor allem aber in seiner starken Hinwendung an die Familie setzt er gewissermaßen das Leben seines Vaters fort.

Für Michael Probst und seine Frau Barbara gibt es nur *eine* Motivation für den Widerstand von Christoph Probst: seine Religiosität, die ihren Höhepunkt in der Taufe vor seiner Hinrichtung fand. Barbara Probst wehrt sich vehement gegen die Reduzierung der Mitglieder der »Weißen Rose« zu »antifaschistischen Friedenskämpfern«. Politische Motive stellt sie nicht nur für Christoph, sondern für die »Weiße Rose« insgesamt in Abrede. Aber: Eine solche »unpolitische« Stellungnahme ist natürlich immer und gerade eine politische, freiwillig oder nicht.

Anneliese Knoop-Graf ist die aktivste unter den heutigen Vermittlern der »Weißen Rose«. Sie macht Hörbilder, schreibt Artikel und hält Vorträge über die Arbeit der Gruppe ihres Bruders. »Damals wußte ich nichts. Für Willi war ich nur die kleine Schwester.«

In ihrem Buch: »Gewalt und Gewissen – Willi Graf und die Weiße Rose« hat Anneliese Knoop-Graf Auszüge aus Willis Rußlandbriefen und den Tagebüchern veröffentlicht. Als Mario Krebs und ich von einem Besuch bei ihr im badischen Bühl zurückkehrten, hatten wir einen unermeßlichen Schatz im Gepäck. Anneliese Knoop-Graf hat uns über 100 Briefe ihres Bruders mitgegeben.

Dr. Erich Schmorell, der jüngere Bruder von Alex Schmorell, hat uns zum ehemaligen Wittelsbacher Palais geführt, der Gestapo-Leitstelle München. Heute befindet sich dort ein Bankgebäude.

Seine Praxis hat er unmittelbar an der Feldherrnhalle. Als wir ihn besuchen wollen, findet an der Stelle, wo einst SS-Wachen am Mahnmal für Hitlers frühe Volksgenossen paradierten, gerade eine Demonstration gegen die Bonner Pläne »Frauen in die Bundeswehr« statt. Der Platz ist voll mit jungen Leuten. Am Mikrophon steht eine ältere Widerstandskämpferin gegen Hitler. Beamte des Verfassungsschutzes filmen und fotografieren. Später werden wir an dieser Stelle

Komparsen als SS-Wachen aufstellen und seltsame Erlebnisse haben.
Dr. Schmorell und seine Frau Hertha gaben uns Aufschluß über das Elternhaus, über die Gespräche, die geführt wurden, über Spannungen in der Familie. Von ihnen erfuhren wir von Alex' Faible für Karl Valentin, das »linksherumdenkende« Komikergenie.
Erich Schmorell war bei der Studentenrevolte am 13. Januar 1943 dabei, bei der Gauleiter Giesler und die NS-Studentenschaft eine böse Schlappe erlitten. Prof. Huber führte diesen für die Zeiten des Faschismus sensationellen Aufstand der Münchner Studenten auf die Widerstandsarbeit der »Weißen Rose« zurück und sagte zu seiner Frau Clara: »Jetzt muß sich was rühren!«
Später hat sich der Gauleiter dann für seine Schmach durch ein besonderes Schauspiel rächen wollen. Er setzte sich für die öffentliche Hinrichtung der »Weißen Rose« vor der Universität (nach anderer Darstellung am Stachus) ein. Berlin wies seine Pläne aber als unpopulär zurück.
Alex wollte Bildhauer und Maler werden. Daß er Medizin studierte, hatte in erster Linie praktische Gründe: Die Studentenkompanie der Mediziner war relativ unmilitärisch. Die Studenten konnten sich frei bewegen. Alex besuchte mit Lilo Ramdohr (heute Lieselotte Fürst) den Zeichenkurs von Hein König. Als Modell diente häufig der Stadtstreicher P., den die Studenten auch für private Übungen anheuerten. Zur Bezahlung gehörte ein »heißes Bad« und eine kräftige Mahlzeit. P. soll später der Gestapo gefährliche und entscheidende Tips gegeben haben. Von Lilo Ramdohr habe ich eine von Alex' Kohlezeichnungen geschenkt bekommen: die Hand von P.
Lilo versteckte des öfteren für Alex Stapel von Flugblättern. Sie stellte den wichtigen Kontakt zu Falk Harnack her, mit dem sie eng befreundet war. Sie verhalf Alex schließlich, als er auf der Flucht vor der Gestapo war, zu einem gefälschten Paß.
Seine Fluchtpläne waren gut abgesichert: Da er perfekt russisch sprach und über Mittelsleute Zugang zu einem russischen Gefangenenlager hatte, wollte er als russischer Gefangener untertauchen. Die Pläne mißlangen: Er wurde denunziert.
Die wichtigsten Unterlagen im Institut für Zeitgeschichte tragen den Vermerk »Vertraulich«. Praktisch heißt das, daß nur der sie einsehen darf, der von der betreffenden Person, um die es in dem Papier geht, ausdrücklich dazu autorisiert ist. Kein Wunder, daß die meisten dort deponierten Informationen über die »Weiße Rose« der breiten Öffentlichkeit bisher unbekannt geblieben sind. Hellmuth Auerbach, der Leiter des Archives, hat dieses Material zusammengetragen. Er gab uns Einblick in die Akten.

Zu unserer Überraschung waren die Vernehmungsakten der Gestapo nicht aufzufinden. Sie wurden gegen Kriegsende von der Gestapoleitstelle München nach Berg am Starnberger See ausgelagert und sind angeblich »verlorengegangen«. So waren wir angewiesen auf die Protokolle der Einlassungen der Gestapobeamten vor der amerikanischen Spruchkammer. Daß diese in eigenem Interesse das Verfahren gegen die »Hochverräter« verharmlost haben, ist wahrscheinlich. Weiteren Aufschluß gibt der Bericht von Else Gebel, der Zellengenossin von Sophie im Gestapogefängnis. Else Gebel hat ihre Gespräche mit Sophie in diesen Tagen der gemeinsamen Haft genau aufgezeichnet. Der Bericht ist im Institut für Zeitgeschichte nachzulesen.

Percy Adlon hat unmittelbar nach Beendigung unserer Dreharbeiten aufgrund der Niederschrift von Else Gebel einen Film über die letzten Tage der Sophie Scholl gemacht. Ich finde diesen Film sehr wichtig, weil er durch die Beschränkung auf dieses Zwei-Personen-Verhältnis nicht auf Handlung angelegt ist. Mein Film, der ganz anders motiviert ist und sich die Aufgabe stellt, die Gesamtsituation der »Weißen Rose«, d. h., äußere und innere Ereignisse und sich verändernde Beziehungen einer Mehrzahl handelnder Personen in einen konsequenten dialektischen Ablauf zu fassen, leistet ja gerade dies nicht: beharrliche und ausschließliche Beschäftigung mit der Person Sophie.

1980 begannen wir mit der Arbeit am Drehbuch. Im Frühjahr 1981 war es fertig.

Unser Drehbuch wurde in zwei Fassungen vom Bundesinnenministerium als nicht förderungswürdig abgewiesen. Die abgewiesene letzte Fassung wurde aber von der Filmförderungsanstalt Berlin und vom Land Bayern mit Drehbuchprämien in Form bedingt rückzahlbarer Kredite gefördert.

Der Hessische Rundfunk (Redaktion Hans Prescher und Dietmar Schings) beteiligte sich als Gemeinschaftsproduzent.

Zwei Wochen vor Drehbeginn machte ein dritter Co-Produzent, eine renommierte Münchner Firma, unter Hinweis auf finanzielle Dispositionen einen Rückzieher, der uns in große Schwierigkeiten brachte.

Artur Brauner, dessen Interesse an dem Stoff bis in die fünfziger Jahre zurückreicht, stieg kurzerhand in das Projekt ein.

Die Dreharbeiten begannen im September 1981 und gingen – was für deutsche Verhältnisse sehr lang ist – über drei Monate. Die ersten drei Drehwochen fanden in Ungarn statt. Die Renovierung der alten Fassaden Budapests steht noch ziemlich am Anfang. So war es möglich, dort Straßenszenen aus dem München von 1942 einzurichten. Wir drehten in Budapest mit über 1000 Komparsen.

Auch für die Rußland-Sequenzen des Films hatte ich Landschaften im

Kopf, die ich in Ungarn gesehen hatte. Mehrere Szenen spielen auf Bahnhöfen und in Zügen. Es ist heute undurchführbar, vor allem aber verboten, einen dampfbetriebenen Zug beispielsweise in den Hauptbahnhof von München oder einer anderen Großstadt einfahren zu lassen, ganz abgesehen von den dadurch bedingten Behinderungen im Reiseverkehr. Im Bahnhof von Budapest wurden uns zwei Gleise reserviert. Als wir abends den Bahnhof verließen, war die ganze Halle mit einer feinen Schicht von Kohlenstaub bedeckt.

Auf die Wiedergabe eines Dreh-Tagebuches möchte ich verzichten. Hier nur meine Eintragungen vom ersten Drehtag in Budapest und dem Tag davor:

Montag, 14. September 1981

Letzter Vorbereitungstag. Die Spannung ist groß. Wir sind in der »Basis« (Filmgelände Mafilm), suchen noch einmal ein paar hundert Komparsen aus. Jetzt fällt es mir schon nicht mehr so stark wie in der letzten Woche auf, daß die Statisten hier wie unmündige Kinder behandelt werden.
Die meisten Männer haben Schnurrbärte und westliche Haarlänge. Um jeden Zentimeter wird gekämpft. Ich bemerke, daß keiner der Ungarn unsere Eile und Hektik versteht. Die meisten, die jetzt vor mir stehen, sind überernährt, besonders viele junge Männer haben einen Bierbauch. Eine Schauspielerin, die am Donnerstag keine Zeit hatte, stellt sich vor. Auch sie dicklich, aber ein schönes Gesicht. Sie kommt extra aus Balaton. Ich sage ihr ab, sie ist nicht böse, lächelt mich an. (Viele, die wegen des Bartes oder des Haarschneidens ablehnten, haben mich so angelächelt.) Als wir schon in Zeitnot sind, flehen mich viele auf deutsch an: »Bitte mich!« Viele halten mir Fotos in SS-Uniform hin, aus anderen Filmen. Eine Frau macht den Hitler-Gruß, nur um mir zu gefallen (das ist mir zuletzt 1968 in Argentinien bei einem bettelnden Kind passiert). Ein alter Mann steht jedesmal stramm, wenn ich in seine Richtung schaue.
Junge Mädchen werden als Russinnen und Deutsche eingeteilt. Alle wollen deutsche Arbeitsmaiden sein und keine russischen Zwangsarbeiterinnen darstellen. Ich besetze drei wichtige Rollen mit Laien, wähle sie aus der Statisterie. Die dafür ursprünglich vorgesehenen ungarischen Darsteller sahen aus wie »Schauspieler«.
Wir fahren nach Fot, besichtigen den für uns gebauten Erdbunker, der sehr realistisch ins Gelände gegraben ist. Das Gefangenenlager und die Krankenstation sind natürlich alter Filmfundus von Mafilm,

wurden aber für uns völlig umgekrempelt. Ich lasse weitere Umbauten vornehmen, kleinere Fenster, einen Anbau im Winkel von 90 Grad und doppelt so viele Betten. Abends geben wir einen kleinen Empfang für die ungarischen Mitarbeiter im Hotel Gellért. Dabei versuchen auch die Deutschen erst mal, sich ein bißchen kennenzulernen.

Michael Verhoeven und Axel de Roche

Dienstag, 15. September 1981

Erster Drehtag.
Die meisten haben nur drei Stunden geschlafen. Ziemlich chaotischer Beginn. Wir kommen in die »Basis«, um die eingekleideten Kompar-

sen einzuteilen. Große Aufregung. Mehrere Männer weigern sich plötzlich, die magyarischen Schnauzbärte entfernen zu lassen, einzelne Damen versuchen, ein bißchen Lippenstift oder Augen-Make-up zu retten. Eine von ihnen stellt sich immer wieder mit Resten von Wimperntusche vor. Sie wird sooft zurückgeschickt, bis das Gesicht nackt ist. Helga hat verschlafen, dadurch ist »Willi« eine Stunde zu spät fertig. Wir holen diese Stunde den ganzen Tag nicht mehr ein. Überhaupt läuft die Organisation durcheinander. Alle besprochenen Requisiten sind vorhanden, aber sie sind im richtigen Moment nicht greifbar.

Wir drehen im fahrenden Zug nach strengem Fahrplan. Wenn die regulären Züge kommen, müssen wir vom Gleis. Es ist ein warmer Spätsommertag, wir drehen »kalten Winter«, die Leute sind dick angezogen, schwitzen in ihren warmen Pullovern und Wintermänteln.

150 Personen in zwei Waggons. Mit einer Rauchpfanne wird Zigarettenqualm erzeugt. Die Statisten ertragen hustend die Zumutung. Wenn ein bestimmter Koffer oder Rucksack herangeschafft werden muß, dauert es ziemlich lange. Die Verständigung mit dem Lokführer geht über Funk. István, der ungarische Regieassistent, muß überall aushelfen. Wir drehen über zwölf Stunden, überziehen das absolute Limit der Gewerkschaft. Wir werden uns dafür im staatlichen Filmbüro verantworten müssen. Dennoch schaffen wir unser Pensum nicht. 70 Komparsen sind nicht zum Einsatz gekommen. Völlig umsonst der »schöne« Haarschnitt, das stundenlange Kostümproben. Nach Drehschluß setzen wir uns mit dem ungarischen Team im Hotel zusammen, versuchen, die Fehler des ersten Tages zu analysieren.

Die Ungarn haben ein anderes System. Was bei uns Aufgabe des zweiten Aufnahmeleiters ist, macht hier die Regieassistenz. Alle sind erschöpft. Keiner hat mehr Lust, etwas zu essen. In der Hotelbar sitzen deutsche Geschäftsleute, wollen etwas erleben. Sie sind schon angetrunken, singen Soldatenlieder. Ich liege lange wach, lese nochmals die Szenen von morgen durch.

Erfahrungen

Während der Münchner Dreharbeiten haben wir häufig Verabredungen mit Journalisten. Meistens lege ich das Gespräch in die Mittagspause. Je jünger die Journalisten sind, desto besser sind sie vorbereitet. Aber sie kommen mit den alten Geschichten von der »Todessehnsucht« der »Weißen Rose«, vom »Fanal«, dem Herunterwerfen der

Flugblätter im Lichthof, um mit einem »letzten verzweifelten Zeichen«, das »aufrütteln« soll, die Verhaftung zu provozieren.

Die jungen Leute haben ihr Wissen aus den Archiven der Zeitungen. Ich wehre ab. So kann es nicht gewesen sein. Die Archive sind voll von diesem Unsinn.

Die Studenten der »Weißen Rose« hatten ihren Freunden, selbst engsten Angehörigen die eigentlich konspirativen Tätigkeiten verschwiegen. Nach der Ermordung von Hans, Sophie und Christoph entstand große Verwirrung über die Zusammenhänge. Freunde und Verwandte wurden inhaftiert, isoliert, verhört. Vermutungen machten die Runde, Unwesentliches wurde wichtig, Bemerkungen, die irgendwann gefallen waren, bekamen unter dem Gewicht der Ereignisse plötzlich Bedeutung.

Die Interpretation begann.

Was ich mit meinem Film mache, ist nichts anderes. Es kommt mir jedoch der größere Abstand zugute.

Woher kommt überhaupt diese widersprüchliche Theorie vom »Fanal« und vom bewußten »Opfer«?

Natürlich hat die »Weiße Rose« ihre ganze politische Arbeit als Fanal gesehen, als »Zeichen«. Natürlich waren sie alle bereit, ihr Leben für ihre Überzeugung einzusetzen. Am Ende waren ihre Kräfte aufgebraucht. Die ständige Konzentration auf das Geheimhalten, das Bewußtsein der Gefahr, die Belastung der Beziehungen innerhalb und außerhalb der Gruppe, die Arbeitsüberlastung und Übermüdung wirkten sich aus.

Die Freunde, beteiligte und unbeteiligte, nahmen die Anzeichen dieser Erschöpfung wahr. Einige wußten auch, daß bei der Ulmer Gestapo Material gegen Hans zusammengetragen wurde. Daß Hans in absehbarer Zeit mit seiner Verhaftung rechnete, ist nicht auszuschließen. All dies zusammen muß zu der erwähnten Theorie geführt haben. Wie war es wirklich? Was geschah wirklich am 18. Februar 1943, als Hans und Sophie in der Münchner Universität verhaftet wurden?

Was *wirklich* geschah, weiß ich nicht. Ich kann nur sagen, wie es *wahrscheinlich* war. Ganz sicher war es kein »Fanal«. Hans und Sophie wollten nicht erwischt werden.

Hans hatte den Flugblattentwurf von Christoph Probst bei sich. Hätte er seine Verhaftung provozieren wollen, so hätte er damit Christoph bewußt ans Messer geliefert. Das ist aber aus dem sonstigen Verhalten der »Weißen Rose« absolut auszuschließen.*

---

* So haben Hans und Sophie bei den Verhören der Gestapo alles auf sich genommen, um die anderen zu schützen. Auch Alex, der bei seiner Vernehmung nicht wußte, daß seine Freunde längst hingerichtet waren, nahm alle Schuld auf sich.

Daß Hans den Entwurf bei seiner Verhaftung bei sich hatte, wissen wir aus den Aufzeichnungen von Sophies Zellengenossin. Es könnte auch so gewesen sein, wie es im (nachträglichen) Bericht des Gestapobeamten Lohr steht (ein Protokoll existiert nicht). Danach wäre der Entwurf Christophs in der Wohnung der Scholls aufgefunden worden. Hätten Hans und Sophie am 18. Februar 1943 ihre Verhaftung bewußt in Kauf genommen, hätten sie in ihrer Wohnung alles Material beseitigt, das die Freunde belasten konnte. Sie hätten die anderen gewarnt. Gerade die Tatsache, daß sie niemanden warnten, daß sie nichts verschwinden ließen, beweist, daß ihrer Aktion am 18. Februar keine besondere Bedeutung zukommen sollte, am wenigsten die eines letzten verzweifelten Zeichens, das aufrütteln sollte.

Im Gegenteil, das Auslegen von Flugblättern in der Uni war ein ganz »normaler« Vorgang innerhalb der Aufgabenverteilung der »Weißen Rose«. Ob die Flugblätter zufällig von der Empore herunterfielen oder absichtlich (etwa, um durch die Verteilung der Flugblätter auf der gesamten Fläche des Lichthofs die größere Wirkung zu erzielen), wird nie jemand erfahren. Es spielt auch keine Rolle. Wichtig ist nur, daß es auf keinen Fall aus den erwähnten Gründen in der Absicht der beiden stand, sich erwischen zu lassen.

Ein Augenzeuge, ein Schweizer Student, hat berichtet, daß es keineswegs eine spektakuläre Menge von Flugblättern war, die heruntergefallen sei, sondern höchstens so viele, wie »ein Kollegheft« ausmachten.

Warum sind Hans und Sophie nicht davongelaufen? Warum haben sie sich vom Hausmeister »verhaften« lassen? Auch dieses Verhalten der Geschwister Scholl ist im Sinne eines »Sich-Opferns« gedeutet worden.

Es wäre ein leichtes gewesen, den Mann niederzuschlagen und abzuschütteln. Genau damit aber hätten sie ihr Schicksal besiegelt. Nachdem die Hörsaaltüren geöffnet worden waren, standen überall im Lichthof und auf den Treppen Studenten, viele von ihnen Mitglieder der NS-Studentenschaft. Eine Flucht war aussichtslos. Das einzig Vernünftige war, was Hans und Sophie tatsächlich getan haben: Sie blieben ganz ruhig, benahmen sich wie jemand, der ganz sicher ist, daß sich alles bald aufklären wird.

Die Ereignisse sind aus einem anderen Grund »bedeutsam«: weil nämlich aus ihnen wesentliche Rückschlüsse auf die Motivation der »Weißen Rose« gezogen wurden. Die Fehleinschätzung dieser Ereignisse als »Fanal« hat den Vorwurf gefördert, die Gruppe sei »blauäugig«, fahrlässig und ohne politisches Konzept vorgegangen. Um diese Szenen im Lichthof der Universität drehen zu können, mußten wir die Gedenktafel, die dort für die »Weiße Rose« angebracht ist, mit einer Hakenkreuzfahne zuhängen. Einer der Studenten, die meinen Film über Wochen als Komparsen mit großem Einsatz für geringen Lohn unterstützt haben, bemerkte sarkastisch: »Mit Fahnen kann man so etwas sehr gut zudecken!«

Was waren das für Fahnen, mit denen die »Weiße Rose« über Jahrzehnte zugedeckt war? Die schwarzen Fahnen weihevoller Jahrestagsfeiern, mit denen der Widerstand vereinnahmt und neutralisiert wird? Die roten Fahnen, die sich in den letzten Jahren turbulent in diese Feiern mischten? Oder die schwarz-rot-goldenen, wo Schwarz und Rot so sehr nach dem Golde drängen, daß man Vergangenheit am besten Vergangenheit sein läßt.

Da fällt mir ein, daß Urteile wie die gegen die »Weiße Rose« auch heute noch in einigen Bundesländern gelten.

Da fällt mir ein, daß von den Richtern des Volksgerichtshofs nach dem Krieg nur einem einzigen von seinen Kollegen der Prozeß gemacht wurde. Und dieser eine wurde freigesprochen.

Da fällt mir der frühere Staatssekretär Köglmaier ein, der als Beisitzer von Roland Freisler am Volksgerichtshof am 22. Februar 1943 die Geschwister Scholl und Christoph Probst zum Tode verurteilt hat. Köglmaier blieb nach dem Krieg in Amt und Würden und durfte am 2. November 1967 (Dr. Fritz Berthold hat die grauenvolle Selbstdarstellung Köglmaiers auf Tonband festgehalten) unbeschadet sagen, die Pläne der »Weißen Rose« seien ein »gemeines Verbrechen« gewesen. Köglmaier brüstete sich damit, versucht zu haben, »für Sophie Scholl ... das Schlimmste zu verhüten. Ich begründete es damit, daß sie erstens kein Eid an den Führer binden würde und zweitens ich vermuten würde, daß sich Sophie Scholl in einen der beteiligten Männer verliebt habe und dieses – vermutlich erstmalige – Liebeserlebnis, auch eine sexuelle Bindung nicht ausschließend, sie tiefer in die Vorhaben verwickelt habe, als sie vielleicht ernstlich wollte. Zuletzt äußerte ich einen Zweifel, daß ein weibliches Wesen mit so starken religiösen Bindungen auf einer Aufforderung zum Mord (an Hitler und seinen Mitarbeitern, Anm.) bestehen würde, wenn sie daraufhin ausdrücklich festgelegt würde. Ich war erstaunt, in welch menschlich vornehmer Form Herr Freisler seiner Aufgabe nachgekommen ist ... Ihre mich geradezu schockierende Antwort war, daß sie sich im vollen Umfang mit allen Plänen in Übereinstimmung befand und sie auch nicht einen Punkt bedauern würde. Sie würde diese Taten sogar jederzeit wieder begehen.«

Dieses Ton-Dokument ist zugleich Zeugnis von Sophie Scholls ungebrochenem Mut, Widerstand zu leisten bis zum letzten Tag, und von der Borniertheit eines dieser deutschen Richter, die durch ihr Weiterwirken das Selbstverständnis der Bundesrepublik belastet haben.

Hätten die politisch Mächtigen der Nachkriegsjahre in unserem Land solchen »Patrioten« wie K. nicht die Stange gehalten, der Kampf der »Terroristen« gegen diesen Staat wäre uns vermutlich erspart geblieben.

Übrigens berichtet Clara Huber, sie habe durch Frau Köglmaier von der Verurteilung von Hans, Sophie und Christoph erfahren. Das kam so: Clara Huber war in der Mohrenapotheke, da hörte sie, wie eine Kundin empört über »dieses freche Mädchen« (Sophie) schimpfte, das es gewagt habe, dem Gericht unverschämte Antworten zu geben, und in den Pausen geraucht habe. Als die Dame die Apotheke verlassen hatte, erfuhr Clara Huber, daß die Empörte Frau Köglmaier gewesen sei.

Als wir am heutigen »Geschwister-Scholl-Platz« die Szene drehen, in der zwei Fremdarbeiterinnen unter der Aufsicht des NS-Studentenführers vergeblich bemüht sind, die mit »Friedensfarbe« gemalten »Nieder-mit-Hitler«-Parolen von der Universitätsfassade zu entfernen, bekommen wir verlegene Kommentare von älteren Passanten. Wir werden auf Uniform-Fehler hingewiesen. Der Garderobier G. K. hat dem Studentenführer und seinen Mannen die falschen Armbinden verpaßt, die richtigen blieben in der Garderobe liegen. Er hätte für diese Leute auch die Uniform eines politischen Leiters nicht herausgeben dürfen. Alles richtig bzw. nicht richtig.

Natürlich wollen wir so authentisch sein wie möglich – aber gibt es für Menschen, die die Ereignisse um die »Weiße Rose« 1942/43 erlebt haben, keinen anderen Gedanken als an die korrekte Uniform? Ist das nur die gute alte Besserwisserei oder ein Symptom?

Anderer Schauplatz, die gleichen Parolen:

Wir drehen an der Feldherrnhalle, Donnerstag nachmittag. Am Mahnmal haben wir zwei junge Statisten als Ehrenwache aufgestellt. Es ist ihnen unangenehm, weil so viele Menschen stehenbleiben und zuschauen.

Ein älterer Mann nickt anerkennend: »Da werden schöne Erinnerungen wach. So eine Uniform hab' ich auch noch zu Hause.«

Aus den nahegelegenen Badischen Weinstuben kommen japanische Touristen. Einer stellt sich zu den Statisten, läßt sich mit ihnen fotografieren.

Ein Passant bleibt kurz stehen, schüttelt den Kopf: »Die sind damals viel strammer gestanden. Stellt euch mal gescheit hin!«

Die Japaner fotografieren.

Ein jüngerer Mann, der die ganze Zeit dabeisteht, sagt: »Das ist es, was der Jugend heute fehlt.«

Die Japaner bedanken sich höflich, gehen.

Eine sehr alte Frau hat sich in der Absperrung verfangen. Sie läuft in großer Angst weg.

Auf der anderen Seite der Feldherrnhalle malen die Schauspieler die Parolen *Freiheit* und *Nieder mit Hitler* an die Wand.

Wir werden mehrmals angezeigt. Erst kommt die Kripo, dann die Funkstreife. Wir zeigen die Drehgenehmigung, und sie gehen wieder. Jetzt versucht ein resoluter, kräftiger Mann von etwa 50 Jahren, die Schauspieler an der Arbeit zu hindern. Er brüllt: »Was schreibt denn ihr da für Sauereien an?« Der Oberbeleuchter W. H. versucht, ihn zu beruhigen. Ein Bus mit Polizisten fährt vor. Drei Polizisten steigen aus, gehen ruhig und entschlossen auf die drei Schauspieler zu. Der Herstellungsleiter versucht, die Polizisten an der Festnahme der Schauspieler zu hindern. Die Polizisten bleiben ruhig, lassen sich aber durch Erklärungen von ihrem Vorhaben nicht abbringen. Der Produktionsleiter kommt angelaufen, hält ihnen die Drehgenehmigung der Stadt München vor.

Jetzt lassen die Polizisten sich auf ein Gespräch ein.

Der zornige ältere Mann fordert die Verhaftung der Schauspieler. Die Polizisten stehen verlegen herum, der Mann redet auf sie ein. »Der Hitler hätt' euch alle aufgehängt!« Er geht schimpfend davon. Wir arbeiten weiter. Ein gespenstischer Nachmittag, der vielleicht doch keine allgemeinen Folgerungen zuläßt. Dafür ist die Situation zu extrem. Und: Schließlich haben wir ja den Teufel an die Wand gemalt. Aber gerade die extremen Situationen sagen etwas darüber aus, wie Menschen sich verhalten.

Noch ist unsere Demokratie stark genug, den faschistoiden Bodensatz totalitärer Sehnsüchte zu verkraften. Was aber, wenn der Druck von innen und außen stärker wird?

Die Arbeitslosigkeit muß aufgrund der fortschreitenden Rationalisierung zwangsläufig noch erheblich steigen, mit ihr möglicherweise der Haß auf die Ausländer. Die wirkliche Auseinandersetzung um die Kernkraft steht uns noch bevor. Die Verödung, Vergeudung und Verseuchung unserer Atemluft, unserer Meere, Seen und Flüsse, unseres Trinkwassers und unseres Nährbodens gehen munter weiter. Der Zusammenbruch ist programmiert. Die Interessenkonflikte und Bruchlinien innerhalb unseres westlichen »Blockes« werden immer größer, komplizierter. Wie soll der Bundesbürger den Überfall der CIA-gestützten Militär-Junta Argentiniens auf die Falklandinseln und unseren Partner Großbritannien in seinem politischen Credo unterbrin-

gen? Wie unsere Bündnistreue zur Türkei, zu El Salvador, Chile etc.?
Die eigentlichen Konflikte stehen uns noch bevor. Ist unsere Demo-
kratie wirklich stark genug?
Ihr Bestand hängt vom einzelnen ab, wie vor 1933. Damals herrschten
andere Verhältnisse. Doch an Warnungen und Ängsten hat es auch in
jener Zeit nicht gefehlt. Haben wir aus unseren Erfahrungen gelernt?
Vielleicht. Aber die mangelnde Auseinandersetzung mit unserer Ver-
gangenheit hat zu gefährlichen Vakuen geführt.
Vor mir liegt das Protokoll einer Arbeitsnotiz unseres Requisiteurs
M. A. Ich gebe es wörtlich wieder:

»München, 17. 11. 1981
Gesprächsnotiz
Für die Hinrichtungsszene (Anm: von Sophie Scholl) wollte ich
Handschellen besorgen. Ich fuhr dazu ins nächste Polizeirevier in der
Implerstraße. Als ich (gegen 12.30 h) den Beamten mein Anliegen
vorbrachte und dabei erzählte, daß wir im alten jüdischen Friedhof
drehen, bekam ich die Antwort:
›Grabt euch doch einen Juden aus, vielleicht hat er noch Handschel-
len dran!‹
Diese Bemerkung eines ca. 30jährigen Beamten wurde – besonders
von den jüngeren Beamten – mit schallendem Gelächter quittiert.
Michael Adlmüller.«

Gedächtnislücken? Unfähigkeit, mit Erfahrungen umzugehen? Oder
die notwendige Folge einer jahrzehntelangen Verdrängungspolitik?
Ein wirklicher Neubeginn nach 1945 hat nie stattgefunden. Er hätte
getragen werden müssen von den Menschen, die dem antifaschistischen Widerstand angehörten. Und nur von ihnen.
Die Flugblätter der »Weißen Rose« wären dabei eine gute Orientie-
rungshilfe gewesen. Sie zu lesen (und sich danach zu richten) lohnt
noch heute.

Warum ein Film über die »Weiße Rose«? Was hat das mit uns zu tun?

Immer wieder werde ich gefragt, ob ich mit dem Film auch eine Aus-
sage über unsere jetzigen Verhältnisse machen will. Die Antwort
kann nur lauten: ja.
Jeder Autor schreibt aus einer eigenen konkreten Situation heraus,
aus den Erfahrungen, die er macht oder gemacht hat.

Was wir nicht wollen, ist die Herstellung einer unmittelbaren Parallele zwischen dem Faschismus von damals und den politischen Verhältnissen bei uns heute. Eine solche Parallele gibt es nicht. Widerstand heute ist begründet, aber er ist anders begründet als damals. Er bedarf auch anderer Formen.

Als ich meinen Film »Sonntagskinder« (nach dem Bühnenstück von Gerlind Reinshagen) mit jüngeren Leuten diskutierte, kam nicht selten der Einwand, der Film verharmlose den Faschismus, weil er die sichtbare Gewalt ausspare. Die jüngeren Leute hatten ihre Lektion über die SA und SS, vom »bösen Nazischwein« gelernt und wollten sie hier wiedersehen.

Da stand eine Frau von etwa Mitte 50 auf und sagte, sie sei mit der Mutter bei Nacht und Nebel aus dem Elternhaus geflüchtet. Sie hätten alles zurücklassen müssen, und noch heute habe sie die Angst dieser Tage in sich. Sie habe aber auf ihrer Flucht keine sichtbare »Gewalt« erlebt, keine Leichen gesehen, nicht mal ein brennendes Haus. Das erschütterndste Erlebnis sei für sie gewesen, als die Mutter die Bilder aus dem Album riß, die sie auf keinen Fall zurücklassen wollte.

Am Bild des bösen Faschisten, von dem sich beinahe jeder mit Fug und Recht distanzieren kann, das niemand gar auf sich selbst beziehen muß, haben mit Vorliebe auch die mitgearbeitet, die sich selbst reinwaschen wollten. Daß es notwendig war und ist, den Menschen die Greueltaten des Dritten Reiches, die Verbrechen der Nazis vorzuführen und vorzuhalten, steht außer Zweifel. Dies ist schon deshalb eine Pflicht, weil viele angeblich, andere tatsächlich vom Grauen der Judenverfolgung, den Morden in den Konzentrationslagern nichts gewußt haben. Ich will gerne glauben, daß die meisten nur eine vage Ahnung vom Schicksal der Juden und politisch Unterdrückten hatten. Aber sie müssen sich doch fragen lassen: Was haben sie gedacht, geschah mit dem Nachbarn, den man eines Tages abgeholt hat; mit dem jüdischen Besitzer des Hutladens am Ende der Straße, der enteignet worden ist; mit dem plötzlich verhafteten Kohlenhändler, von dem jeder wußte, daß er Kommunist war.

Das stillschweigende Einverständnis war sicher in den meisten Fällen kein faschistisches Verhalten. Aber es war das typische Verhalten im Faschismus. Dieses Verhalten darzustellen ist heute möglich und richtig, da die erste Arbeit des Aufdeckens und Nachweisens der entsetzlichen Verbrechen getan ist.

Die unsagbaren Greuel in den Kellern der Gestapo und in den Vernichtungslagern wurden allerdings einer sehr kleinen Schicht von kriminellen, vielleicht sogar geistesgestörten Nazitätern zugeschrieben, der häßlichen Führungsclique und ihren Folterknechten und Blutrichtern, wie wir sie aus Filmen (»Marathon-Man«, »Dr. Strangelove« u. v. a.) kennen und wie sie noch heute in unzähligen amerikanischen Fernsehfilmen die Attraktion machen. Sie wurden zu den einzig Schuldigen stilisiert. Ich will nicht einmal behaupten, daß diese Stilisierung bewußt vorgenommen wurde oder wird. Sie ist Teil der kollektiven Rehabilitierung und geschieht möglicherweise unbewußt.

Wenn nicht den Zweck, so hat sie wenigstens den Nutzeffekt gehabt, daß alle diejenigen, die nicht unmittelbar an Gefangenenerschießungen, an Folterungen, den Deportationen und Ausrottungsprogrammen beteiligt waren, mit den bekannten Gesten des Bedauerns, ja der Entrüstung aus der Mitverantwortung sich davonstehlen konnten.

Das Blitzableitersystem der sogenannten Vergangenheitsbewältigung hat gründlich funktioniert. So gründlich, daß man im Film einen Nazi, der nicht als Bösewicht ausgewiesen ist, kaum zulassen mag. Offenbar fehlt sonst der sichere Abstand zu sich selbst.

Gerlind Reinshagen hat mir zu ihrem Stück »Sonntagskinder« gesagt: »Mir hängen die Geschichten von den NS-Bösewichtern zum Hals heraus. Vielmehr interessieren mich die Bewegungen der Leute, um den Ereignissen auszuweichen.«

Nicht alle Deutsche haben »gewußt«, nicht alle haben bewußt weggehört und weggesehen, wenige haben denunziert. Was war also im Faschismus das typische Verhalten der Leute, die selbst keine »Täter« waren. »Man konnte ja dagegen nichts machen ...« – »Sollte man sich selber abknallen lassen?« – »Ihr könnt euch das ja gar nicht vorstellen, heute ist ja jeder Protest ungefährlich ...« – »... man lebte ja dauernd in Angst«.

Die Antworten sind bekannt. Und sie sind auch zutreffend. Man konnte als einzelner gegen den Faschismus nichts machen, den meisten blieb nur der Rückzug ins Private, die Aufrechterhaltung eines kleinen Restes Ordnung im engsten Bereich, aber auch das kleine Vergnügen, die Ablenkung, die Hoffnung.

Man versuchte, einigermaßen heil durchzukommen. Ich verurteile das nicht. Es leuchtet mir ein, und ich beobachte heute ein vergleichbares Verhalten an mir selbst.

Der Rückzug ins Private

Heute bestehen ganz andere Voraussetzungen, aber die Antworten haben große Ähnlichkeit mit denen von damals. »Wir haben eh nichts zu sagen.« – »Die da oben machen ja doch, was sie wollen ...« Wie gern lassen wir uns von den »Sachverständigen« beruhigen: »Kernkraft ist absolut sicher.« – »Das Trinkwasser ist nicht in Gefahr.« – »Das Sterben der Wälder wird übertrieben dargestellt.«

Wir sind nicht ganz überzeugt, aber wir denken uns: »Die werden schon wissen, was sie tun.« Wir leben in dem Gefühl, ja doch nichts ändern zu können. Und dies in der glücklichsten aller möglichen Staatsformen, in der Demokratie. Eine gigantische Ablenkungsindustrie hilft uns, den wirklichen Problemen aus dem Weg zu gehen. Mit Millionenaufwand, der innerhalb der Industrie umverteilt wird, werden Wünsche zuerst geweckt, die dann zum Nutzen vor allem wieder-

Michael Verhoeven

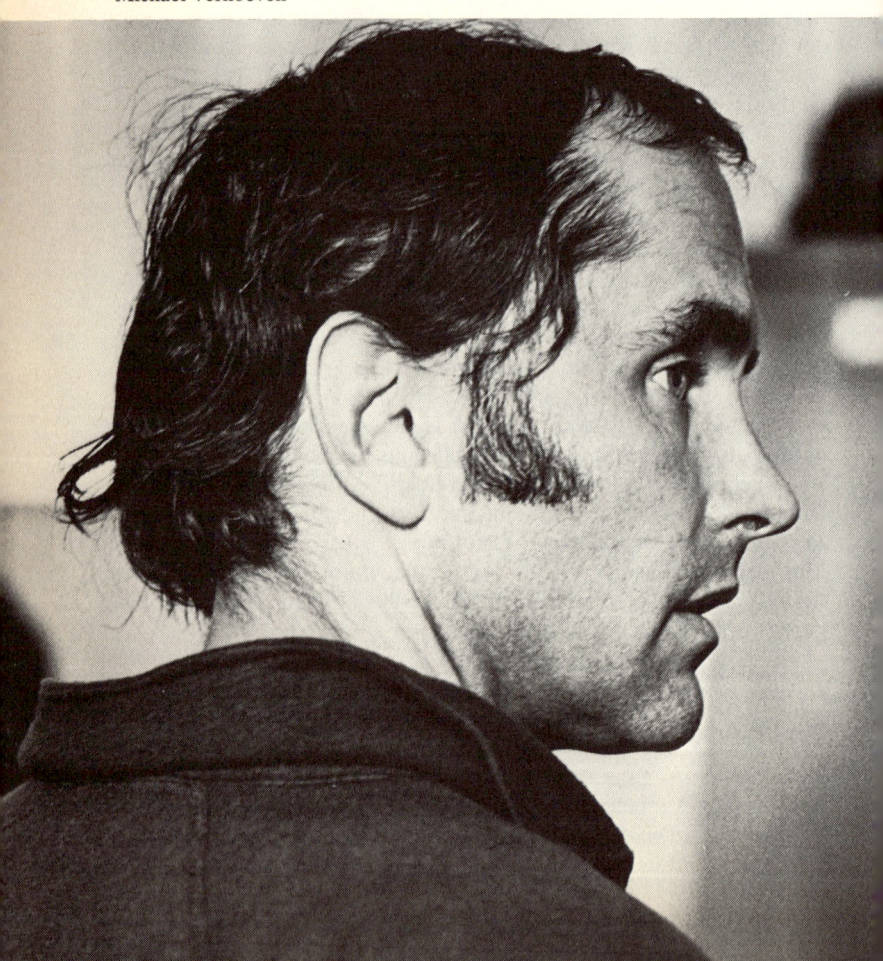

um der Industrie gestillt werden und uns beschäftigt halten. Die Rationalisierung auf dem Arbeitsmarkt hat ja bisher erst bescheidene Ausmaße erreicht. Mit dem weiteren Anstieg der Arbeitslosigkeit in den kommenden Jahren wird auch das Bedürfnis nach Ablenkung steigen. Die von technologischem Optimismus getragene Entwicklung neuer Medien und Medienverteilsysteme ist nicht »schuld« am Rückzug ins Private, den hat jeder selbst zu verantworten. Sie erleichtert ihn nur.

Die Ängste

Die Angst in unserem Land vor einer Zerstörung der Umwelt, der Atemluft, des Trinkwassers ist groß. Die Proteste gegen diese Zerstörung sind beträchtlich – von »Widerstandsbewegung« zu sprechen ist nicht übertrieben. Dennoch ist es nur eine kleine Minderheit, die diese Widerstandsarbeit leistet. Die Gründe sind nicht unbekannt. Da ist zuerst die Angst, durch die (sicher notwendigen) Auflagen die Industrie zu schwächen, die doch Arbeitsplätze und Wohlstand garantieren soll. Eine ganz andere Angst als »damals«, aber eine, die man gleichwohl ernst nehmen muß. Weiterhin ist da eine große Skepsis in unserem Volk, ein traditioneller Vorbehalt des Bürgers gegen jede Art von Widerstand gegen die Politik seiner Obrigkeit. Der Umgang mit der Demokratie ist uns noch ziemlich neu. Das wird auch daran deutlich, daß hierzulande von einer Partei »Geschlossenheit« verlangt wird – ein eigentlich antidemokratisches Phänomen –, während offene inhaltliche Diskussionen innerhalb einer Partei als Zeichen von Führungsschwäche angesehen werden. Manche Kriterien bürgerlicher Tugenden stammen aus nationalautoritärer Vorgeschichte.
Der Begriff Widerstand hat für die meisten noch immer eine eher negative Bedeutung. Es haftet ihm – wie mir einmal Inge Aicher-Scholl sagte – noch immer ein Hauch von Verrat an. Und wer möchte schon gern ein Verräter sein. Ich bin oft gefragt worden, ob ich glaube, daß die Geschichte der »Weißen Rose« auch als Ermunterung für die neueren Widerstandsaktivitäten, die ökologische und die Friedensbewegung gesehen werden könne. Meine Einschätzung ist da eher zurückhaltend. Ein Vergleich der »Weißen Rose« mit diesem aktuellen Widerstand ist nicht möglich. Ich betone das, obwohl er in der Fragestellung gar nicht enthalten ist.
Man muß aber einen derartigen untauglichen Vergleich gar nicht be-

mühen, um festzustellen, daß es – egal in welcher Staatsform – nicht die Aufgabe der Bürger sein kann, politische Verhältnisse als gegeben und unanfechtbar hinzunehmen.

Es hat eines langen historischen Weges bedurft, bis die Arbeiter das Recht errungen hatten, für ihre Löhne und Arbeitsbedingungen zu streiken. Es wird eines vielleicht gar nicht mehr so langen Weges bedürfen, um eine Form des Streiks durchzusetzen, die heute unter Arbeitern noch nicht einmal diskutiert wird: den politischen Streik. Heute streikt der Arbeiter für mehr Lohn. Morgen wird er gegen die Stationierung von Atomwaffen streiken. Widerstand hat da seine größte Wirkung, wo er am meisten bekämpft und abqualifiziert wird. Und darin liegt vielleicht die Bedeutung der »Weißen Rose« für uns heute: daß sie nicht gefragt haben nach dem Lohn ihrer Angst, nach dem münzbaren Erfolg ihrer Arbeit, sondern daß ihr Handeln einzig bestimmt war von ihrem Gewissen, von der inneren Notwendigkeit.

Gleichgewicht beabsichtigt? Gewissensfragen

Die »Friedensbewegung«, wie sie ganz irreführend genannt wird – denn sie ist viel zu heterogen und vielschichtig, um *eine* Bewegung darzustellen –, wird nach allen Regeln der politischen Kunst diffamiert. Hauptargument des kalten Krieges: die Friedensbewegung schwäche die Verteidigungsbereitschaft des westlichen Bündnisses. Es besteht kein Zweifel, daß beim vorhandenen Waffenpotential die Großmächte einander gegenseitig ausrotten können. Uneinigkeit besteht lediglich, ob sie sich gegenseitig 13mal oder nur 10mal ausrotten können. Dieses Overkill-Potential kann – übrigens auch als einseitige Vorleistung – erheblich abgebaut werden, ohne seine Abschreckung zu verlieren, denn angeblich besteht ja der Sinn der westlichen Aufrüstung in der Abschreckung. Und es muß einleuchten, daß die Drohung eines – sagen wir – dreifachen Ausrottungspotentials ausreichen sollte. Denn mehr als einmal wird keine der Großmächte die andere auszurotten imstande sein.

Das zweite Argument gegen die Friedensbewegung und für eine weitere Aufrüstung ist die Sorge um das militärische Gleichgewicht. Mir leuchtet dieses Argument angesichts des beiderseitigen Überpotentials nicht ein, aber ich möchte – soweit ich als Bürger, der auf Informationen aus den öffentlichen Medien angewiesen ist, dazu überhaupt in der Lage bin – auf das Argument eingehen.

In Erklärungen der Nato ist immer die Rede von der Überlegenheit der Sowjetunion im Mittelstreckenbereich. Immer ist es diese sowjetische Überlegenheit, mit der die Aufrüstung (»Nachrüstung«) des Westens begründet wird.

Und das leuchtet ein.

Nur: eine Überlegenheit der Sowjetunion im Mittelstreckenbereich gibt es nicht. Sie besteht nur dann, wenn man – was immer geschieht – die Rechnung auf *landgestützte* Mittelstreckenraketen beschränkt. Rechnet man die *seegestützten* Mittelstreckenraketen dazu, besteht bereits jetzt – ohne Nachrüstung – eine Überlegenheit des Westens. Das hängt auch damit zusammen, daß die Nato die seegestützten Mittelstreckenraketen der Briten und der Franzosen nicht mitzählt. Verlangt man von den Sowjets den Abbau ihrer Überlegenheit an landgestützten Mittelstreckenraketen – was vernünftig wäre –, dann muß der Westen im Gegenzug seine Überlegenheit an seegestützten Mittelstreckenraketen abbauen.

Ich verzichte auf Zahlen, da ich bezweifle, daß die offiziell bekanntgegebenen Zahlen der Wahrheit entsprechen. Aber ich vertraue auf meine Erfahrung, daß unliebsame Politiker wie Erhard Eppler sofort zu Fall gebracht würden, wenn ihre Einlassungen in einer so wichtigen Frage nicht der, wenn auch von vielen anderen verschwiegenen, Wahrheit entsprächen. Die Rechnung von der Überlegenheit des Westens machte Eppler mit konkreten Zahlen im deutschen Fernsehen wiederholt und unwidersprochen auf. Eppler nennt weitere Details (ARD, 19. 3. 1982): Als die Russen in Genf vorschlugen, das Potential bis zum Jahr 1990 auf 300 Systeme auf beiden Seiten abzubauen, lehnten die Amerikaner ab, weil sie sich ausrechneten, »daß dann für sie nur noch 37 übrigblieben, die übrigen 263 wären britische und französische«.

Warum bleiben Epplers Äußerungen unwidersprochen? Weil sie stimmen.

Der frühere Chef-Unterhändler der USA bei den Abrüstungsverhandlungen, Mr. Paul Warncke, bestritt im Frühjahr 1982 die reale atomare Unterlegenheit der USA. Nach diesen anerkannten Zahlen besitzen die USA ca. 10000 Sprengköpfe und die UdSSR nur 7000.

Der damalige amerikanische Verteidigungsminister McNamara sieht das so: »In diesem Land neigen wir zu großen Übertreibungen bei der Betrachtung der sowjetischen Waffen und verniedlichen unsere eigene Stärke … Wir beschreiben ein Ungleichgewicht, das meiner Meinung nach nicht vorhanden ist.« (Original-Ton »Zeitspiegel«, 3. Fernsehprogramm, 2. 6. 1982.)

Es muß also befürchtet werden, daß keine der beiden Seiten am Gleichgewicht der Kräfte interessiert ist, sondern Vorteile sucht.
Widerstand ist nötig.
Seit 1945 gibt es die sogenannten Abrüstungsverhandlungen. Seit beinahe 40 Jahren ist kein Jahr vergangen, in dem nicht beide Seiten am Ende mehr und schrecklichere Waffen hatten als im Vorjahr.
Seit 40 Jahren erleben wir den Bankrott der sogenannten Abrüstungsverhandlungen.
Die Gegner zeigen mit Fingern aufeinander.
Erhard Eppler kritisiert den Nato-Doppelbeschluß, weil er nur auf eine der beiden Großmächte Druck ausübt, anstatt auf beide. Die Pershing-Raketen, um die es bei uns geht, können Moskau treffen, aber die sowjetischen Mittelstreckenraketen können Washington nicht treffen. Daher glaubt Eppler, daß Genf nicht »funktionieren« kann. »Das Interesse der Amerikaner an der Stationierung von Waffen, mit denen sie Moskau treffen können, (ist) größer als das Interesse der Amerikaner am Abbau von sowjetischen Waffen, die vielleicht Bonn oder Paris treffen können.«
Das heißt auf deutsch: Die Amerikaner sind gar nicht darauf angewiesen, daß die Russen abrüsten, weil die vielbesprochenen Mittelstreckenraketen der Sowjets sie gar nicht berühren.
Die Amerikaner wollen aber ihre eigenen (landgestützten) Mittelstreckenraketen (in Europa) stationieren, weil sie damit die Russen wirksam und entscheidend bedrohen können. Genf funktioniert nicht. Genf kann nicht funktionieren.
Widerstand ist notwendig.
Die »Weiße Rose« mußte die Mitmenschen durch Flugblätter illegal informieren. Wir bekommen die Information aus erster Hand in den Medien.
Wir werden später keine Ausrede haben.
Widerstand ist notwendig.

Wären Hans und Sophie heute Pazifisten?

Im Urteil Freislers gegen die »Weiße Rose« heißt es: »Die Angeklagten haben ... den Feind des Reiches begünstigt und unsere Wehrkraft zersetzt.«
(Nicht die Verhältnisse sind ähnlich, sondern die Argumente.)
Pazifismus ist nicht erst heute eine umstrittene Angelegenheit. Immer

gab es einen passenden Feind, vor dem jeder Pazifismus gefährlich und unschicklich sein mußte.

Von der »Erbfeindschaft« zwischen den Deutschen und den Franzosen ist nicht mehr allzuviel geblieben. Feindbilder sind der Mode unterworfen. Da hat sich das Karussell gedreht.

Nicht mehr Nationen, Völker und Rassen sind die heutigen Feinde, heute sind es die ideologischen Blöcke. Und da diese in Wahrheit gar keine festen, unbeweglichen Blöcke sind, sondern mit militärischen Anstrengungen zusammengehalten werden, ist Pazifismus auf beiden Seiten eine heikle Sache.

Pazifismus war zu Zeiten von Hans Scholl eindeutiger, wenn auch nicht einfacher. Die Deutschen waren über die Nachbarvölker hergefallen, Pazifist sein bedeutete eine Absage an Hitlers Eroberungspolitik.

Die »Weiße Rose« – waren das Pazifisten?

Wären sie heute Pazifisten?

Die Frage ist müßig. Jeder kann nur Pazifist sein in seiner ganz konkreten Situation. Aber das wird immer die Situation von Bedrohung sein. Pazifismus ist nur möglich, wenn andere rüsten wollen. Pazifismus heißt ja in Wirklichkeit Krieg gegen den Krieg.

Dr. Erich Schmorell, der Bruder von Alex, hat mir dazu folgendes mitgeteilt: »Mein Bruder hat gesagt, man muß Sabotage treiben. Man muß die Rüstung sabotieren usw. Man muß das Militär sabotieren.«

Emmo von Bressler war General im Ersten Weltkrieg. Er hat später als entschiedener Pazifist sich betätigt und dadurch in bestimmten Kreisen unliebsam gemacht. Daß Hans Scholl ein großer Bewunderer von General Bressler war, davon zeugen viele Gespräche mit seinen Geschwistern.

Sophie Scholls Weigerung, für das Winterhilfswerk zu spenden, wäre den meisten ihrer Zeitgenossen unverständlich gewesen. Obwohl ihr bester Freund, Fritz Hartnagel, in Stalingrad lag, war sie nicht bereit, auch nur einen Groschen für Wollkleidung, warme Schuhe und Decken für die Soldaten in Rußland zu geben. Sie war davon überzeugt, daß jede Unterstützung der Soldaten in Wirklichkeit dazu half, den Krieg zu verlängern.

Das ist Pazifismus.

Hans Scholl und Alex Schmorell haben in dem von Professor Huber verfaßten Flugblatt den Satz: »Unterstellt euch auch weiterhin unserer herrlichen Wehrmacht« nicht zugelassen. Eine Solidarität mit der deutschen Wehrmacht war der »Weißen Rose« unmöglich. Seit wir wissen, daß nicht nur die SS an Gefangenenerschießungen beteiligt war, sondern seit 1941 die Wehrmacht, ist diese Haltung der »Weißen Rose« verständlich geworden.

Wir wissen das noch nicht lange. Der sogenannte »Kommissarbefehl«, der ja die Wehrmachtsoffiziere in Rußland ausdrücklich anwies, politische Gefangene zu liquidieren, und der sogenannte »Barbarossa-Befehl«, der die Wehrmacht zum Vollzugsorgan der Ausrottungspolitik der Nazis machte, sind erst 1978 durch die Ermittlungen des Historikers Christian Streit (»Keine Kameraden«) einer größeren Öffentlichkeit bekannt geworden. Sie wurden übrigens in der »Süddeutschen Zeitung«, Nr. 43/1981, vom Leitenden Historiker am Militärgeschichtlichen Forschungsamt der Bundeswehr in Freiburg, Professor Manfred Messerschmidt, bestätigt: Messerschmidt hatte schon 1969 auf die traurige Funktion der »Wehrmacht im NS-Staat« hingewiesen.

Danach konnte dieses düstere Kapitel der deutschen Wehrmacht vor der Öffentlichkeit nicht weiter vertuscht werden.

Hans Scholl und Alex Schmorell haben lieber die Freundschaft zu dem von ihnen innig verehrten Professor Huber aufs Spiel gesetzt, als einen Satz zu drucken, der die deutsche Wehrmacht verherrlichte. Huber und die Freunde haben sich nach dieser Auseinandersetzung im Streit getrennt. Sie haben sich nie wiedergesehen.

Der Film »Die Weiße Rose«

Produktion	Sentana Filmproduktion Michael Verhoeven GmbH
Coproduktion	Hessischer Rundfunk, Red. Hans Prescher, Dietmar Schings CCC Filmkunst GmbH und Co. KG, Berlin
Verleih	Filmverlag der Autoren
Format	35 mm Farbe; 1:1,66; Breitwand; Länge 3375 m; 123 Min.

Stabliste

Regie	Michael Verhoeven
Drehbuch	Michael Verhoeven und Mario Krebs
Herstellungsleitung	Joschi N. Arpa
Produktionsleitung	Thomas Wommer, Ungór Mária
Aufnahmeleitung	Stefan Scholtissek, Wolfgang Weise, Toth Sandorné
Regieassistenz	Brigitte Liphardt, Bucsi István
Kamera	Axel de Roche
Schnitt	Barbara Hennings; Sabine Matula
Musik	Konstantin Wecker
Ton	Rainer Wiehr, Simon Buchner, Paul Schöler
Script	Nicos Ligouris, Réti Sigrid
Mischung	Willi Schwadorf
Licht	Walter Hailer, Kátai Ferenc
Ausstattung	Les Oelvedy, Martin Éva, Zsolt Csengery
Kostüm	Anastasia Kurz
Bühne / Beleuchtung	Ernst Tietze, Heinz Pusl, Robert Fleischer
Requisite	Uli Wendt, Michael Adlmüller

Standfotos	Thomas Apitzsch, Endrényi Egon
Maske	Helga Sander, Regine Kusterer, Petrovics Ágnes
Garderobe	Georg Kuhn, Barbara Winter, Barbara Matthée, Orosz Imre
Kameraassistenz	Horst Chlupka, Rodger Hinrichs
Tonassistenz	Holger Gimpel, Vladimir Skomorowski
Technik	Gustav Witter, Habetler Ferenc, Gajdos Bela
Fahrer	Harry Haderlein, Gerhard Gundel
Geschäftsführung	Hanna Haass
Produktions-Sekretärin	Cornelia Berger

Besetzungsliste

Sophie Scholl	Lena Stolze
Hans Scholl	Wulf Kessler
Alex Schmorell	Oliver Siebert
Willi Graf	Ulrich Tukur
Christoph Probst	Werner Stocker
Professor Huber	Martin Benrath
Traute Lafrenz	Anja Kruse
Fritz	Ulf-Jürgen Wagner
Gisela Schertling	Mechthild Reinders
Falk Harnack	Peter Kortenbach
Hubert Furtwängler	Michael Schech
Wittenstein	Markus Lambert
Vater Scholl	Gerhard Friedrich
Mutter Scholl	Sabine Kretzschmar
Werner Scholl	Heinz Keller
Inge Scholl	Susanne Seuffert
Elisabeth Scholl	Christine Schwarz
Herta Probst	Beate Himmelstoß
Clara Huber	Monika Madras
Heinz Bollinger	Jean-Paul Raths
Willi Bollinger	Joachim Rebscher
Studentenführer	Hans-Jürgen Schatz
Oberregierungsrat	Jörg Hube
Rektor Dr. Wüst	Werner Schnitzer
Gauleiter Giesler	Reinhold K. Olszewski

Lubjanka	Csere Agnes
Gestapobeamter A	Wilfried Klaus
Gestapobeamter B	Klaus Münster
Gestapobeamter C	Karl Scheydt
Justizbeamtin	Lis Verhoeven
Hausmeister	Axel Scholtz

Nachtrag

Wir haben dem Film einen Nachsatz hinzugefügt, mit dem auf die zwiespältige Haltung hingewiesen werden soll, die unsere Justiz gegenüber den Verbrechen des Nationalsozialismus einnimmt. Die Reaktionen darauf waren unerwartet heftig und lösten eine breite Diskussion aus.

Der Widersinn der Rechtsprechung in unserem Land besteht darin, daß Widerstandskämpfer wie die »Weiße Rose« rehabilitiert werden, gleichzeitig aber die Mörder im Richtergewand vor einer Strafverfolgung geschützt sind. Während die Hinrichtungsstätten des Widerstands Wallfahrtsorte für die Jugend sind, verzehren die Henker im Talar Staatspensionen. In der Polemik gegen unseren Nachsatz drohte dieser untragbare Zustand aus dem Blickfeld zu geraten. Wir haben deshalb den Nachspann des Films erweitert:

1. Nach Auffassung des Bundesgerichtshofs waren die Paragraphen, nach denen Widerstandskämpfer wie die »Weiße Rose« verurteilt wurden, kein Bestandteil des NS-Terrorsystems, sondern geltendes Recht.

2. Nach Auffassung des Bundesgerichtshofs haben Widerstandskämpfer wie die »Weiße Rose« objektiv gegen diese damals geltenden Gesetze verstoßen.

3. Nach Auffassung des Bundesgerichtshofs war ein Richter am Volksgerichtshof, der Widerstandskämpfer wie die »Weiße Rose« verurteilte, diesen damals geltenden Gesetzen unterworfen.

4. Nach Auffassung des Bundesgerichtshofs konnte Widerstandskämpfern wie der »Weißen Rose« dennoch strafrechtlich kein Vorwurf gemacht werden, wenn sie in der Absicht, ihrem Land zu helfen, gegen diese damals geltenden Gesetze verstoßen haben.

5. Nach Auffassung des Bundesgerichtshofs kann aber »einem Richter, der damals einen Widerstandskämpfer in einem einwandfreien Verfahren für überführt erachtete, heute in strafrechtlicher Hinsicht kein Vorwurf gemacht werden, wenn er angesichts der damaligen Gesetze glaubte, ihn zum Tode verurteilen zu müssen«.

6. Bislang haben noch keine Bundesregierung und kein Bundestag sich dazu entschließen können, sämtliche Urteile des Volksgerichtshofs per Gesetz zu annullieren.

Michael Verhoeven / Mario Krebs   25. 11. 1982

Bitte umblättern:

Fischer Cinema

Eine Auswahl

**Die Geschwister
Oppermann.** *Band 3685*

Georges Sadoul
**Geschichte der
Filmkunst**
Band 3677

Adolf Heinzlmeier /
Bernd Schulz
Happy-End
Berühmte Liebespaare
der Leinwand
Band 3668

Louise Brooks
**Lulu in Berlin
und Hollywood**
Band 4465

Marilyn Monroe
Meine Story
Band 3663

Joe Hyams
**Humphrey Bogart und
Lauren Bacall**
Band 3691

Groucho Marx
Schule des Lächelns
Band 3667

Die Groucho-Letters
Briefe von und an
Groucho Marx
Band 3693

John Russell Taylor
**Die Hitchcock-
Biographie**
Band 3680

Charles Chaplin
**Die Geschichte
meines Lebens**
Band 4460

Lotte H. Eisner
**Die dämonische
Leinwand**
Band 3660

André Bazin
Jean Renoir
Band 3662

Paul Werner
Roman Polanski
Band 3671
Film noir
Band 4452
**Die Skandal-
chronik des
deutschen Films
1900 bis heute**
Band 4463

Hans-Jürgen Kubiak
Die Oscar-Filme
Band 4451

Manfred Schneider
Die Kinder des Olymp
Band 4461

Wolfram Schütte (Hg.)
Klassenverhältnisse
Von Danièle Huillet
und Jean-Marie Straub.
Band 4455

Kurt Pinthus (Hg.)
Das Kinobuch
Band 3688

Thomas Brandlmeier
Filmkomiker
Band 3690

Eric Rohmer
**Meine Nacht
bei Maud**
Band 4466

Gabriele Seitz (Hg.)
Der Zauberberg
Band 3676

Doktor Faustus
Ein Film von Franz Seitz
nach dem Roman von
Thomas Mann
Band 3681

Michael Verhoeven /
Mario Krebs
Die Weiße Rose
Band 3678

Fischer Taschenbuch Verlag

Fischer Cinema

Eine Auswahl

Rainer Werner
Fassbinder
**Filme befreien
den Kopf**
Band 3672
**Die Anarchie
der Phantasie**
Band 4462

Rudolf Arnheim
**Kritiken und Aufsätze
zum Film**
Band 3653
Film als Kunst
Band 3656

Beate Klöckner
**Die wilde Ekstase
des Paradieses**
Der pornographische
Film. *Band 4453*

Dorin Popa
Kurbel-Brevier
Handbuch für die
Film- und Videoarbeit
Band 4450

Jean Luc Godard
**Einführung in eine
wahre Geschichte
des Kinos**
Band 3686

Hans G. Pflaum /
Hans H. Prinzler
**Film in der Bundes-
republik Deutschland**
Ein Handbuch
Band 3673

Dieter Prokop
Soziologie des Films
Erweiterte Ausgabe
Band 3682

Helmut Korte (Hg.)
**Film und Realität in der
Weimarer Republik**
Band 3661

Helmut Korte /
Werner Faulstich (Hg.)
**Action und
Erzählkunst**
*Die Filme von
Steven Spielberg*
Band 4476

Michael Schaper
**Wir handeln
mit Träumen**
Von Woody Allen
bis Steven Spielberg
13 Interviews
übers Filmemachen
Band 4477

Horst Schäfer
Film im Film
Band 3698

Hans C. Blumenberg
Kinozeit
Aufsätze und Kritiken
zum modernen Film
1976–1980
Band 3664
Gegenschuß
Texte über Filmemacher
u. Filme 1980–1983
Band 3692

Peter Buchka
**Augen kann man
nicht kaufen**
**Wim Wenders und
seine Filme**
Band 4457

Hans Richter
**Filmgegner von heute
– Filmfreunde von
morgen**
Band 3670
Der Kampf um den Film
Herausgegeben von
Jürgen Römhild
Band 3651

H.-J. Syberberg
Syberbergs Filmbuch
Band 3650

Karsten Witte
Im Kino
Texte vom Sehen & Hören
Band 4454

Fischer Taschenbuch Verlag

fi 37/4a

Fischer Taschenbuch Verlag

Biographien / Erinnerungen
Tagebücher

Zeitgeschichte

Fischer Taschenbuch Verlag

Hans Rothfels
**Deutsche Opposition
gegen Hitler**
Eingeleitet von
Hermann Graml

Hans Rothfels
Deutsche Opposition
gegen Hitler
Eingeleitet
von Hermann Graml
Fischer

Band 4354

Die Untersuchung gibt
einen Überblick über
Bewegungen, die sich zur
deutschen Opposition
gegen Hitler zusammen-
schlossen, über ihre histo-
risch-politischen Voraus-
setzungen, ihre Pro-
gramme und ihre ersten
Aktionen bis in die Zeit, in
der sich der Widerstand in
der außergewöhnlichen
Situation befand, daß der
Kampf für die Befreiung
Deutschlands gleichbedeu-
tend war mit der Erwar-
tung seiner Niederlage.
Das Buch, 1958 erstmalig
in der Fischer Bücherei
erschienen, gehört noch
heute zu den wichtigsten
Werken über die Männer
des 20. Juli.

*»Rothfels belegt, daß die
deutsche Opposition zahlen-
mäßig verbreiteter war, als
oft angenommen wird, und
daß sie nicht gebunden war
an eine Klasse oder eine
Elite, sondern alle sozialen
und politischen Elemente in
sich vereinigte ...«
Österreichischer Rundfunk*

Fischer Taschenbuch Verlag

fi 1072 / 1

Das Tagebuch der Anne Frank

12. Juni 1942 – 1. August 1944

Mit einem Vorwort von Albrecht Goes

Band 77

Anne Frank wurde am 12. Juni 1929 als Kind deutscher jüdischer Eltern geboren. Sie mußte schon in ihrer frühen Jugend die Schrecken der Verfolgung und die Ängste des Lebens in der Verborgenheit erfahren. Die Familie, die nach Holland emigriert war, wurde im August 1944 in ihrem Versteck in Amsterdam entdeckt und in Konzentrationslager gebracht. Im März 1945 starb Anne Frank im Vernichtungslager Bergen-Belsen. Nach der Verhaftung der Familie fand man zwischen alten Büchern und Zeitungen das Tagebuch, das Anne seit ihrem 13. Lebensjahr in holländischer Sprache geführt hatte. Es wurde in mehreren Sprachen veröffentlicht und erregte auf der ganzen Welt als ein erschütterndes menschliches Dokument größtes Aufsehen.

Fischer Taschenbuch Verlag

Ich gehe meinen Weg bis zum Ende und wünsche mir nur,
daß ich ein starkes Herz bewahre.
Willi Graf

Willi Graf

Briefe und Aufzeichnungen

Herausgegeben von Anneliese Knoop-Graf
und Inge Jens
Mit einer Einleitung von Walter Jens

349 Seiten. Mit 8 Abbildungen und
42 Seiten Faksimilies. Leinen

Willi Graf war mit den Geschwistern Scholl und ihrem Kreis
vereint in Gesinnung, Ziel und Schicksal. Nicht in seinem
Bildungsdrang, doch in Weg und Wesen, auch in seiner
Sprache unterscheidet er sich von ihnen. Vom Katholizismus
kommt er her, im Katholizismus lebt er. Willi Graf, geboren
am 2. Januar 1918, wächst in Saarbrücken auf, er wird geprägt
von der katholischen Jugendbewegung, der er auch nach
ihrem Verbot durch das NS-Regime anhängt. Früh schon
gerät er in Haft, steht er vor Gericht. Willi Graf hat sein kurzes
Leben und das furchtlose Warten auf die Hinrichtung unter
das Zeichen des Glaubens, des Geistes und der Freiheit
gestellt. Als Medizinstudent in München tritt Willi Graf in
den Kreis der »Weißen Rose«.
Willi Graf hat von Kindheit an Tagebuch geführt: Das hier
Mitgeteilte reicht vom 13.6.1942 bis 15.2.1943, dem Tag seiner
Verhaftung. Wahrhaftigere und bewegendere Zeugnisse der
Treue, der Tapferkeit und des Ethos gibt es nicht. Die präzisen
Anmerkungen von Willi Grafs Schwester und Inge Jens
erhellen Zusammenhänge und Hintergründe. Die Fotos
vervollständigen ein sympathisches Menschenbild, die
Dokumente (Volksgerichtsverhandlung, Hinrichtung) sind
unsäglich.

S. Fischer